U0483448

体育院校通用教材

体育场馆的经营与管理
（第2版）

刘 青　陈元欣　主编

全国体育院校教材委员会　审定

人民体育出版社

图书在版编目（CIP）数据

体育场馆的经营与管理 / 刘青, 陈元欣主编. —— 2版. —— 北京：人民体育出版社，2024. —— （体育院校通用教材）. —— ISBN 978-7-5009-6483-4

I. G818

中国国家版本馆CIP数据核字第2024BR4133号

*

人 民 体 育 出 版 社 出 版 发 行
北京盛通印刷股份有限公司印刷
新 华 书 店 经 销

*

710×1000　16开本　21.5印张　396千字
2012年9月第1版　2024年6月第2版
2024年6月第2版第1次印刷（总第12次印刷）
印数：27,601—29,100册

*

ISBN 978-7-5009-6483-4
定价：60.00元

社址：北京市东城区体育馆路8号（天坛公园东门）
电话：67151482（发行部）　　邮编：100061
传真：67151483　　　　　　　邮购：67118491
网址：www.psphpress.com

（购买本社图书，如遇有缺损页可与邮购部联系）

编委会

主　任：蒋志学
副主任：陈恩堂
顾　问：陈林祥

编写组

主　编：刘　青　陈元欣
副主编：李艳丽　陈林会　邬新邵　王　钊
编　委（按姓氏笔画排序）：
　　　　王庆伟　王　进　方雪默　史晨雨　刘　恒　邱　茜
　　　　汪　丽　汪蓉蓉　张春宇　卿　平　覃　立　穆　晓

第 1 版

编委会

主　任　蒋志学
副主任　陈恩堂　刘　青
顾　问　孙汉超
委　员（以拼音为序）
　　　　曹亚东　陈锡尧　陈元欣　高　扬　霍建新
　　　　林显鹏　陆亨伯　罗普磷　庞晓洁　卿　平
　　　　王　进　王子朴　魏　玮　王　雪　吴映秋
　　　　易国庆　尤福永　张继忠　赵道静　郑　宇

编写组

主　编　刘　青
顾　问　孙汉超
副主编　赵道静　高　扬　王子朴
成　员　吴映秋　陆亨伯　罗普磷　曹亚东
　　　　陈元欣　卿　平　郑　宇

修订说明 《体育场馆的经营与管理》(第2版)

本教材在体育院校通用教材《体育场馆的经营与管理》（第1版）基础上修订完成。

体育院校通用教材《体育场馆的经营与管理》（第1版）自2012年9月出版以来，发行量相对较高，迄今已第11次印刷、印数达5万余册，受到各使用院校师生、各有关培训机构及国内体育场馆业界的普遍好评。第1版教材面世12年以来，随着国家经济社会和体育事业的高速发展，我国体育场馆的经营管理实践已经发生了翻天覆地的变化，国家也出台了一系列新的政策，第1版教材已难以满足新的教学和实践的需要，亟须更新和调整，以确保该教材始终能够反映现代体育场馆运营管理的最新理论与实践成果。

近年来，国家已经把教材建设提升到了"为培养德智体美劳全面发展的社会主义建设者和接班人、建设教育强国作出新的更大贡献"的高度，党的二十大报告首次提出"加强教材建设和管理"，表明了教材建设国家事权的重要属性，凸显了教材工作在党和国家事业发展全局中的重要地位，体现了以习近平同志为核心的党中央对教材工作的高度重视和对"尺寸课本、国之大者"的殷切期望。

根据新的形势与政策要求，人民体育出版社高度重视本教材的修订工作，先后多次与教材主编及相关人员沟通、商议，并快速启动该教材第 2 版的修订工作。在人民体育出版社的主导下，我们于 2023 年伊始，就开始了第 2 版教材的编写筹备工作。为提升教材编写修订的质量，我们在全国范围内就第 1 版教材的使用、需求状况及课程开设等情况进行了全面的调研，并邀请了全国各有关体育院校、普通高校体育学院从事"体育场馆经营与管理"课程教学的专任教师、正在（或已有）进行体育场馆方面重要课题研究的科研人员，以及具有丰富一线体育场馆运营管理经验的实际工作者一起座谈、研讨。经过上述一系列酝酿准备，于 2023 年 5 月 14 日在北京召开第 2 版教材第 1 次编写工作会议，组建了由北京体育大学、上海体育大学、武汉体育学院、成都体育学院、首都体育学院、天津体育学院、西安体育学院、沈阳体育学院、广州体育学院、南京体育学院、华中师范大学和湖南体育产业集团有限公司等从事体育场馆经营管理的专家、学者组成的教材编写团队，正式启动了第 2 版教材的修订工作，并就第 2 版教材修订的指导思想、教材定位、体系结构、章节安排等进行了充分讨论。从这次启动，到 2024 年 3 月 24 日通过人民体育出版社组织的专家审定，期间共召开 4 次研讨会，历时 1 年，顺利完成了此次修订任务。

教材定位是教材建设的首要工作，是一个从读者的基本要求出发，再得到读者认同的逻辑过程。《体育场馆的经营与管理》不同于其他教材的编写，它源于实践，最终又要用于指导实践。根据"体育场馆经营与管理"课程实践性强的特点，第 2 版教材修订聚焦我国体育场馆经营与管理行业高素质人才培养，遵循"用心打造培根铸魂、启智增慧的精品教材"的编写宗旨，其主要定位是：立足本科、辐射研究生、面向高职及场馆经营管理者，努力为国家培养高层次、专业性的场馆经营管理人才，力争编写一本搭建中国自主知识体系的体育场馆经营管理教材，凸显道路自信、制度自信和文化自信；并在第 1 版"力求突出'应用性、针对性、创新性'特点"的基础上，新增了"时代性"与"学理性"。其中，时代性：力求更好地反映新时代党和国家对体育场馆经营人才培养的总体要求，强化课程思政、教学实践环节等内容；学理性：理论是一门课程存在的根基，要通过教材的编写，特别是中国特色体育场馆经营与管理实践道路的经验总结和历史规律的梳理，阐释中国体育场馆经营与管理发展的内在动力，尝试构建"自主的"体育场馆经营与管理基本理论"知识体系"，进而用于指导新时代体育场馆经营管理发展与实践。按照这一思路，第 2 版教材设计了体育场馆概述，体育场馆经营管理的基本理论、原则与方法，我国体育场馆经营管理发展，体育场馆投融资，体育场馆规划、设计与建设，体育场馆要素管理，体育场馆运营与开发、体育场馆公共关系、体育场馆营销、体育场馆服务、体育场馆风险管理、智慧体育场馆，以及体育场馆经营管理应用场景实践共十三章内容。相较第1版教材，新修订的第2版教材新增了体育场馆规划、设计与建设，体育场馆公共关系，智慧体育场馆，以及体育场馆经营管理应用场景实践四章内容，更新了经典案例。整个教材体系结构安排是：前三章为体育场馆基础理论部分，后十章为体育场馆运营管理实务部分。其中，为进一步提升教材的应用性，最后一章以"体育场馆经营管理应用场景实践"呈现，以更好地满足当下高职体育院校和体育场馆实践一线人员的学习与应用之需。

第2版教材还有一个特点是"坚持守正创新"。第一，很好地继承了第1版的成功经验与丰硕成果。其实，2012年第1版教材"首秀"，就已经凝聚了众多专家学者的集体智慧和创新精神。第2版教材的编写与呈现，十分注重"完善优秀教材、锤炼经典教材"，不仅从内容上尽可能地保留选用第1版教材中比较完好、实用、获得好评的章节与内容，而且在形式上保留了原有的编委会、前言（代序）。第二，十分注重"创新教材话语体系，推动教学改革新成果、学科专业发展新成就进教材"，不仅从内容上及时更新当下国际、国内体育大环境变化条件下体育场馆经营管理的新趋势、新素材，借鉴成功经验并进行本土化处理，彰显"中国经验"和"中国模式"，而且在教材呈现方式上融合了数字技术，如二维码拓展阅读、教师教学配套课件、线上课程等环节，兼顾了线上融媒体课程资源建设。

第2版教材修订工作是在人民体育出版社主持下完成的。聘请刘青（成都体育学院教授、博士）、陈元欣（华中师范大学教授、博士）担任主编，邬新邵（湖南体育产业集团有限公司教授级高级工程师）、李艳丽（北京体育大学教授、博士）、陈林会（成都体育学院教授、博士）、王钊（广州体育学院教授、博士）担任副主编，各章具体编写分工是：第一章陈林会、邬新邵，第二章穆晓（西安体育学院副教授）、陈林会，第三章方雪默（浙江师范大学讲师、博士）、陈元欣，第四章卿平（成都体育学院教授、博士）、汪丽（成都体育学院副教授、博士），第五章邬新邵，第六章李艳丽，第七章史晨雨（上海体育大学副教授）、李艳丽，第八章王庆伟（首都体育学院教授、博士）、陈元欣，第九章张春宇（沈阳体育学院副教授）、李艳丽，第十章邱茜（天津体育学院讲师、博士）、方雪默，第十一章王进（南京体育学院教授）、陈林会，第十二章王钊，第十三章汪蓉蓉（武汉体育学院副教授）、覃立（贵州师范大学副教授、博士）、刘恒（华中师范大学在读博士）。全书由刘青、陈元欣、邬新邵、李艳丽、陈林会、王钊、方雪默修改、统稿。

体育场馆的经营与管理（第 2 版）

教育部国家督学、全国体育院校教材委员会原主任、国家体育总局科教司原司长、本教材编委会主任蒋志学十分关心本教材的编写和再版工作，在第 2 版教材筹备、编写和出版过程中多次过问、亲自审稿并作序。中国体育场馆协会原副主席兼秘书长、国家体育总局武术运动管理中心原主任陈恩堂一直关心并支持本教材的建设，为第 2 版教材修订稿提出了不少真知灼见。武汉市体育局副局长陈林祥教授是本教材（第 1 版）的最早谋划者，也是我国最早接触体育场馆理论与实践的资深专家，第 2 版教材修订特聘他担任顾问，对教材修订提出了宝贵意见和建议。

在第 2 版教材审定过程中，得到了数位国内体育领域资深专家的悉心指导。各位专家对教材稿件定位、内容、结构等予以高度评价和肯定，并针对未来完善修改提出了宝贵意见和建议。同时，承蒙国内有代表性的体育场馆业界实际管理者、部分专业院校教师代表等众多专家和专业人士的莅临指导。另外，第 2 版教材编写过程中，还参考、引用、借鉴了国内许多专家、学者的研究成果，在此再版之际一并表示感谢！

第 2 版教材能够顺利完成，首先应当感谢各章的作者。若无他们的通力合作，修订再版工作不知将延至何年何月。第 2 版教材作者都是长期从事体育场馆经营管理教学与研究工作的学者，因而，可以说教材内容呈现的是体育场馆经营管理领域的集体性成果。

为了保证 2024 年度秋季正常使用，修订工作的时间有点"赶"，因此本教材在体系设计、结构安排、素材选用等方面仍然有思考不缜密之处，甚至存在不少瑕疵。其间，编者虽已尽力而为，但教材中的内容依旧会有若干错误或不当之处，务请读者诸君（尤其是采用本教材做课本的教师）随时指教，以便将来加以修正。

最后，我们要特别感谢人民体育出版社领导的大力支持，尤其是吴永芳副总编带领的团队，以及参与本教材的具体编辑、校对工作的同人们，他们"不计成本，但求品质"的作风，明察秋毫、绝对较真的态度和执着，给我们留下了深刻印象，更是给予我们最大的鼓励。

谨笔
2024 年 3 月 28 日于北京天坛旁

序

党的二十大报告中提出，"广泛开展全民健身活动，加强青少年体育工作，促进群众体育和竞技体育全面发展，加快建设体育强国。"体育场馆是体育强国建设的物质基础和重要内容。习近平总书记高度重视体育场馆的建设与利用问题。2017年2月24日，习近平总书记前往五棵松文化体育中心和首都体育馆了解北京冬奥会场馆建设规划时指出，体育场馆赛后利用是世界性难题。体育场馆反复利用、综合利用、持久利用，这是我们的经验。""北京是全世界唯一既举办过夏季奥运会又将举办冬季奥运会的城市，一定要按照节约和可持续的要求，把体育场馆建设好、利用好。2020年9月22日，习近平总书记在教育文化卫生体育领域专家代表座谈会上强调，要紧紧围绕满足人民群众需求，统筹建设全民健身场地设施，构建更高水平的全民健身公共服务体系。习近平总书记关于体育场馆的重要讲话为我国体育场馆的建设、经营与管理提供了根本遵循。

近年来，在各级党委和政府的高度重视和大力支持下，我国体育场地的数量发生了翻天覆地的变化。截至2023年底，全国共有各类体育场地459.3万个，体育场地面积达40.7亿平方米，人均体育场地面积为2.89平方米。体育场地数量的快速增加，对体育场地尤其是场馆的运营管理提出了更高的要求。如何实现体育场馆的高质量发展，供给高水平的文体服务，更好地满足人民群众对美好生活的需要，是当前体育场馆运营管理面临的突出问题。体育场馆的高质量发展离不开高素质的经营管理人才，需要尽快培养出一批适应当前发展需要的高素质人才。在体育场馆运营管理人才培养过程中，一项非常重要的基础性工作就是编写高质量的体育场馆经营管理教材，系统地梳理和反映我国体育场馆经营管理的理论研究与实践成果，构建自主知识体系，为人才培养奠定基础。

教材建设不同于一般的学术著作，教材建设事关"培养什么人、怎样培养人、为谁培养人"这一教育根本问题，是铸魂育人的重要依托，是事关未来的战略工程、基础工程。近年来，国家高度重视教材建设，习近平总书记强调，要紧紧围绕立德树人根本任务，坚持正确政治方向，弘扬优良传统，推进改革创新，用心打造培根铸魂、启智增慧的精品教材，为培养德智体美劳全面发展的社会主义建设者和接班人、建设教育强国作出新的更大贡献。因此，加快建设体育强国和教育强国的迫切需要，对体育场馆经营管理教材的编写提出了更严、更高的标准和要求。

刘青教授主编的《体育场馆的经营与管理》教材自2012年首次公开发行以来，历经数次印刷，得到了市场的高度认可，使用过该教材的高等体育院校任课教师对其给予了很高的评价和积极的反馈，是体育场馆经营管理方面少有的高质量教材。但毕竟该教材已发行12年有余，不能客观、如实地反映当前体育场馆经营管理的丰富实践与最新理论研究成果，相关国家政策也发生了较大变化，因此亟须修订。在人民体育出版社和刘青教授的积极推动下，该教材第2版编写工作迅速提上日程。第2版教材由刘青教授和陈元欣教授担任主编，于2023年5月正式启动，历时1年多，汇聚了国内从事体育场馆理论研究和运营实践的众多专家、学者，如今终于再次付梓。 实际上，由于长期在国家体育部门工作，我一直都非常关注国内外体育的发展趋势，尤其是体育场馆经营与管理的发展变化。我认为，在这样一个不同社会思潮与不同教育思想激荡、碰撞、融合的时代，一本好教材的"育人导向"是第一位的，既要遵循学科规律，又要贴近学生实际，做到思想性、科学性、趣味性和实践性有机结合。同时，一本好教材既要凝结智慧，还要启智增慧；既要培养更多优秀的人才，还要能推动行业的发展与进步。要着眼于学生全面发展，围绕核心素养，准确阐述基本概念、基本知识和基本方法，体现人类文化知识积累和创新成果，提高科学性和先进性。当然，一本好教材还要具备灵活性和共享性。在当前新技术革命、信息技术普及的年代，好教材可以通过丰富的教学资源与网络教学平台、虚拟仿真实训平台等，为师生提供泛在化、智能化教学服务。

本教材较之12年前的第1版，在以下三个方面有了较大的进步和变化：一是全面贯彻党的二十大精神，将课程思政全面融入教材，充分体现了教材的政治性；二是内容与时俱进，新增了体育场馆公共服务、智慧体育场馆、体育场馆应用场景实践等内容，更加贴近体育场馆运营管理实际，增强了本教材的实践指导价值；三是在构筑自主知识体系方面迈出了可喜的一步，系统地梳理了体育场馆运营管理的中国模式与中国经验，初步构建了具有中国特色的体育场馆运营管理自主知识体系，凸显了道路自信、理论自信、制度自信和文化自信。

教材编写工作是一项长久的工作，中国特色高质量教材体系建设更是任重道远。本教材无论是第1版还是如今的第2版，都在主编及各位编写成员的共同努力下，对全书框架、基本结构、章节内容做过多次与时俱进的调整、补充和增删修改。每次修订都按照党和国家的最新精神，根据国内、国际经济形势的发展变化和我国体育改革实际的进程，把新的理论成果和实际例证补充进教材。期待《体育场馆的经营与管理》（第2版）能够肩负起加快建设体育强国和教育强国的时代使命，为我国培养更多优秀的高素质体育场馆经营管理人才，为早日建成体育强国作出新的更大贡献。

2024年3月于北京先农坛旁

第1版

期待中国体育场馆迎来更加美好的明天

代序

在成功举办2008年北京奥运会之后，推动中国从体育大国迈向体育强国，既是中央领导的号召，也是全国人民的期盼，更是现时代中国体育人的梦想与追求。

我们有幸，这个时代真的来了。恰来在我们可以有效工作的生命的几十年。

这里既有机遇，又有挑战。有使命感的中国体育人，都会思索，成功迈向体育强国的要素是什么？

毫无疑问，体育场馆，必将是不可或缺的要素。

——体育场馆，是实现我国体育根本目的的主战场。发展体育运动，增强人民体质，是毛泽东同志对体育工作的题词，既有深远的历史意义，又有伟大的现实意义。实现这个目标，要依托体育场馆。

——体育场馆，是新时期发展体育产业的主阵地。依托场馆，紧扣本体，全面发展，服务社会，是发展体育产业的一个重要方针。体育产业这个近3年以平均20%以上高速度增长的产业，朝气蓬勃，犹如八九点钟的太阳。作为如此朝阳产业的依托，预示着中国体育场馆必将迎来的机遇和荣光。

——体育场馆，是现阶段中国体育体制机制改革的主领域。在中国特色社会主义体育的构建中，体育场馆，这个既与竞技体育体制机制紧密相联，又与群众体育体制机制息息相关的结合部，处在计划与市场、事业与产业、公益与效益等多重矛盾之中，是深化改革必须面对和解决的体育矛盾的一个焦点。

全国第五次体育场地普查时，中国已经建设了85万个体育场地，时隔多年，破100万是毫无疑问的。即将开始的第六次全国体育场地普查，会给我们准确的答案。成功的实践，需要成熟的理论去指导。伟大的实践，也只有伟大的理论指导才能够实现。

刘青教授主持编写的《体育场馆的经营与管理》通用教材，汇集了业界专家的智慧。邀我作序，虽然自知不才，但因身在其位，不敢太过推辞，斗胆随笔从业从学感言以代序。

一本好的通用教材，可以引领一代人；一本谬的教材，也会误导一批人。中国的体育场馆，因为其发展的迅猛，因为理论研究的相对滞后，因为学界业界的部分脱节，编写一本高水平的通用教材，确是当务之急。我建议，这本通用教材，可以从以下四个方面来斟酌提炼。

一是场馆的基本理论与时代精神同在。

基本理论是根基。作为通用教材，形成正确的场馆运营管理的基本理论，是编好教材的基础。但是仅仅如此是不够的。场馆运营管理的基本理论，必须与场馆运营管理的时代精神同在，才能充分展现通用教材的生命力和影响力。

二是场馆理论与场馆实践同在。

马克思主义告诉我们，理论来源于实践。然而我们也常常发现，有些场馆的理论偏离了实践。还有甚者，坐而论道，脱离实际地杜撰理论。理论界的误区，是场馆思想的重大危害，是我们场馆界必须高度重视并预防的。我想，作为场馆的通用教材，这一点是务必要把握准的。

三是深刻阐述与深入浅出同在。

既然是面对全国体育院校的通用教材，对场馆运营管理进行深刻阐述是必须的，所谓明本质才能说清楚。但面对体育院校的学生，如何避免枯燥乏味，将深刻与生动很好结合起来，吸引更多的才子佳人到亟需人才的中国体育场馆的伟大实践中，也是撰写通用教材需要精细琢磨的。

四是写书与育人同在。

写书的目的之一，便是说事说理；而编写教材，则主要是传承知识，并通过知识去教育人。以书育人，是一个目标，可以大大提升书的价值；育人于书本之中，是一种艺术，可以彰显教育的魅力。《体育场馆的经营与管理》将写书与育人融汇于通用教材,必将产生更佳的效果。

我衷心希望,这本《体育场馆的经营与管理》,能塑造、教育、感染、鼓舞有志于体育场馆当前与未来的同志。

期待中国体育场馆迎来更加美好的明天!

国家体育总局经济司副司长
中国体育场馆协会副主席
2012年7月

目 录

第一章　体育场馆概述 …………………………… 001
第一节　体育场馆的概念、特征与分类 …………… 002
第二节　体育场馆的功能与作用 …………………… 005
第三节　体育场馆发展历程与趋势 ………………… 009

第二章　体育场馆经营管理概述 ………………… 017
第一节　体育场馆经营管理要素 …………………… 018
第二节　体育场馆经营管理的基本理论 …………… 021
第三节　体育场馆经营管理的目标、原则与任务 …… 027
第四节　体育场馆经营管理的基本方法 …………… 037

第三章　我国体育场馆经营管理发展 …………… 041
第一节　体育场馆的经营管理历程 ………………… 042
第二节　体育场馆经营管理体制 …………………… 049
第三节　体育场馆经营管理的主要模式及经验 …… 051
第四节　体育场馆经营管理的发展趋势 …………… 056

第四章　体育场馆投融资 …………………………… 061
第一节　体育场馆投融资与资本市场 ……………… 062
第二节　体育场馆的投融资模式及其选择 ………… 067

第三节　体育场馆的资本运营 ··· 076

第五章　体育场馆规划、设计与改造 ································· 081
第一节　体育场馆规划设计 ··· 083
第二节　体育场馆建筑设计 ··· 088
第三节　体育场馆更新改造 ··· 100

第六章　体育场馆要素管理 ··· 103
第一节　体育场馆人力资源管理 ····································· 104
第二节　体育场馆财务管理 ··· 114
第三节　体育场馆资产管理 ··· 121
第四节　体育场馆企业文化建设 ····································· 127

第七章　体育场馆运营与开发 ······································· 135
第一节　体育场馆运营与开发概述 ··································· 136
第二节　体育赛事运作 ··· 143
第三节　体育场馆无形资产开发 ····································· 153
第四节　体育场馆俱乐部经营 ······································· 159
第五节　体育场馆运营与开发的业务拓展 ····························· 167

第八章　体育场馆公共关系 ··· 173
第一节　体育场馆与公共关系 ······································· 174
第二节　公共关系在体育场馆经营管理中的应用 ······················· 175

第九章　体育场馆营销 ··· 195
第一节　体育场馆营销战略规划 ····································· 196
第二节　体育场馆整合营销 ··· 201
第三节　体育场馆营销创新 ··· 208
第四节　体育场馆新媒体营销 ······································· 212

第十章　体育场馆服务 ··· 221

- 第一节　体育场馆服务的内涵与特点 ··· 222
- 第二节　体育场馆服务规范 ··· 223
- 第三节　体育场馆服务质量 ··· 228
- 第四节　体育场馆公共服务 ··· 238

第十一章　体育场馆风险管理 ··· 253

- 第一节　体育场馆风险管理概述 ··· 254
- 第二节　体育场馆的风险识别 ··· 257
- 第三节　体育场馆的风险评估 ··· 261
- 第四节　体育场馆的风险应对 ··· 265
- 第五节　体育场馆的常见风险 ··· 267

第十二章　智慧体育场馆 ··· 275

- 第一节　智慧体育场馆概述 ··· 276
- 第二节　智慧体育场馆的建设构成 ··· 282
- 第三节　一体化管理平台 ··· 287
- 第四节　数据资源开发利用 ··· 291

第十三章　体育场馆经营管理应用场景实践 ··· 297

- 第一节　体育场馆赛事活动经营 ··· 298
- 第二节　体育场馆文体活动经营 ··· 306
- 第三节　体育场馆培训业务经营 ··· 311
- 第四节　体育场馆附属空间租赁 ··· 315
- 第五节　体育场馆物业管理 ··· 319

主要参考文献 ··· 325

CHAPTER 01 第一章

体育场馆概述

【本章概要】

本章主要介绍体育场馆的概念、特征与分类，体育场馆在体育及经济社会发展过程中的主要功能和作用，体育场馆的发展历程及未来体育场馆发展呈现出的主要趋势，为进一步学习体育场馆相关知识做好准备。

第一节　体育场馆的概念、特征与分类

体育场馆作为我国体育事业发展的重要载体，是增强人民体质，丰富人民群众精神文化生活和提高竞技体育水平的重要物质基础。党的十八大以来，国家高度重视体育场馆的建设与运营，先后出台了一系列政策，积极推进体育场馆建设与运营改革，体育场馆服务业成了体育产业重点行业。

一、体育场馆的概念

体育场馆是满足运动训练、体育竞赛及大众健身需求的体育建筑的总称。主要包括各类体育场、体育馆、游泳馆、全民健身中心，以及老年人体育活动中心、青少年体育活动中心、残疾人体育活动中心等，包括体育教学训练所需的田径场、风雨操场、运动场及其他各类室内外场地，以及群众体育健身娱乐休闲活动所需的健身房、体操房和其他的简易健身娱乐场地等。

【注】

1. 体育场指含 400 米标准环形跑道、标准足球场及其他田径场地，并由看台和辅助用房组成的综合性室外体育设施；

2. 体育馆指可以开展篮球、羽毛球、排球、手球等单一或多种项目，并由看台和辅助用房及设施组成的综合性室内体育建筑。

二、体育场馆的特征

（一）公共性

公共性包含两个层面。一是开放性，相对于古代体育场馆及计划经济时代体育场馆而言，现在的体育场馆几乎对所有群众开放，而不是对少数有条件的人开放，这是时代进步和社会发展的必然结果。二是公益性，长期以来，国内体育场馆中有很大一部分的投资主体是政府部门，即便是以社会力量为投资主体，许多体育场馆仍接受政府财政支持，以政府购买服务、财政补助的形式，促进体育场馆免费、低收费开放。同时，体育场馆作为社会大众开展健身活动和体育赛事活动的重要场所，在构建更高水平的全民健身公共服务体系中发挥着重要的基础性作用，这就从本质上决定了它是一种公共产品，因而具有公共性特征。

（二）商业性

公共性是体育场馆的本质属性，商业性是体育场馆的必然要求，也是体育场馆可持续发展的必由之路。因为，公共性解决的是开放程度问题，即受众的问题；商业性解决的是服务程度问题，即需求的问题。体育场馆要提供不同层次的服务，满足各个层次消费群体的体育服务需求。在市场经济条件下，体育场馆是一种商品，体育场馆的经营与管理是一种商业服务，这是我国体育场馆打破历史局限性的又一大进步，意味着我国体育场馆进入了新的历史阶段，由过去重视建设的阶段迈入了关注运营的新阶段，立足点是更好地满足人民群众更加个性化、多样化的体育需求。

（三）文化性

体育场馆既是个体，又是城市建筑的一部分，就个体而言，其具有个性化的表现形态；就其组合而言，则会与城市其他建筑产生相得益彰、互为衬托的效果。一般而言，体育场馆规划、设计、建造的过程中往往会融合城市或地域特色元素，加入区域文化、体育、美学等元素，不仅能够营造涵养城市体育文化的氛围，还会打造休闲、积极、向上的城市特质，见证地方体育、文化发展历史，传承一代又一代人的城市记忆。体育场馆是体育物质文化和精神文化的集中体现，其设计一般体现浓厚的地域文化特征。如国家体育场（鸟巢）、国家游泳中心（水立方）的设计皆体现了"天圆地方"的中国传统文化观念。

（四）标志性

集体育、建筑、艺术等于一体的体育场馆，是现代化城市的重要标志。相较于商业楼、办公楼、住宅楼等，体育场馆因具有鲜明的个性和特色，往往能给人留下深刻而美好的印象，成为其所在城市的重点文化设施和标志性建筑，是展示城市精神文明建设的一扇重要窗口。

三、体育场馆的分类

体育场馆涵盖范围广、涉及种类多、分类方式多种多样。体育场馆可以按照其投资主体、用途、是否符合相关标准、建筑规模、可开展的运动项目等维度分类，如表1-1所示。

表 1-1　体育场馆类型划分

划分标准	体育场馆类型
投资主体	公共体育场馆、私人体育场馆
用途	比赛场馆、训练场馆、健身场馆
是否符合相关标准	标准化体育场馆、非标准化体育场馆
建筑规模	特大型体育场馆、大型体育场馆、中型体育场馆、小型体育场馆
体育建筑等级	特级、甲级、乙级、丙级
可开展的运动项目	专项体育场馆、综合性体育场馆

（一）按投资主体分类

按投资主体，体育场馆可分为公共体育场馆、私人体育场馆。公共体育场馆是指用于提供公共体育服务的建筑物、场地和设备，该类公共体育场馆应向社会大众免费或低收费开放。私人体育场馆即由各类企业或个人通过市场投融资建设、改造、运营的体育场馆。

（二）按用途分类

按用途，体育场馆可以分为训练场馆、比赛场馆和健身场馆。举办奥运会、亚运会等大型综合性体育赛事的比赛场馆需符合相关国际体育组织关于该级别体育赛事竞赛规则的要求，还应在一定距离范围内配置用于热身、训练等的训练场馆。

（三）按是否符合相关标准分类

按照是否符合相关建筑及规格等标准，体育场馆可以分为标准化体育场馆和非标准化体育场馆。

（四）按建筑规模分类

如表 1-2 所示，按建筑规模可以分为特大型体育场馆、大型体育场馆、中型体育场馆、小型体育场馆。

表 1-2 各类、各级场馆的座席数（座）

类别	特大型	大型	中型	小型
体育场	≥60001	40001～60000	20001～40000	≤20000
体育馆	≥10001	6001～10000	3001～6000	≤3000
游泳馆	≥6001	3001～6000	1501～3000	≤1500
足球场	≥60001	40001～60000	20001～40000	≤20000
速滑馆	≥10001	6001～10000	2501～6000	≤2500

注：根据《体育建筑设计规范》整理所得。

（五）按体育建筑等级分类

如表 1-3 所示，根据使用要求，可以将体育建筑等级分为特级、甲级、乙级、丙级体育场馆。

表 1-3 体育建筑等级

等级	主要使用要求
特级	举办亚运会、奥运会及世界级比赛
甲级	举办全国性和单项国际比赛
乙级	举办地区性和全国单项比赛
丙级	举办地方性、群众性运动会

注：根据《体育建筑设计规范》整理所得。

（六）按可开展的运动项目分类

按可开展的运动项目，可以划分为综合性体育场馆、体育中心（可以开展多项运动及竞赛的场馆）和专项体育场馆（如自行车场、棒球场、羽毛球馆、跳水馆等）等。

第二节 体育场馆的功能与作用

随着我国经济、社会的发展，人民生活水平的提高，闲暇时间的增加，体育和休闲事业发展，体育场馆建设与经营管理进入一个新阶段。体育场馆除了发挥其基本的使用功能、促进体育事业发展外，还释放了重要的经济效益、社会效益和环境效益。

一、体育场馆的功能

（一）体育场馆的核心功能

根据使用方式和对象，体育场馆具有体育竞赛、运动训练和健身休闲三种核心功能。体育场馆还能根据硬件配置、技术标准、使用需求在上述三类功能之间灵活转换。

（二）体育场馆的延伸功能

除了主体的体育建筑外，体育场馆还有附属建筑和配套设施；具有各种延伸功能，亦称拓展功能，以最大限度地发挥其经济、社会效益。

1. 商业发展功能

体育场馆的大空间部分可以满足演出、展览、集会等商业功能需求；体育场馆的附属空间可能被赋予了各种商业功能，如国家游泳中心局部的商业街、北京工人体育场局部看台下的酒店、深圳湾体育中心首层局部文体商业街等。

2. 文化传承功能

体育场馆辅助空间内的体育名人堂、体育博物馆、体育陈列室等，是打造地方体育文化品牌、形成独特体育文化体系、保护和传承体育文化遗产、促进体育文化交流的重要平台；体育场馆能提供图书阅览、文化展览、演艺等服务内容，以及举办各种群众文化活动，支持地方文化发展。

3. 休闲旅游功能

体育场馆是城市形象的重要标志物，可以被打造成体育旅游精品目的地、体育旅游精品项目，成为外地游客旅游、观光、打卡的目的地；体育场馆作为地方地理文化标志之一，往往是当地居民体育体验的重要选择。

4. 应急救灾功能

体育场馆由于具备良好的安全性、宽敞性、遮风避雨性及容纳度高等特性成为城市应急救灾中的重要场所；体育场馆内的观众座椅拆除、运动空间改造，可以释放出应急、避险空间，以满足群众疏散转移、人员安置需求；体育场馆内的电力、水源、通信等设施，可以为应急救援避险等提供保障；体育场馆内的数字转播系统、通信基站保障，可以满足应急管理指挥调度需求。发挥体育场馆的应急救灾功能，可以提升城市应急和调配能力。

二、体育场馆的作用

体育场馆对体育发展、经济发展、社会发展具有重要的作用。

（一）体育场馆对体育发展的促进作用

体育场馆是体育事业和体育产业发展的重要物质基础和载体，也是竞技体育、全民健身、体育旅游、文化娱乐等产业发展的重要承载者，是新时代全民健身的主要舞台、竞技体育的重要阵地、青少年健康成长的保障、体育产业发展的平台、繁荣体育文化的支撑，对夯实体育强国建设基础和推进健康中国战略的实施具有重要意义。

（二）体育场馆对经济发展的促进作用

1. 夯实产业基础

体育场馆能为体育竞赛表演活动、体育健身休闲活动、体育场地和设施管理、体育教育与培训、体育零售等体育产业发展提供基础性保障。体育场馆周边往往还设有文化、娱乐等相关配套设施，便于体育、教育、文化、娱乐、商业等多种业态资源整合，与体育场馆形成联动发展机制，推动体育产业与相关产业融合创新发展，促进体育场馆及周边区域经济、社会发展，形成产业发展集聚效应。

2. 吸引外来消费

体育场馆服务功能不断拓展，在体育服务本体功能基础上聚集了商业、娱乐、办公、文化、餐饮等多元复合功能，能很好地满足居民日常消费升级的需求，形成多功能、多业态、高效益的体育消费集聚地。"跟着赛事去旅行"正成为一种新风尚；依托大型体育场馆举办的各类体育赛事活动、文艺演出等吸引了大量外地游客，有效激发了体育场馆周边区域消费活力。如北京华熙LIVE·五棵松成为"夜京城"特色消费地标。

3. 优化投资环境

体育场馆建设过程更注重多样性、活力持久性和空间人性化，融合商务行政、休闲娱乐、旅游观光等多种功能，使体育场馆及其周边区域充满活力和吸引力。大型体育场馆投入运营后,在体育场馆周边布局休闲娱乐、餐饮、商品零售、酒店等业态,提升体育服务能级,吸引相关企业入驻,形成规模经济优势,丰富当地的文体生活,为外来投资者提供更为现代化的生活,有助于优化投资软环境。

(三)体育场馆对社会发展的促进作用

1. 改善人居环境

在新型城镇化背景下,城市更新更加注重城市功能的完善和城市品质的提升,体育场馆作为集服务市民健身活动、休闲活动、娱乐文化活动等多种功能于一体的运动场所,是展示城市形象、丰富居民生活、提升城市功能品质的重要载体,能有效提升城市生活的品质,增强人民群众的获得感和幸福感。

2. 助力城市更新

党的十八大以来,党和国家多次提出应实施"城市更新行动"。城市更新是新时期对我国城市工作内涵的一种新阐述,更是"十四五"期间我国经济社会发展的一项重要任务。《"十四五"体育发展规划》中明确提出要实施"体育助力新型城镇化建设工程",将体育融入城市发展进程。体育场馆应顺应发展趋势,积极融入城市更新及城市发展,发挥体育场馆在助力城市更新方面的积极作用。

3. 促进城乡融合

党的二十大报告强调了要促进区域协调发展,着力推动高质量发展,确定了新时代我国区域经济发展战略,该战略对于构建高质量的国土开发空间布局具有重要支撑作用。体育场馆是促进区域协调发展的催化剂,体育场馆高质量发展对于促进区域协调发展战略的实施具有重要作用。一方面,完善体育场地设施城乡布局有利于促进城乡协调发展。近年来,国家体育总局加大对农村体育场地建设的投入,持续实施农民体育健身工程,农村体育设施水平有了较大提升,体育场地设施已基本实现乡村全覆盖。另一方面,完善体育场地设施区域布局有利于推动区域一体化发展。

4. 完善城市功能

体育与城市发展有着密不可分的关系,特别是进入21世纪以来,城市同体育之间的关系越发密切,体育场馆成为城市文化的重要载体。随着城市体育场地设施的完善,城市具备更强的赛事承办能力,赛后场地设施也成为城市的重要遗产。场馆的发展可以带动城市体育、文化等产业的发展。在体育场馆建设过程中共生的交通网络、通信网络、非营利组织、志愿者群体、消费群体等促进了城市的全方位发展。体育场馆在诸多要素的加持下成为城市文化的标杆、新的地标性建筑。

第三节　体育场馆发展历程与趋势

立足新发展阶段、贯彻新发展理念、构建新发展格局是当代中国的时代脉络，在此时代背景下，体育场馆发展如何育新机、开新局，是"十四五"时期构建更高水平全民健身公共服务体系和推动"体育强国"建设的重要内容。展望未来，体育场馆的发展已经显现出一些明显的趋势。

一、体育场馆发展历程

随着人类文明及体育运动的不断发展，体育场馆也不断演变。从古代原始的场地到现代高科技、多功能场馆，体育场馆的演变见证了人类的文明进程和对体育运动的不懈追求。无论是设施配置，还是观众的安全保障及观赛体验，都向着更加完美和专业的方向不断迈进。

（一）国外体育场馆发展历程

在国外，体育场馆的起源可以追溯至公元前8世纪的古希腊。当时的希腊人非常崇尚体育运动，常常在露天场地组织各种比赛活动。这些场地就是体育场馆的"雏形"。那时的场馆还不具备专业性和规范性，仅是根据需要在开阔的土地上划出赛道，几乎没有任何设备和设施。例如，古希腊最著名的奥林匹克运动会就是在露天场地古奥林匹亚体育场上进行的，参赛选手和观众都没有任何保护设备，直接暴露在烈日和风雨中。在古罗马时代，体育场馆的基础设施得到了一定的改善，开始用大理石铺设赛道、座位、柱廊等。

近代以后，体育场馆进入了快速发展的阶段。最早的现代体育场馆可以追溯到19世纪末。1896年，第1届现代奥林匹克运动会在雅典举行，场馆被建造成了一种新的现代化形态。这些竞技场坐落在城市的中心地带，有规范的赛道、跳高区和掷铁饼区等设施，为运动员和观众提供了一个完整的运动场景。

20世纪50年代，体育场馆的建设进入了全新阶段，越来越多的国家开始重视体育运动的规范化和专业化水平，通过现代化的设计和技术，使体育场馆拥有良好的观赛体验和必要的安全设施。21世纪以后，随着经济发展和科技进步，各种高科技材料和创新工艺被大量运用于体育场馆建设，尤其互联网信息技术的快速发展，使体育场馆功能更加完善，科技含量及智慧化程度也更高。

（二）我国体育场馆发展历程

在我国古代，最早的较为正式的体育场馆是"鞠城"。"鞠"即足球的雏形，系原始足球，所谓"鞠城"就是早期球场。踢足球在古代被称作"蹴鞠"，是先秦时便流行的一项体育运动。汉代，由于皇家、贵族的喜爱，蹴鞠得到了快速发展，比赛场地也发展起来。到了唐代，出现了多用途的综合性场馆，如在西苑内的梨园球场，还常举行其他体育项目的比赛和表演。不仅如此，唐代还出现了使用食用油筑地、用特制蜡烛照明的世界上最早的"灯光球场"。

除了陆上体育场馆，我国古代还出现了大型水上运动建筑——水殿。水殿是一种临水而建的场馆，故又称"临水殿"，在唐代水殿是一种用于龙舟比赛的观赏设施，到了宋代水殿成了一个很大的水上运动中心。

进入近代，随着西方体育运动在我国的广泛传播，我国体育场馆建设的形式和数量均有了新变化。形式上以建设西方式现代化体育场馆为主，数量上从无到有，增长快速。

根据1929年数据统计，全国公共体育场共计247个，南京、安庆、南昌、西安、镇江、北京等重要城市几乎都建立了省立体育场或公共体育场。其中上海市立公共体育场的建成，标志着中国近代体育从租界侨民和学校走向了社会。1933年开工建设的上海市运动场（上海市江湾体育场），1989年被上海市政府设立为上海市文物保护单位。此外，20世纪二三十年代我国还建成了北平公共体育场（现北京先农坛体育场）、南京中央体育场等一批有代表性的体育场馆。具体内容请扫描二维码。

近现代我国建设的主要公共体育场

中华人民共和国成立后，我国加大了体育场馆建设力度，体育场馆的建设有了很大发展，全国各地陆续新建有不同类型的体育场馆，为体育运动的开展和普及创造了一定的物质条件。新建的体育场馆，不仅在建筑技术方面有很大进步，也注意到了造型艺术上的美观，为城市建设增添了景色，成为城市建设的一个重要组成部分。1955年修建和恢复体育场馆28个（其中大型体育场馆8个）；

第一章 体育场馆概述

1956年国家投资建设体育场13个、运动场26个、体育馆7个、游泳池21个[1]。此外，解放军、学校、工矿等各条战线也积极创造条件兴建体育场馆，以满足开展广播操、工间操，举办运动会等需求。

根据"第一次全国体育场地普查"，截至1974年底，我国有各类体育场地（馆）25488个。其中，体育场152个，体育馆113个，游泳池1604个，室内游泳池74个，灯光球场17620个，篮、排球房284个，体操房155个，射击房129个，乒乓球房928个，足球场2833个，运动场1435个，田径房9个，游泳场95个，网球场35个，举重房12个，滑冰场3个，羽毛球场7个。其中，体委系统4141个，工矿系统8969个，农村3277个，学校系统4603个，解放军3095个，其他系统1403个。拥有各类体育场馆数量排名前三的是解放军（3095个）、广东省（2608个）、广西省（2299个）。随着我国体育事业的发展，体育场馆建设数量不断增加，从根本上改变了旧中国体育场馆极端落后的面貌。

改革开放以来，我国经济快速发展，体育场馆建设也见证了经济社会的快速发展。根据《第四次全国体育场地普查有关数据》显示，截至1995年底，我国拥有各类体育场地615693个，占地面积10.7亿平方米，建筑面积7700万平方米，体育场地面积7.8亿平方米，累计投入体育场地建设的资金372亿元。以1994年底全国总人口11.985亿人计算，每万人拥有体育场地5个，人均体育场地面积0.65平方米。主要呈现出以下特点：基层（县级）体育场馆数量快速增加，隶属于地区（地级市、自治州、盟）的有46518个，隶属于县（县级市、市辖区、镇）的有499523个，体育场馆数量快速增加。

截至2003年12月31日，我国共有各类体育场地850080个，与第四次全国体育场地普查数据相比，每万人拥有体育场地数增加了1.58个，增长31.6%。同时体育场馆建设资金趋于多元化，财政拨款为667.7亿元，占投资总额的34.9%，单位自筹为1032.6亿元，占投资总额的53.9%，人均投入体育场地建设资金为148.15元，体育场地质量也有了较大提升。

党的十八大以来，党和政府高度重视发展以人民为中心的体育事业，从体育助力实现中华民族伟大复兴和满足人民群众对美好生活向往的高度，引领体育各领域工作开展。习近平总书记指出，"要坚持以人民为中心的思想，把人民作为发展体育事业的主体，把满足人民健身需求、促进人的全面发展作为体育工作的

---

[1] 中华人民共和国体育运动委员会党组.关于1955年体育工作总结和1956年工作任务向中央的报告[J].体育工作通讯，1956（38）.

出发点和落脚点，落实全民健身国家战略，不断提高人民健康水平。""要紧紧围绕满足人民群众需求，统筹建设全民健身场地设施，构建更高水平的全民健身公共服务体系。"

以构建更高水平全民健身公共服务体系为出发点，全国各地加快推进各类体育场馆向社会开放、提升体育场馆服务全民健身的能力，以满足社会大众的健身需求。积极推进现有场馆改造升级利用，满足举办大型赛事和群众体育健身休闲需求。充分发挥各类社会力量的积极作用，整合利用资源，推进丰富多彩的群众体育场馆多元化供给，补齐群众健身场地不足的短板。根据国家体育总局发布的《2022年全国体育场地统计调查数据》，截至2022年12月31日，全国共有体育场地422.68万个，体育场地面积37.02亿平方米，人均体育场地面积2.62平方米，提前完成《"十四五"体育发展规划》提出的目标要求。田径、游泳等基础大项场地总量不断增加，全国共有田径场地19.74万个，游泳场地3.60万个，球类运动场地262.66万个，其中，足球、篮球、排球"三大球"场地133.99万个，占51.01%；乒乓球和羽毛球场地118.14万个，占44.98%；其他球类运动场地10.53万个，占4.01%。随着北京冬奥会的成功举办和冰雪运动的普及，全国冰雪运动场地数量大幅增加，全国共有冰雪运动场地2452个，其中，滑冰场地1576个，占64.27%；滑雪场地876个，占35.73%。具体统计调查数据如二维码所示。

2022年全国体育场地统计调查数据

新时代体育场馆发展带来新机遇，利好政策不断出台、新技术和新模式的广泛应用、农村体育的广阔市场及冬奥会的辐射效应等赋予了体育场馆新的可能，使我国体育场地设施的类型更加丰富、数量显著增长、发展品质得到进一步提升。

二、体育场馆发展趋势

（一）功能复合化

从现代建筑的发展趋势来看，功能复合化是现代建筑发展的重要特征。体育场馆也不例外，体育场馆的功能逐步向复合化方向发展，融合休闲、娱乐、商业等多元功能，体育服务综合体成为体育场馆发展的重要方向。2013年，国家体育总局等八部门出台的《关于加强大型体育场馆运营管理改革创新 提高公共服务水平的意见》中明确提出大型体育场馆规划设计应充分考虑后期运营需要，在节能环保的前提下，融入演艺、会展、商业、休闲等多功能设计，完善配套设施建设，夯实发展基础。有条件的场馆要努力拓宽服务领域，延伸配套服务，积极发展体育旅游、体育会展、体育休闲、文化演艺等业态，在不改变公共体育场馆性质的前提下，打造特色鲜明、功能多元的体育服务综合体和体育产业集群。因此，未来体育场馆功能的复合化是其重要发展趋势。

体育服务综合体作为最新一代体育场馆，其核心特征在于功能复合与业态多元，是体育与相关业态融合发展的重要载体，可以提供多元化、一站式体育及相关服务，满足不同类型消费者的多元化、个性化消费需求，成为城市居民的体育休闲生活中心，而非单一的体育中心。各业态相互引流与相互赋能，可产生"1+1>2"的共生效应。体育服务综合体顺应了当前消费者消费升级的需求，搭建了体育与相关业态融合发展的载体与平台，契合了体育产业与相关产业关联效应强的特点，构建了较为合理的商业模式，成为当前及未来体育场馆发展的重要方向。

（二）投资多元化

长期以来，我国体育场馆多由国家财政拨款投资兴建，政府扮演着体育场馆建设投资主体的角色。随着改革开放不断深入，计划经济体制向市场经济体制逐步转变，体育场馆建设投融资模式市场化取向日益明晰。2008年颁布《国务院办公厅关于加快发展服务业若干政策措施的实施意见》，拉开了政府鼓励中国体育场馆市场化经营的大幕，并提出"放宽市场准入、鼓励社会力量增加供给"。2014年国务院印发《关于加快发展体育产业促进体育消费的若干意见》，明确提出"创新体育场馆运营机制""鼓励社会力量参与……优化场馆等资源配置""鼓励社会力量建设小型化、多样化的活动场馆和健身设施，政府以购买服务等方式予以支持"等若干意见。随后，国务院、财政部等相关部门出台一系列政策措施，鼓励社会力量投资体育场馆，尤其是推行政府和社会资本合资模式以来，各地体育场馆纷纷采取PPP（Public-Private-Partnership，公共部门与私人企业合作模式）模式投资建设，社会力量成为体育场馆投资的重要力量。从相关数据来看，近年来，民间资本投资的体育场馆在我国体育场馆建设中的比重稳步提高，我国体育场馆的投资正逐渐呈现出多元化的发展趋势。

（三）建筑绿色化

建设绿色场馆是绿色发展理念在体育领域的生动体现，绿色发展理念在我国

"体育强国"建设发展中占重要地位。"绿色奥运、科技奥运、人文奥运"理念在2008年北京奥运会每座场馆中都得到了充分体现。与此同时，体育科技的不断进步为体育场馆的绿色运营提供了更多可能，与此相伴共生的体育新能源科技研究，为体育场馆的绿色发展提供更多的可能与选择。特别是在全球资源稀缺、不可再生能源日益减少的背景下，开发与使用新能源，实现体育资源、体育场馆运营的可持续发展，已成为当下的研究热潮。当前，在"双碳"目标的指引下，我国场馆规划建设更加注重土地集约化和功能复合化，着力于场馆资源的循环、低碳、高效利用，以提高场馆服务业绿色发展水平。国际奥委会、国际足球联合会等组织亦在逐步要求体育场馆通过绿色认证。2022年北京冬奥会的成功实践，便是绿色场馆的成功案例，为绿色体育场馆的建设规划提供了重要参考。2022年，中共中央办公厅、国务院办公厅出台的《关于构建更高水平的全民健身公共服务体系的意见》中明确提出要推进健身设施绿色低碳转型、推广绿色建材和可再生能源使用，实施节能降本改造，制定绿色体育场馆运营评价通用规范等一系列关于体育场馆绿色化发展的要求，指明了未来体育场馆发展的重要趋势。

（四）规模小型化

随着全民健身上升为国家战略，群众健身需求日益增长，而贴近群众的全民健身场地设施却远远不足，《关于构建更高水平的全民健身公共服务体系的意见》等政策明确提出了要控制大型综合体育场馆的规模和数量，因此，全民健身场馆等规模小型化的体育场馆成为未来发展重点。未来，城市"金边银角"、闲置空间、荒地废地、老旧工业设施、碎片化空间将被更多地用于全民健身场地设施建设，社区型、便民型、中小微型、多功能型成为全民健身场地建设的必然趋势。新建小区中有一定比例的健身场地和设施将依法得到保障。围绕"15分钟健身圈"建设，街道全民健身中心、社区健身中心也将是场地设施建设的重点，将会有更多社会力量参与"15分钟健身圈"的建设。同时，受房地产行业转型升级发展的影响，配套社区运动会所成为房地产开发商提升住宅品质和持有物业收益的重要渠道，部分大型房地产开发商与体育场馆运营机构合作，建设、运营社区运动会所。受雾霾等极端天气和场地用地等因素的影响，移动装配式场馆、气膜场馆、拼装式游泳池、笼式足球场等灵活多样、方便快捷、低成本的新型健身场馆应运而生，它们可在短期内大幅增加健身空间，且具有投资小、建设周期短、投资回报期短、成本回收期短等优点，深受民间投资者欢迎。

（五）场馆智慧化

随着数字经济的快速发展，体育场馆的智慧化转型日新月异。国家先后出台多项政策支持体育场馆智慧化发展。2019年，《国务院办公厅关于印发体育强国建设纲要的通知》明确提出"运用物联网、云计算等新信息技术，促进体育场馆活动预订、赛事信息发布、经营服务统计等整合应用，推进智慧健身路径、智慧健身步道、智慧体育公园建设"。2022年7月，由国家体育总局体育信息中心等相关单位联合编制的《体育场馆智慧化标准体系建设指南》正式发布，确立了体育场馆智慧化标准体系，为体育场馆智慧化发展提供了建设指引。智慧体育场馆是以体育场馆建筑为平台，充分利用5G、人工智能、物联网、大数据、云计算等新一代信息技术，能有效将消费者、服务人员与场馆资源进行有效整合与充分利用，构建以全面感知、泛在互联、智能服务、以人为本为特征，并具有感知、传输、存储、学习、推理、预测和决策等智慧能力的新型体育场馆形态。近年来，各地体育场馆纷纷加快智慧化改造进程，正逐步实现体育场馆运营管理全流程的智慧化，群众可以实现在线订场、付费、评价等流程，极大地提升了群众的服务体验，提高了体育场馆运营效率。体育场馆管理方和政府可以通过智慧化管理平台及时了解体育场馆的运行情况，推进体育场馆管理的智慧化，更加精准地掌握群众的体育需求，及时根据群众需求提高各类公共体育服务质量，提升群众的获得感和幸福感。

本章思考题

1. 体育场馆的功能及作用有哪些？
2. 我国古代体育场馆的发展特色有哪些？
3. 我国现代体育场馆的发展历程有哪几个阶段？
4. 体育场馆的未来发展趋势是什么？

第二章 CHAPTER 02

体育场馆经营管理概述

【本章概要】

本章主要介绍体育场馆经营管理的要素、基本理论、目标原则、任务和基本方法。通过学习，在了解体育场馆经营管理概念的基础上，重点理解公共产品、公共政策、公共治理、市场营销及供给侧改革等理论对体育场馆管理的指导意义；掌握体育场馆经营管理的基本原则和方法，为从事体育场馆经营管理工作实践奠定理论和方法基础。

第一节　体育场馆经营管理要素

体育场馆经营管理是随着市场经济发展而形成的概念范畴，是对体育场馆在参与市场活动过程中各类经营管理实践的理论总结。了解体育场馆经营管理知识，首先要明确2W，即"Who"，谁经营管理体育场馆；"What"，经营管理对象是什么。本节从体育场馆经营管理要素分析入手，引出相关概念，为后续的"How"打下基础。

一、体育场馆经营管理要素构成

走进国家体育场，品味了赛事和文化大餐后，被鸟巢的唯美与气势恢弘涤荡心灵时，你可能会疑惑：

- 是谁在运营赛事活动？
- 媒体、企业、观众为何齐聚场馆？
- 如何管理大量的人群？
- 谁支撑着场馆的存在？
- 如何为活动的焦点人物和客户提供安全保护？

那么可以说，你已经开始思考体育场馆经营管理的问题。经营管理要素是经营管理活动的构成部分，可分为经营管理主体、经营管理客体、经营管理环境三部分。只有经营管理要素间有机协调，才能产生好的经营管理成果，带来经营管理活动整体利益的最大化。

体育场馆经营管理主体，即参与经营管理活动的场馆管理者、内部员工、专业服务人员及顾客，是影响经营管理活动结果的能动力量。

体育场馆经营管理客体，指场地、设施、产品等有形物资，以及声誉、品牌、商标、专利、技术秘诀等无形资产，是经营管理主体作用的对象。

体育场馆经营管理环境，包括内环境和外环境，内环境要素包括制度环境、文化环境；外环境要素包括政治环境、经济环境、法律环境、自然资源环境、技术环境、行业发展环境、社会公众环境。

经营要素间是通过投入—转换—产出三个过程连接起来的，具体如图2-1所示。

第二章 体育场馆经营管理概述

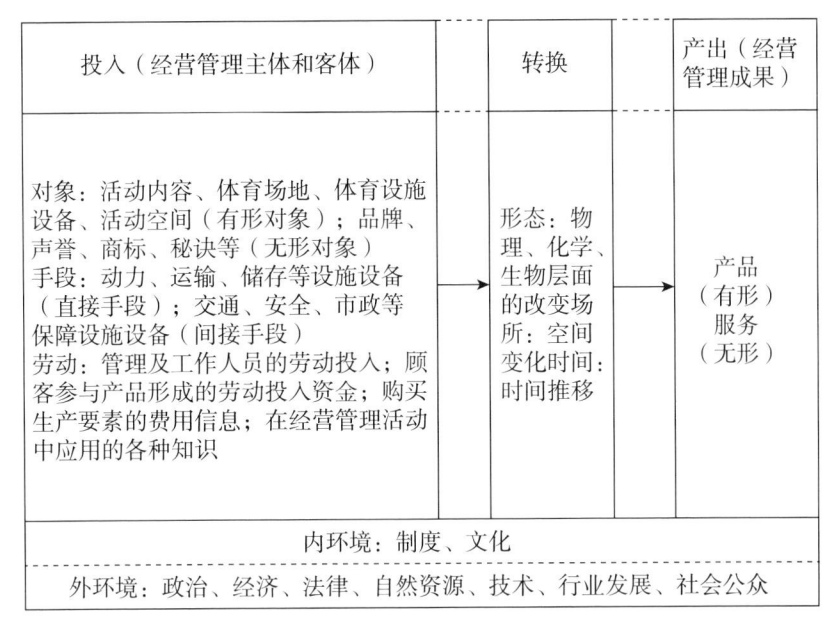

投入（经营管理主体和客体）	转换	产出（经营管理成果）
对象：活动内容、体育场地、体育设施设备、活动空间（有形对象）；品牌、声誉、商标、秘诀等（无形对象） 手段：动力、运输、储存等设施设备（直接手段）；交通、安全、市政等保障设施设备（间接手段） 劳动：管理及工作人员的劳动投入；顾客参与产品形成的劳动投入资金；购买生产要素的费用信息；在经营管理活动中应用的各种知识	形态：物理、化学、生物层面的改变 场所：空间变化 时间：时间推移	产品（有形） 服务（无形）
内环境：制度、文化		
外环境：政治、经济、法律、自然资源、技术、行业发展、社会公众		

图 2-1 体育场馆经营管理要素及其连接过程

二、体育场馆经营及其内容

（一）体育场馆经营的概念

经营的本质是通过一系列活动协调内部资源、外部环境和市场需求的动态平衡，以促成市场交易行为。

经营主要回答以下问题：

- 进入什么市场？
- 以什么样的产品满足市场需求？
- 市场需求如何？
- 如何促成交易？
- 自身有何种资源？

体育场馆经营从属于经营这一上级概念，即在市场经济背景下，利用价格机制（而非行政手段）配置体育场馆各类资源，在等价交换的原则下向市场提供运动场地、运动设施及服务等有形或无形产品的活动总和。

（二）体育场馆经营的主要内容

1. 战略

① 体育场馆经营哲学及经营理念的创新；

② 行业选择，在竞技体育、群众体育及其他商业领域之间的配比关系；

③ 市场细分，目标市场选择和市场定位；

④ 构建总体发展战略、职能战略和业务战略。

2. 策略

① 短缺经济时代下 4P 策略，即产品（Product）、定价（Price）、渠道（Place）、促销（Promote），选择或设计适销对路的体育赛事、文化活动、健身项目，采取文体活动资源开发、场馆无形资产开发和其他商业活动的开发等产品策略。

② 饱和经济时代下 4C 策略，即顾客（Customer）、成本（Cost）、方便性（Convenience）、沟通（Communication）。

③ 客户经济时代下 4R 策略，即与顾客建立关联（Relativity），加快市场反应速度（Reaction），与顾客及社会公众建立关系（Relationship），不断提高对社会、企业和顾客的回报（Retribution）。

④ 新经济时代下 4V 策略，即差异化（Variation）、功能化（Versatility）、价值化（Value）、共鸣化（Vibration）。

三、体育场馆管理及其内容

企业管理是指通过整合企业资源，高效率地实现企业目标的计划、组织、协调、控制等过程的总和。管理主要解决两个问题：做什么（What to do）和如何做（How to do）。

（一）体育场馆管理的概念

体育场馆管理是指为提高工作效率，实现体育场馆管理目标，执行体育场馆经营职能而进行的计划、组织、协调、命令、控制等过程的总和。其至关重要的内容是保证场地设施的运转正常，并确保活动能够安全举办。体育场馆管理者最大的特点是要与大量的人打交道，除了顾客和员工外，还要与政府机构、私有实体进行密切联系，以获取重要赛事资源，获得大型赛会交通、秩序、卫生等安全保障，以争取未来发展资金等。

（二）体育场馆管理的内容

体育场馆管理包括体育场馆运营管理、财务管理、营销管理及人力资源管理，具体内容构成如图 2-2 所示。

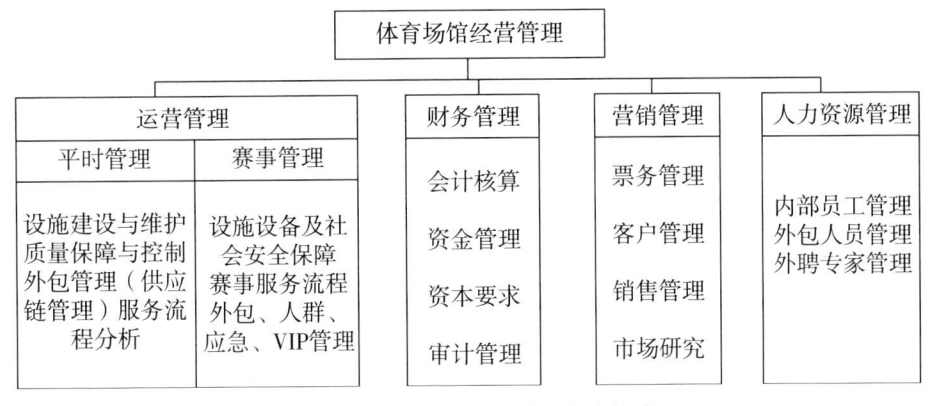

图 2-2 体育场馆经营管理内容构成

第二节 体育场馆经营管理的基本理论

科学认识体育场馆产品的性质和体育场馆经营公共政策的关系、有效制订体育场馆产品和服务的市场营销方案、协同体育场馆不同治理主体之间的关系、推进体育场馆公共服务的供给侧改革对体育场馆经营管理十分重要。

一、公共产品理论与体育场馆产品性质困惑

（一）公共产品理论

经济社会中的物品分为三种：私人物品、公共物品和准公共物品。保罗·萨缪尔森（Paul A. Samuelson）提出公共产品必须同时满足两个特征：第一，消费的非排他性，即一个人消费不影响其他人的消费；第二，取得的非竞争性，即在获得产品时存在"搭便车"现象。

针对纯公共产品的提供，萨缪尔森限定条件是：只有当社会所有成员从公共产品中得到的收益等于生产公共产品所消耗的客观机会成本时，纯公共产品的提供方方为有效提供。但现实中无法提供采集公民愿望和让其如实表达愿望的机制，因此，纯公共产品的供给可以采取中央集权制度、投票或者克拉克税收的办法。私人物品应当由企业提供，而公共物品若由私人提供则会由于搭便车现象和收费困难导致私人收益得不到保障，社会有效供给不足，出现市场失灵。因此，公共产品应由政府提供。当然，公共物品也可以由政府授权私人部门提供，而私

人物品也可以由政府垄断提供。

(二) 体育场馆产品性质的困惑

体育场馆具有私人产品性质：当一个人使用体育设施时，另一个人不能同时使用该设施，故体育场馆消费中存在排他性；观看比赛或者锻炼身体，需要购买门票，故体育场馆产品在取得中存在竞争性。面向群众免费开放的体育场馆部分空间及空地满足公共产品的两个特征，具有纯公共产品性质；在大型竞赛表演开展时，入场的成员消费具有非竞争性和非排他性，具有公共产品性质。持私人产品观点者认为，体育场馆应该由私人出资修建，以利润最大化原则来经营，国家财政不应该再投资修建体育场馆；而持公共产品观点者则认为，体育场馆是体育事业开展的基础，其投资应该由国家财政承担，场馆应免费提供而不应该以盈利为目的参与市场竞争。

(三) 公共选择理论对体育场馆经营管理的指导

"效率与公平"是公共决策中难以平衡的两个标准。一方面，大型体育场馆大多由纳税人出资兴建，因此应该在公平原则下向公众开放场馆以实现提升其身体素质的基本需求。体育场馆若采取行政化管理，则会产生闲置现象，造成资源浪费。另一方面，一味地强调开放而不考虑设备与消费群体的匹配度也是对资源的极大浪费。因此，效率原则也不可忽视。在效率与公平两个原则中，学术界形成了两种对立的观点：一个是从公平原则出发，强调体育场馆产权的公有性质，由事业单位负责运营，免费向公民开放；另一个是从效率原则出发，强调大型体育场馆的经营性，将事业单位民营化。

二、转型经济理论与管理体制的纷争

(一) 转型经济理论

转型是指由计划经济向市场经济转变的经济现象，是 20 世纪中国最重要的经济事件。转型的目的是探索如何通过有效的市场制度带动经济的繁荣和发展。转型经济学要明确转型的目标和转型过程中的约束条件。

1. 转型的目标
- 通过引进具有弹性的相对价格并创造竞争性市场，纠正计划经济对价格的扭曲,从而提升资源配置的效率。

- 稳定宏观经济,保障价格体系正常运作。
- 提供更好的激励机制和公司治理安排,使企业对市场信号做出反应。
- 创造对市场经济来说"适度"的政府机构。

2. 转型过程中的约束条件

- 转型结果的不确定性。
- 各项改革之间的互补性。如果企业没有以价值最大化为目的的激励机制,仅放开价格并不能达到最优配置结果。
- 政治约束条件。转型在整个经济范围内进行,即使整体福利增加了,也会使一部分人受益,而另一部分人的利益受到损害。政治家和利益集团往往担心在改革中受到潜在损失,即使改革的目标能达成一致,在改革的速度和顺序上也会存在很大的意见分歧。

激励机制是转型中要解决的重要问题。棘轮效应和软预算约束是计划经济体制国有企业效率低下的重要原因。棘轮效应是指计划经济体制下经理人不愿冒下一年调高计划目标的风险,去过多地超额完成计划。软预算约束是指企业资金来源(即支持体,政府或银行)不能承诺使企业遵循一个固定初始预算,且不给予事后救助,导致的企业(预算体)总是突破初始预算的现象。持续财务亏损、超发奖金、过度信用等是软预算约束的表现形式。通过所有权转移和私有制下的公司治理能取得更高的效率。

(二)体育场馆管理体制纷争

我国体育场馆以国家投资为主,企业投资为辅,很多场馆产权性质不明确。体育场馆投资采取国家、省、市三级投资,所有权虽都叫作国有,但权利在省市之间分配不明,因而在管理上也存在混乱。原有体育场馆属于政府体育行政机构的一个部门,改革后,体育场馆演变为体育行政部门下属的二级事业单位。有些新建体育场馆开始就以公司制成立。以上三种形态的体育场馆同时存在于市场,导致体育场馆管理体制复杂。

(三)转型经济理论对体育场馆经营管理的指导

在体育场馆由计划向市场转型的过程中,首先要厘清产权关系,其次要建立与产权结构相协调的治理结构。我国体育场馆事业单位企业化管理的做法,明确了经营管理的主体，精简了机构，建立起形式多样、自主灵活的分配和激励制度，提高了体育场馆市场化运作水平。这是体育场馆转型过程中采取的一种渐进式的改革策略。但事业单位企业化管理依然会产生软性预算约束及棘轮效应，不利于体育场馆经营管理的创新。

三、公共治理理论与体育场馆经营管理难题

（一）治理理论

治理理论认为，与政府统治相比，治理的内涵更加丰富。它既包括政府机制，也包括非正式的、非政府的机制。因此，公共治理是指公共管理组织在一个既定的范围内运用公共权威维持秩序和实现公共利益最大化以满足公众需要，治理的目的是在各种不同的制度关系中运用权力引导、控制和规范公民的各种活动，以最大限度地增加公共利益。公共治理理论强调政府的元治理角色，即政府承担指导和建立社会组织行为主体的大方向和行为准则的重任，拥有绝对权威。强调治理主体是多元性的，不仅包括几乎长期垄断公共管理主体地位的政府部门，也包括诸如私营部门和第三部门等非政府部门，并且治理各方存在基于权力信赖和互动的伙伴关系，因此各主体的边界处在变动之中。

党的十八届三中全会通过的《中共中央关于全面深化改革若干重大问题的决定》提出要"推进国家治理体系和治理能力现代化"，党的二十大报告提出把"国家治理体系和治理能力现代化深入推进"作为未来五年我国发展的主要目标任务之一。治理强调主体是多元性的，政府部门、私营部门和第三部门等非政府部门都是治理的参与者，强调党和政府的领导与多元主体参与公共事务决策；治理是一个多元主体间上下互动的管理过程，通过合作、协商、伙伴关系等方式对公共事务实施共同治理。

随着经济社会发展，除体育行政管理部门外的各类地方国营企业、私营企业等也陆续参与体育场馆建设及运营。随着体育场馆数量的快速增加和体育场馆领域"放管服"改革的进一步深化，未来体育场馆市场主体将持续快速涌现。只有根据新的使命任务、新的战略安排、新的工作需要深入推进体育场馆治理体系及治理能力现代化，才能把我国体育管理制度优势不断转化为体育场馆的治理效能，充分激发社会主体在体育场馆经营管理中的强劲动力，以更好地满足社会大

众日益增长的体育场地使用需求。

（二）体育场馆经营管理中的治理难题

体育场馆经营管理涉及政府、企业、社会组织等多方参与者，利益关系复杂，是多元主体合作与博弈的过程，实现体育场馆各治理主体的关系协同尤为重要。在政府垄断体育场馆经营的情况下，会产生官僚制的问题，造成体育场馆运营动力不足、效率低下等；在过度市场化的情况下，又会出现公共资源过度开发，公益目标弱化的问题。为解决这些问题，需要运用公共治理相关理论进行科学分析，构建起各治理主体互相认同的合作框架。

（三）公共治理理论对体育场馆经营管理的指导

公共治理理论强调政府的元治理角色和功能，强调各主体之间依赖于合作关系的构建等。首先，公共治理理论为科学认识政府在体育场馆管理中的元治理角色提供了有益思考。其次，公共治理理论强调科学划分政府与体育场馆、社会组织等的边界是科学治理的前提和关键。最后，公共治理理论认为，各主体之间的伙伴关系需要权力依赖和互动进行维持。因此，政府部门权力影响的发挥、体育组织专业权力的发挥，以及企业资本权力的运用都是实现场馆良性运营的重要保障。

四、运营管理理论与规模扩张的瓶颈

（一）运营管理理论

运营管理是将输入转化为输出的一系列价值创造活动，以产品和服务的形式来体现。运营管理的战略决策包括产品和服务的设计、质量、流程设计、选址、设备布置、人力资源和岗位设计、供应链管理、库存、作业计划和设备维护等。运营管理的发展时间不长，但因环境变化日新月异，理论发展速度很快，运营管理的方法和关注点也在不断改变，具体如图2-3所示。

关注成本

| 早期概念时期（1776—1880）：
劳动专业化（斯密，巴贝奇）
零部件标准化（惠特尼） | 科学管理时期（1880—1910）：
甘特图（甘特）
工作和时间研究（吉尔布鲁斯）
过程分析（泰勒）
排队理论（爱尔朗） | 大量生产时期（1910—1980）：
移动装配线（福特）
统计抽样（休哈特）
经济订货批量、计划评审技术
关键路径分析（杜邦公司）
物资需求计划（Material Requirement Planning，MRP） |

关注质量　　　　　　　　　　　　　　关注定制

| 精细生产时期（1980—1995）：
准时制生产（Just In Time，JIT）
计算机辅助设计（Computer Aided Design，CAD）
电子数据交换（Electronic Date Interchange，EDI）
全面质量管理（Total Quality Management，TQM）
鲍德里奇国家质量奖
授权，看板生产 | 大量定制时期（1995—2011）：
全球化、互联网、企业资源计划、学习型组织、国际质量标准、有限能力排程、供应链管理、敏捷制造、电子商务、按单生产 |

图2-3　运营管理发展变化图

（二）体育场馆规模扩张的瓶颈

市场经济体制中的企业内在有扩大生产规模、争取更多利益的冲动。规模扩张可以通过工厂复制和兼并收购两类方法实现。体育场馆要实现规模经济，将会受到两个方面的制约，即空间限制和时间限制。体育场馆作为一个城市的体育基础设施，具有区域性特征，在城市化进程中硬件设施的扩张几乎是不可能的；体育场馆提供的产品依托于场地设施的各类服务，如竞赛表演、运动服务等，为无形产品。无形产品具有易逝、不宜储藏的特性。因此，凭借产品对其他地域市场进行扩张也是行不通的。市场化改革要求体育场馆作为市场主体参与市场竞争，而场馆运营时空限制了体育场馆的规模扩张。

（三）运营管理理论对体育场馆经营管理的指导

在运营管理理论的指导下，体育场馆经营管理者对体育场馆服务外包、体育场馆供应链管理、体育场馆业务流程再造等进行了有益的尝试，对体育场馆运营中部分日常服务性工作和部分专业化程度较高的工作实行服务外包。服务外包对缓解大型体育场馆平时与赛时人力资源配置的矛盾，以及保障服务质量和服务的持续性等方面均具有积极意义。

第三节 体育场馆经营管理的目标、原则与任务

进入新发展阶段，高质量发展是全面建设社会主义现代化国家的首要任务。应以习近平新时代中国特色社会主义思想为指导，按照党中央、国务院关于加快推进体育强国建设的决策部署，坚持以人为本、改革创新、依法治体、协同联动，持续提升体育场馆的质量和效益，不断满足人民群众的需求。

一、体育场馆经营管理的主要目标

体育场馆功能的多样性决定着体育场馆经营管理目标的层次性、多元性和综合性。结合我国体育场馆管理的实际，体育场馆经营管理的目标设置的基本情况如下。

（一）保障公共体育服务优先供给，突出公益属性，助力体育强国建设

体育场馆管理应该优先彰显体育场馆的公共服务属性，更好地为群众、社会提供优质的公共体育服务，这是由体育场馆的投资特点和内在属性决定的。《中华人民共和国体育法》提出，公共体育设施应向社会开放，以便群众开展体育活动；对学生、老年人、残疾人实行优惠办法，以提高体育设施利用率。2021年12月，由国家体育总局印发的《公共体育场馆基本公共服务规范》也对体育场馆的免费开放做出十分详细的规定。

（二）打造体育场馆服务综合体，增强经济属性，带动区域经济高质量发展

场馆设施作为体育事业和体育产业发展的重要物质载体，有极大的产业带动效应。2013年国家体育总局等八部门联合印发的《关于加强大型体育场馆运营管理改革创新 提高公共服务水平的意见》要求有条件的场馆要努力拓宽服务领域，延伸配套服务，打造特色鲜明、功能多元的体育服务综合体和体育产业集群。2014年，国务院出台的《关于加快发展体育产业 促进体育消费的若干意见》强调，以体育设施为载体，打造城市体育服务综合体，推动体育与住宅、休闲、商业综合开发。近

年来，各地在打造体育场馆综合体方面进程明显加快，出现了如成都双流体育中心、南京奥体中心、广州天河体育中心等各具特色的体育场馆综合体。

（三）强化体育场馆的文化标识，放大文化属性，助力文化自信建设

体育场馆尤其是大型体育场馆，不仅是一个城市的地标性建筑，更是一个城市的文化名片，反映着一个城市的内涵品质和精神风貌。一个城市的体育场馆和建筑，不仅可以改善、增加城市的功能，也具有美化城市的效果，它可以从视觉系统、行为系统、理念系统三个层面优化城市文化形象，从而提升城市的品位。

二、体育场馆经营管理的基本原则

（一）创新发展原则

1. 创新对体育场馆经营管理的意义

创新理论的创始人约瑟夫·熊彼特（Joseph Alois Schumpeter）认为，创新就是引入一种新的生产函数，并创造新利润的过程。创新对任何市场主体来说都非常重要。经营管理的过程就是在不断变化的环境中识别新机会，制定新战略，开拓新市场等创新发展的过程。创新发展的原则对体育场馆发展具有重要的意义。

由于我国地域间场馆资源配置的不均衡，各地区的实际情况、区域特色、市场环境存在差异，改革无法深入全国范围内，改革与发展过程面临着不充分、不平衡、制度不配套等困境。因此，如何创新体制机制，破解改革过程中存在的阻碍，激发社会力量参与热情，推进体育场馆运营改革工作，是未来场馆发展的主要任务。

2. 体育场馆经营管理创新发展的途径

一直以来，我国公共体育场馆大部分由各级政府下属的事业单位经营管理，而事业单位的管理体制和运行机制为场馆的经营管理带来了诸多体制性和制度性障碍，严重限制了场馆公共服务供给能力的提升。为破解场馆运营的体制机制障碍，改变陈旧僵化的管理思路和运营模式，"改造功能、改革机制"工作尤为重要。

各地积极响应国家号召，探索推进体育场馆运营改革的新路径与新模式，形成了委托管理、事企双轨运营、事企合作运营、租赁等多种类型的公司化改革路

径，初步实现了体育场馆经营权部分或全部授予公司的改革要求，通过引入公司化运营机制，在一定程度上破解或缓解了传统事业单位运营管理存在的体制机制障碍，激发了场馆运营的效能和活力。

在功能改造方面，通过自行改造或引入社会力量，盘活体育场馆附属空间，转变部分体育场馆现有使用功能，丰富了体育场馆服务内容，提升了体育场馆运营效能。各地区结合本地实际情况、区域特色、市场环境而实践创新的多种路径，极大地丰富了场馆运营管理模式，涌现出浙江省黄龙体育中心、重庆涪陵奥体中心、重庆渝北区全民健身中心等一批"两改"典型，为其他地区提供了多样化的借鉴经验。

3. 体育场馆经营管理创新的策略

未来在体育场馆的经营与管理中须秉承创新发展原则，建立健全系统的改革机制和保障体系，主要包括以下几点。

① 分类编制"两改"实施方案和操作指南，跟踪研究各地"两改"试点的成功经验。

对各地推进体育场馆"两改"试点的模式、路径与成功经验进行跟踪研究。梳理、总结各地场馆改革过程中政府妥善处理人员分流、安置、事业单位职能调整、财政支持等方面扶持政策，分类编制指导场馆"两改"工作实施方案和操作指南，为不同类型场馆的"两改"工作提供可借鉴的实施方案和操作指南。

② 编制场馆运营负面清单，严格控制非体育相关业态经营。

有关部门应尽快编制场馆运营负面清单，明确场馆禁止布局和开展的业态，通过负面清单的编制，严格控制场馆非体育业态的经营活动，为场馆功能改造和场馆运营划定红线。

③ 推广场馆运营示范合同。

示范合同应明确保护场馆业主（含政府）的权利、保障公众利益等事项，明确公共体育服务项目与内容、定价权、合同解除与变更权利、履约保证金、国有资产完好情况等核心条款，以供各方在场馆经营权竞标实践中参考。

④ 尽快建立公共体育场馆经营权强制招标机制。

通过场馆经营权竞标引入专业场馆运营机构，以充分发挥市场机制在场馆资源配置中的决定性作用，实现场馆服务从业机构的公平、充分竞争。同时，招标时应合理确定竞标人资格，科学编制招标文件，规范招标程序，可编制出台场馆经营权竞标招标文件示范文本，以供各方在场馆经营权招标时参考。

⑤政府要加强对场馆运营机构履约的监管，建立场馆运营综合评价体系。

综合评价体系中应制定场馆服务质量的公众评价制度，定期进行体育场馆服务满意度测评，并将满意度测评不合格作为解除合同并追究场馆运营机构违约责任的法定情形，以促使场馆运营机构改进服务质量，提升公众服务满意度，推动公共体育服务的持续、高质量供给。

（二）协调发展原则

1.协调发展对体育场馆经营管理的意义

协调发展的原则，即实现体育场馆经济效益与社会效益相互协调，经济性与公益性相得益彰。体育场馆的公共属性决定了场馆运营必须坚持公益性，以提供公共体育服务/满足群众体育文化需求/实现体育场馆社会效益为首要任务。场馆不论是由事业单位还是企业运营，其性质和功能定位都不会发生变化，只是运营管理主体发生了变化，企业运营也应当提供保质保量的公共体育服务。场馆运营管理无论怎么改革，都要以公益性为底线。然而，部分企业接管场馆运营后，未能处理好经济效益与社会效益、经营性与公益性的关系，于是出现了过度市场化的倾向，与场馆公益性定位不符，背离了场馆改革的初衷。

长期以来，场馆投资与收益难以平衡是场馆发展不协调的具体体现。受限于传统事业单位体制机制不灵活，体育场馆在人、财、物等方面严格按照行政事业单位的规范进行管理。尤其是财务方面执行预算管理，给予场馆的运营灵活度十分有限，部分场馆收入主要由国家行政拨款组成，借助免费或低收费开放的补助资金维持日常的运营管理。

2.实现体育场馆协调发展的主要途径

随着协调发展理念的推进，众多体育场馆积极探索推进经济效益和社会效益的协调发展。主要体现在以下三方面。第一，通过优化体育场馆的设计，落实建营一体化理念，提升场馆运营绩效。体育场馆从规划设计到建设运营理念逐渐更新，其运营效能得到了进一步提升。第二，通过改革运营机制，促进灵活经营。同时，场馆经营权改革的深入推进，使得场馆的运营机制更加灵活、专业，现代化的经营管理理念和方式将助推场馆运营效能的持续提升。第三，通过多元化经营，提升场馆利用率，提高运营效益。企业化运营以提高场馆利用率为首要任务，采取多元化经营手段，使场馆的不同元素得到全面开发，从而实现场馆利益最大化。此外，通过挖掘场馆的无形资产，举办各类赛事活动，打造场馆特色

IP，利用门票、广告、招商等手段也可以提升场馆经营收入。

3.推进体育场馆协调发展的基本策略

未来发展中如何协调场馆的经济效益和社会效益尤为关键。总体来看，基本策略主要包括以下三点。

（1）积极引入社会力量，改革和创新场馆运营模式

激发场馆运营的效能和活力，使得场馆根据市场和公众需求，丰富服务内容，提高服务质量，推动构建更高水平全民健身公共服务体系。同时，政府要合理调控企业运营机构的利润空间，明确设定企业的最高利润率，通过选择合适的定价机制，激励企业运营机构在保证服务质量的前提下不断降低运营成本，使其通过正常手段获取利益。

（2）有效盘活存量资源，激发场馆发展活力

推动体育与其他相关产业的融合发展，通过资源整合和市场化行为，发展本体产业及延伸产业。体育产业的多元化发展不仅有助于顺应人民群众对体育消费升级的需求，还可促进各业态之间的相互引流与赋能。

（3）借助专业场馆运营集团，创新场馆运营内容，更新运营模式

借助现代企业制度的优势，积极拓展新兴服务领域，促使场馆获得可观的经济效益，而且利用专业化的运营渠道，为城市营造浓厚的体育氛围，并提供大量就业岗位，推动城市产业结构的升级与转型，促使场馆运营融入城市整体的发展生态。

（三）绿色发展原则

1.绿色发展对体育场馆经营管理的意义

我国场馆建筑体量较大，赛时、赛后的水电气等能耗普遍较高，绝大部分场馆的能耗费用负担较重，在一定程度上影响了场馆的公共服务供给水平。同时，受限于场馆设计不合理、不实用等因素，场馆资源利用有限，场馆绿色循环低碳发展的经验尚不成熟，场馆绿色发展意识有待提高。

"十四五"时期，在绿色发展理念指导下，场馆规划建设将更加注重土地集约化、功能复合化，着力于场馆资源的循环利用、低碳利用、高效利用，以提高场馆服务业绿色发展水平。我国可持续发展战略的制定与执行，使得绿色发展模式成为我国经济社会发展的主旋律。

2.促进体育场馆绿色发展的主要途径

首先，在"碳达峰、碳中和"目标的指引下，场馆碳中和行动方案呼之欲

出。因此，实现碳中和是体育场馆绿色发展的基本途径。场馆碳中和可以理解为通过节能减排技术或植树造林，抵消场馆直接或间接产生的二氧化碳，达到二氧化碳相对"零排放"。

其次，体育场馆必将大力采取节能减排技术更新、循环利用、垃圾分类等碳中和措施，并通过加强赛场观众的碳中和意识及行为教育，以实现碳中和。我国体育场地设施发展已为推动实现碳中和开始广泛实践。如2022年北京冬奥会中，一是通过建筑工艺实现国家游泳中心"水冰转换"、五棵松文化体育中心"冰篮转换"，拓展场馆使用功能，实现了场馆反复利用；二是将首钢园区等工业遗产改造成为比赛场馆或办公区，实现了综合利用；三是冬奥场馆建设广泛使用新能源技术、二氧化碳制冰等节能降耗技术，所有赛事场馆均达到绿色建筑标准，实现了场馆持久利用。2022年北京冬奥会也由此成为全球首个实现碳中和的冬奥会。在其他大型赛事，如成都大运会、杭州亚运会等，也通过改建、临建等多种方式减少了新建场馆数量，并将绿色建造理念贯穿场馆建设始终。

3. 推进体育场馆绿色发展的基本策略

在体育场馆未来的发展中须始终践行绿色发展理念，并将其融入场馆规划、建设、运营等各个环节，通过理念创新、技术创新、运营创新促进场馆高质量发展。

（1）强化绿色发展宣传和教育

推动绿色低碳成为全社会共识，广泛开展针对场馆主管部门、运营单位、健身群体的绿色发展教育，深化其对场馆绿色发展的认识。管理者要主动求变，在绿色发展理念指引下，补足场馆在可持续、循环、低碳运营等方面的短板。

（2）推进场馆节能降耗改造

由于场馆消耗大量的水、电、气、暖等传统能源，二氧化碳排放量较大，且绝大多数场馆尚未有效利用太阳能资源。未来，场馆应增加智能绿色控制系统，增加太阳能电池板、节水系统、光控系统等，升级、改造节能降耗设备，提升绿色发展的技术保障水平。

（3）最大程度降低场馆运营成本和能耗

充分利用现有场馆和临时场馆满足大型赛事需要、严控大型场馆数量和规模、在大型赛事中尽可能改造现有存量场馆资源或通过增加临时设施等多种途径满足赛时需求，再在赛后拆除部分座椅等用于全民健身，降低场馆运营成本和能耗。

(4)加快实施场馆碳中和行动

场馆碳中和是一个新领域，既要加强理论研究，又要尽快实践。相关部门应尽快出台场馆碳中和方案，包括碳中和技术指引、碳中和操作方案、碳排放测算标准、碳补偿方案等，探索场馆碳交易、碳金融的相关模式，建立场馆及体育领域碳中和行动标准体系。

（四）开放发展原则

1. 开放发展对体育场馆经营管理的意义

近年来，在精准研判国内发展需要并准确把握国际、国内发展大势的基础上，我国体育场馆的经营与管理也向世界敞开了大门。目前，市场主体对场馆经营权的争夺日趋激烈，既有佳兆业、中体竞赛等国内知名运营主体在场馆经营权市场上的攻城略地，也吸引了AEG等国外专业运营机构进入国内市场，为国内场馆经营与管理带来了全新的商业模式与经营理念。AEG作为全球第二大场馆运营商，在2008年北京奥运会后成为五棵松文化体育馆的运营商，后在2010年转为该体育馆的运营顾问，为其后续的商业化、国际化运营打下了坚实的基础。目前，AEG运营的上海梅赛德斯-奔驰文化中心是国内利用率最高、商业价值最高的场馆之一，被誉为"上海文化娱乐的新地标"及"永不落幕的城市舞台"，为国内其他场馆的经营与管理提供了宝贵的经验。上海市已开始尝试将场馆运营权通过产权市场进行公开招募。未来随着我国场馆市场化开放程度的进一步扩大，将吸引更多优质国外投资和运营机构进入我国场馆市场，不断推动我国场馆高质量发展。

2. 促进体育场馆开放发展的主要途径

坚持开放发展理念，大力引导和鼓励社会力量建设和运营场馆，中央及地方的有关政策逐步完善，场馆的投资主体将呈现多元发展的趋势。一方面，投融资模式呈现多元化，如政府财政拨款、PPP模式、无形资产融资、债务融资、捐赠、其他融资方式（体育产业投资基金）等，多元化的投融资模式可拓宽融资渠道，降低融资成本，提升场馆的运营管理水平。另一方面，推进体育场馆专业化运营。目前我国体育场馆专业运营主体数量快速增加，且运营主体性质呈多元化发展态势。2019年，《国务院办公厅关于促进全民健身和体育消费推动体育产业高质量发展的意见》明确要求将政府投资新建的场馆委托给第三方企业运营，为专业运营主体参与场馆管理提供政策保障。随着场馆经营权市场的进一步开放，场馆服务业市场不断发展，各种类型的专业运营主体迅速涌现。如以国家奥林匹克体育中心等为代表的场馆事业单位，以武汉体育中心集团有限公司等为代表的场馆国有企业，以福建冠深集团有限公司等为代表的民营企业，以南京体育集团场馆运营管理有限公司等为代表的场馆混合所有制企业，也包括李宁体育公园等为代表的民办非企业组织等。

3. 促进体育场馆开放发展的基本策略

随着推动体育与相关产业融合成为政府部门发展体育产业的重要抓手，场馆经营业态的"开放发展"特征越发凸显。部分场馆逐渐向体育服务综合体的方向发展，经营业态呈现复合与多元的特征，体育场馆与文化、旅游、商贸、娱乐、健康等相关产业融合发展的趋势将进一步增强。

同时，多地体育产业和场馆发展的相关政策文件均提出了体育服务综合体的发展目标。2017年，江苏颁布《省体育局关于加快体育服务综合体建设的指导意见》提出"到2025年，建成100个以上体育服务综合体"，其中就包括依托现有体育中心、单体性全民健身中心等场馆打造的体育服务综合体。如2021年《四川省支持体育服务综合体建设发展十条政策》提出"不断拓展建设渠道。鼓励市场主体通过长期租赁、先租后让、租让结合的方式获取建设用地建设体育服务综合体。在不破坏生态、依法依规的前提下，鼓励利用山地森林、河流峡谷、草地荒漠等地貌建设可开展冰雪、山地、航空、漂流等运动项目的体育服务综合体"。

(五) 共享发展原则

1. 共享发展对体育场馆经营管理的意义

我国体育场馆的公共属性决定了其运营管理的核心目标是提供高质量的全民健身公共服务。现代化场馆设施公益惠民的规模和质量是促进全民健身长效发展的重要保障，亦是提高各级政府公共体育服务水平的重要引擎。同时，积极推动场馆对外开放是解决群众身边健身场地不足、满足群众多元化体育需求的重要途径，能够充分发挥场馆资源价值。因此，场馆的发展图景应串联城市生产、生活，匹配推动共同富裕中体育事业发展之义，增加有效供给，实现高科技、高品质、多功能发展，吸引更多人群走进场馆参与运动休闲，营造健康向上的社会氛围，推进城市发展和提高居民生活幸福指数。

2. 体育场馆实现共享发展的策略

新时代在新发展理念指引下，迫切需要提升场馆开放利用的水平，构建统筹城乡、公平可及、服务便利、运行高效、保障有力的更高水平的全民健身公共服务体系。让人们更加公平、可及、便捷地享受场馆供给的公共服务，是"保证人民平等参与、平等发展权利"的重要体现。对此，未来的场馆运营与管理需关注场馆公共服务的均等化，将"平等体育权利"贯彻到各类人群中。

（1）保护不同人群无差别地享受体育场馆公共服务的权利

体育场馆是体现社会包容度的重要场所，是展现城市友好形象的重要舞台。目前，我国体育场馆的免费或低收费开放政策向学生、老年人、残疾人提供了公益时段或费用优惠，未来应进一步扩大覆盖范围。同时，应提高体育场馆使用的便捷性，以避免智能技术成为老年人入场的阻碍；加强体育场馆的无障碍设施修建，通过增加操作指引和人工帮扶、设置特殊群体适用的健身器械、改善周边交通等，提高场馆的可达性。

（2）以人民需求为核心，提供多元化公共服务

立足"大健康"发展观念，持续推进"体育+"和"+体育"措施，全面调动政府和社会力量建设全民健身场地设施的积极性，实现体育场地设施增量提质和扩容增效。同时，要有效盘活现有场馆，整合区域间场馆资源，培育跨区域的场馆运营主体，以满足群众多元化需求为重点，加强对场馆功能的优化改造，盘活场馆资源，提升场馆开放服务质量，增强群众对体育的获得感、幸福感。

（3）持续推进场馆免费或低收费开放工作

免费或低收费开放工作缓解了大型场馆赛后闲置的问题，让原本"高大上"的场馆"放下身段，开门迎客"。然而，进馆门槛降低使得前来锻炼的群众增多，场馆经常满负荷开放服务，甚至一场难求，这对场馆运营方来说是不小的挑战。部分运营方通过将免费或低收费开放时段设置在用餐高峰等群众健身需求较低的时段，来减轻运营压力，暴露出其服务意识短缺的问题。因此，在免费或低收费开放的基础上，应进一步丰富服务内容、提升服务质量，让更多群众能够走进场馆，享受高水平的公共体育服务，共享体育发展成果。

三、体育场馆经营管理的主要任务

体育场馆经营管理的主要任务如下。

（一）高标准完成体育场馆的规划、设计与建设

在体育场馆规划与设计阶段，应按照建营一体化的原则，充分考虑体育场馆规划方、运营方、使用方等多方面的需求，对场馆选址、空间布局、设施功能等

多种因素进行综合考虑，完善优化设计方案。在此阶段，建筑实施尤为重要，其管理业务包括建筑单位的投标工作、各种合同的签订、方案的设计、建筑过程的监督与进程的督促、资金的使用管理等。

（二）保障体育场馆业务活动的正常运营

体育场馆的主要业务包括场地设施的保养与维护、场地租赁、无形资产的开发、赛事活动、培训等多种业务。体育场馆的经营管理过程就是在充分履行管理职能的基础上，完成体育场馆从有形资产的管理运作到无形资产的开发，从资源的投入到场馆运营绩效的提升，最终实现国有资产的保值、增值。

（三）顺利承办体育赛事，为竞技体育提供优质的场地设施服务

承办体育赛事是场馆建设的首要原因，也是体育场馆最主要的功能，体育场馆承办各类不同体育竞赛和表演活动，保证各类体育赛事顺利开展，包括提供运动队赛前训练、赛事进行的标准场地、配备器材等，也包括满足赛后其他体育竞技赛事活动的需要。现今体育赛事项目多，赛事频次高，一些大型体育赛事竞赛水平高，观众、运动员和工作人员也相对较多，媒体和社会关注度较高，这对体育场馆提出了更高的要求，体育场馆对赛事的服务功能日趋重要。因此，围绕竞技体育赛事对体育场馆服务需求的日益增加，加强体育场馆改造升级是进一步提升体育场馆运营能力的重要途径。

（四）坚持以体为本、发展多元经营，服务公众多元化体育需求

根据国家体育总局2015年印发的《体育场馆运营管理办法》，体育场馆管理应以为体育本体服务为主，提供专业场地、技术等。训练场馆和专业性较强的场馆在保障专业训练、比赛等任务完成的前提下积极创造条件对社会开放。同时考虑提供健身服务、竞赛表演、体育培训、运动指导、健康管理等体育经营性服务。在强化公共体育服务的同时，拓宽服务领域，提高服务水平，努力形成多元经营。体育场馆多元化经营内容包括大型文体活动的运作、会议展览等相关组织服务、健身休闲娱乐业的经营、相关附属商业和无形资产的拓展。

（五）不断优化运营模式，提高场馆运营绩效

体育场馆应该结合自身特点，根据行业发展规律，探索与地方经济社会发

展水平相适应、能够充分发挥场馆效能的运营模式，实现资源、资金、人才与市场的有效结合。不断提高体育场馆的运营能力，提升大型体育场馆科学化、集约化管理水平，增强复合经营能力，促进服务转型升级。鼓励场馆运营管理实体通过品牌输出、管理输出、资本输出等形式，逐步实现规模化、专业化、社会化运营。

（六）树立风险管理意识，提升风险管理水平

风险管理是指对各种可能产生的风险进行识别、测量、分析和评价，并适时对风险实施有效的控制，妥善处置风险所致的损失，用最经济合理的方法实现最大的安全保障。体育场馆的管理过程同样存在众多不可预知的风险，如设备器材风险、人员素质风险、同行竞争风险等。因此，体育场馆的管理者应该树立风险管理意识，提升风险管理水平，尽可能降低风险发生的概率和风险带来的损失。

第四节　体育场馆经营管理的基本方法

管理方法是管理的基本原理的自然延伸和具体化、实际化，是管理原理指导管理活动的中介和桥梁，是实现管理目标的途径和手段。一般来说，从管理方法的层次角度出发，管理方法可以分为管理的哲学方法、基本方法、技术方法及技巧与艺术。

一、经济方法及在体育场馆管理中的应用

（一）经济方法

经济方法是指按照客观经济规律，运用经济手段，调节不同经济主体的利益关系，以实现管理目标的方法。经济手段主要包括价格、税收、信贷等宏观经济手段和工资、奖金、罚款、经济合同等微观经济手段。不同的经济手段在不同的领域中发挥不同的作用。

（二）经济方法在体育场馆管理中的运用

经济方法作为一种普遍的管理方法，在体育场馆管理中广泛应用。如员工工

资确定和发放，对超额完成任务的员工发放奖金等；国家制定体育场馆服务收费指导价；由中央财政设立，用于支持和鼓励各地体育行政部门所属公共体育场馆向社会免费或低收费开放的补助资金等。经济方法是提高场馆运营管理水平的重要手段，经济方法的运用可以充分提高员工工作积极性和满意度，降低企业运营成本，改善场馆服务质量。因此，体育场馆管理者应该充分利用经济手段为场馆运营管理服务。

运用经济方法，应该注意以下五个方面。第一，科学制定工资水平，实行按劳分配、多劳多得的工资制度，使员工的付出与获得成正比，避免不劳而获等付出与回报不匹配的现象。第二，奖金奖励要量力而行，既要充分发挥激励作用，又要防止盲目攀比，奖金奖励要与其他奖励配合使用。第三，有效运用税收政策优惠，降低体育场馆运营管理成本。第四，严格执行国家法律法规和财务规章制度，并接受财政、审计、体育行政部门的监督和检查；第五，规范和加强资金管理，提高资金使用效益。

二、行政方法及其在体育场馆管理中的应用

（一）行政方法

行政方法是指依靠行政组织的权威，运用行政手段，按照行政系统的规范进行管理的方法。行政方法实质上是通过行政组织中的职务和职位进行管理，特别强调职责、职权和职位以命令、指示、规定、决议等行政手段为主。行政方法具有权威性、强制性、垂直性和具体性。因此，体育场馆作为具有一套正式权责体系分配的组织，行政方法在体育场馆的管理中的应用也比较广泛。

（二）行政方法在体育场馆管理中的运用

体育场馆管理中的行政方法具体体现为命令、指示、规定、决议等。体育场馆管理者在使用行政方法时要充分发挥行政方法的独特优势，有效组织和集中体育场馆的资源，发挥行政方法权威性、具体性的特点，集中力量办大事。如集中为一场大型赛事提供一体化综合服务，需要体育场馆管理者运用行政方法，发挥垂直管理的优势，动员全员参与。

行政方法对管理者的素质、意识和管理能力有着较高要求。因此，体育场馆管理者在使用行政方法时要加强对命令、指示、规定、决议科学性和合理性的审

视,提高行政方法的权威性,避免朝令夕改,从而弱化行政管理效果。

三、法律方法及其在体育场馆管理中的应用

(一)法律方法

法律是国家制定或认可、体现统治阶级意志、以国家强制力保证实施的行为准则的总和。法律方法就是通过法律、法令、条例、制度等手段,调节各种体育关系,以保证和促进体育场馆发展的管理方法。法律方法具有规范性、强制性和预防性的特点,因此在体育场馆管理中被普遍使用。它有利于对体育场馆各管理主体的基本关系进行调节、建立体育场馆正常的管理秩序,以及把体育场馆正常的管理活动纳入法治化轨道,从而实现体育场馆的依法治理,因此对推进体育场馆治理现代化进程十分重要。

(二)法律方法在体育场馆管理中的运用

法律方法在体育场馆的运营管理中得到广泛应用。新修订的《中华人民共和国体育法》等法规、政策对体育场馆的经营和服务标准进行了规定。法律方法对体育场馆的设计和建设提出了要求。例如,《中华人民共和国体育法》第八十二条规定:"公共体育场地设施的设计和建设,应当符合国家无障碍环境建设要求,有效满足老年人、残疾人等特定群体的无障碍需求"。法律还对体育场馆的使用进行了规定,第八十四条规定:"公共体育场地设施管理单位应当公开向社会开放的办法,并对未成年人、老年人、残疾人等实行优惠。免费和低收费开放的体育场地设施,按照有关规定享受补助"。同时,法律和法规还对体育场馆的资金管理、人员配置、运营绩效评价等方面进行了规范,以保证体育场馆以人民为中心的发展理念的落实和以体为本的经营管理理念的实现。

四、宣传教育方法及其在体育场馆管理中的应用

(一)宣传教育方法

宣传教育方法是指通过宣传和教育等方式,使人们围绕共同目标而采取行动的方法。宣传教育方法是以人们对思想活动的发展规律的正确认识为客观依据的。因此,深入理解人的思想活动的发展规律是宣传教育方法运用的重要前提。

认识论认为，人的思想活动是对客观世界的主观反映，受现实客观世界的制约和影响，因此社会物质生活条件是人的思想认识形成和发展的前提和基础。但同时由于个体具有主观能动性，可以主动分析、选择并影响客观环境，因此思想认识因人而异。随着我国经济社会发展进入新时代，社会矛盾已经转变为人民日益增长的美好生活需要同不平衡、不充分发展之间的矛盾。因此，体育场馆作为满足人民群众美好体育需求的重要载体，明确认识矛盾的变化，认识新时期人民体育需求的内涵和特点，并在体育场馆经营管理中制定科学的宣传策略，对体育场馆引流和提质增效有着积极的意义。

（二）宣传教育方法在体育场馆管理中的运用

体育场馆作为多元产品和服务的综合提供者，其面对的客户群体异质化明显。体育经营管理者可以从以下四方面提高宣传教育的效果：首先，精准识别宣传教育对象的特性和需要，以做到"因人而异"；其次，精准推销体育场馆产品和服务，以调动和激发宣传教育对象的消费意愿，增强受传者对产品的信赖；再次，使用适切的宣传用语，增强受传者对宣传者的信任；最后，要注意充分抓住客观情境中的一切有利时机和要素并加大宣传力度。

本章思考题

1. 体育场馆经营管理要素包含哪些内容？
2. 体育场馆经营管理的主要目标有哪些？
3. 体育场馆经营管理的主要任务有哪些？
4. 体育场馆经营管理应该遵循哪些基本原则？
5. 体育场馆经营管理的基本方法有哪些？

第三章 我国体育场馆经营管理发展

CHAPTER 03

【本章概要】

本章主要介绍我国体育场馆经营管理基本情况，我国体育场馆经营管理历程，当前我国体育场馆经营管理的体制、主要模式和成功经验，我国体育场馆经营管理的未来发展趋势等内容。通过本章的学习，可以从历史的角度了解体育场馆经营管理的发展变化，并通过一些经典案例加深对现阶段体育场馆经营管理主要模式的了解。

第一节　体育场馆的经营管理历程

体育场馆是我国体育事业和体育产业发展的重要载体和物质基础，随着我国体育事业的蓬勃发展，体育场馆数量不断增加，经营管理不断得到强化，呈现出不同的社会阶段特征。

一、社会主义革命和建设时期的体育场馆经营管理

中华人民共和国成立以后，我国逐步建立起社会主义计划经济体制，通过优先发展重工业保卫国家安全，逐步建立独立的工业体系，为当时群众体育和竞技体育的发展奠定了一定的物质基础，这一时期是我国体育场馆经营管理的萌芽阶段。

在这一时期，政府将体育场馆收归公有，实行高度集中统一的计划管理体制，实施直接管理和保护，下属单位缺乏自主权。经营上，国家对体育场馆实行统收、统支、统管的供给服务型财政制度，其是国家财政全额预算拨款单位。管理体制上，体育场馆是各级体育行政部门下属的事业单位，实行集中统一的行政领导和事业管理。基于当时的特殊国情，体育场馆在服务利用方面具有强烈的军事、政治取向。1968—1973年，全国体育系统还经历过短暂的军事接管时期，体育场馆多用于包括解放军体育运动会、解放军射击与检阅大会在内的军事系统赛事活动，以及一些带有操练、检阅、表演性质的大型政治性活动和体育赛事活动，如全国工人体育运动大会、全国运动会等。各级部门、单位的体育场馆在管理使用上，主要面向所在单位系统内部职工、学生开放服务，难以实现对系统外普遍性的开放服务。处于计划经济体制下的初级阶段的体育场馆，其经营管理体制取决于整个社会的经济制度，自身缺少真正意义上的经营。但不可否认的是，这一时期为群众体育和竞技体育的发展做出了重大的贡献，成为整个体育事业快速发展的坚强后盾，为广大群众体育爱好者、各级运动员训练与比赛，以及各种文艺活动和集会提供了重要场所和物质保障。

二、改革开放和社会主义现代化建设新时期的体育场馆经营管理

党的十一届三中全会后，全党的工作重心转移到社会主义现代化建设上，自

此，中国经济进入了一个快速发展阶段。体育事业获得了长足发展，并取得了举世瞩目的成绩，但发展资金供给不足的矛盾日益突出。为解决这一矛盾，体育系统开始探索打破单纯依靠国家拨款、由国家包办体育的格局，积极探索筹措体育资金的新路子。

第一，以承包制为主的场馆经营模式改革逐步推行。20世纪70年代末到80年代初，中央开始对地方实行财政包干制。政府积极放权，扩大依附于行政机构的生产单位的经营自主权，其不仅在国有企业积极推行承包经营责任制改革，还批准了部分领域事业单位企业化管理的申请。在此背景下，1988年，国家体委鼓励场馆在完成上级部门要求的训练、赛事和群众性活动等任务的前提下，可以通过整体或者部分承包、租赁等形式，充分发挥体育场馆的多种服务功能。不少场馆通过广开门路、多种经营、有效提高经济效益，为体育事业发展积累资金，使其逐渐由财政拨款向经营创收转变。例如，首都体育馆1984年前靠30万财政补助维持生计，实行承包责任制后，1990年收入是承包前的8～9倍。"以副养体、以场养场"的模式充分调动了职工的积极性，1991年我国公共体育场馆经费收入年平均自给率达65%。

第二，场馆的差额预算管理制度开始实行。原国家体委及财政部门对场馆实行了"全额管理、定收定支、差额补助（或上缴）、包干使用、结余留用"的差额预算管理制度，根据场馆规模、数量，定任务、定编制、定业务指标、定经费补助。同时，放开了超额收入和节约支出的用途，除维修和设备添置外，允许从增收节支的结余中按比例提成，用于职工集体福利和奖励。上海市体育场馆试点改革过程中，将职工劳动所得与经营成果联系在一起，并优化考核指标与分配方式，大幅度提高了职工积极性及经营管理效率。

第三，场馆的事业单位改革启动探索。1992年党的十四大确立了"建立社会主义市场经济体制"的改革目标，并提出市场机制要在资源配置中起"基础性作用"。"政企分开""政事分开""管办分离"成为这一时期事业单位改革的重要方向。场馆的事业单位试点改革开始启动探索，现代企业制度的管理优势开始显现。1993年国家体委《关于培育体育市场、加速体育产业化进程的意见》及《关于深化体育改革的意见》中都提出了"体育事业单位逐步产业化"的要求，后者对大多数公共体育场馆、训练场馆等事业单位，提出"由福利型、公益型和事业型向经营型转变"的要求，有条件的可办成经济实体，实行企业化经营。在政策引导下，部分体育场馆开始了事业单位内部企业化的探索。上海市虹口体育场自1993年开始探索管理体制改革，通过科学设置组织机构，明确各部门的职能、权利，形成符合现代企业及场馆特点的管理制度，规范内部管理，成为全国体育场馆改革的示范。同时，推进以事企双轨制为主的场馆事业单位改革。部分场馆为提高运营管理水平，在保留原有事业单位的前提下，依托国有资产，成立国有性质的场馆运营企业，实行事业单位和企业"两块牌子，一套班子"的双轨制运营。

无锡市在2005年组建市体育场馆与运动训练管理中心，作为所属国有资产的责任主体，对全市场馆的资产、人员、业务进行管理；改革后体育局不再负责场馆的具体业务，而是履行政策规划、业务指导等宏观管理职能；成立国有独资公司，受体管中心委托，对各大体育场馆进行"市场化运作、企业化管理、社会化服务"。无锡市创新的"管办分离"模式使体育局与体管中心各司其职，将行政管理与专业发展有效分开，实现了场馆的事业与产业、公益性与市场化的有机统一。另有部分场馆被划为需要转企改制的事业单位。例如，2006年深圳市对市属4家负责体育场馆管理的事业单位场馆进行了转企改制，改制后全部进行企业化实体运营，但由于缺乏人事、资产等方面的政策配套，事转企的难度较大，故该项改革在场馆领域的推行并未到位。

第四，以多元化经营为主的场馆发展战略逐步形成。主要通过内部发展、战略联盟、委托经营等方式，对场馆健身休闲、文体活动、附属空间进行多元化的商业开发与运作。例如，江苏省五台山体育中心自1995年开始实行综合改革试点，中心的开放经营体系中包含十余家子公司，在以全民健身和大型文艺演出为主营业务的基础上，以广告传播、用品销售、体育建筑等公司为载体，实施多元化经营战略。各子公司之间相互支持，成本与风险共担，客源、营销渠道与品牌利益共享，形成协同优势，强化了中心整体的市场竞争力。但仍有部分场馆的多元化经营模式在这一时期尚不成熟，出现粗放式发展的问题。

这一时期，我国对于市场机制的认识和理解逐步提升，"虹口模式""五台山模式""无锡模式"（案例分析，请扫描二维码阅读）等都是地方体育场馆经营管理的有益探索，推动了地方场馆的运营管理改革实践。场馆自主经营权下放及多元化经营，提高了市场活力，实现了经营创收，但因过于注重经济效益，导致出现了忽视社会效益的问题，背离了场馆公共服务的初衷。内部承包的经济指标设计随意性较大，缺乏一定的科学依据和客观标准。此外，由于配套制度不完善，事业单位体制改革阻力较大，"一刀切"式的改革易引起场馆过度商业化和公益性缺失，并产生人员安置等后续问题。

进入21世纪，随着"入世"和北京2008年奥运会的申办和承办，我国体育场馆的经营管理进入了高速发展阶段。这一时期，为适应我国竞赛表演业市场的迅猛发展，各地场馆在经营管理模式上进行了积极探索。例如，武汉体育中心通过实施服务外包，借力专业公司实现了专业化管理，提高了服务品质和管理水平，降低了运营成本，确保了各类大型赛事活动的顺利进行，缔结了国内运营管理特大型体育中心人数最少的神话，为国内场馆提供了可资借鉴的经验。国家体育场——"鸟巢"项目是首个以PPP模式建设的大型体育场馆，以项目法人招标方式确定中信联合体为投融资主体，以特许经营形式进行项目投融资、建设、运营、维护和移交；政府作为项目发起方和所有者，在土地、资金、税收等方面给予支持。虽然联合体在投资建设后不久就放弃了后续的特许经营，但该项目为国内持续探索政府与社会资本合作模式积累了经验。五棵松体育馆作为北京奥运会比赛项目专用场地，在规划之初就引入社会资本和专业团队，共同参与场馆的设计、建设与赛后利用，在北京2008年奥运会之后进行专业化改造，成为既能举办顶级体育赛事、又能承接各类高端文娱活动的综合性场馆，并积极探索无形资产开发，成为国内第一家获得商业冠名的奥运场馆。

此外，各地还在管理体制和运营模式方面进行大胆探索、积极实践。例如，南京奥体中心实行企业化运营，归口国资部门管理；苏州市体育中心实行事业单位企业化管理；宁波市游泳健身中心通过公开招标，委托美国西格集团公司进行专业化管理，实现了所有权与经营权的分离。场馆的业务内容也日益多样化，形成了一定的产业链，运营效益也有所提高。

三、中国特色社会主义新时代的体育场馆经营管理

党的十八大以来，以习近平同志为核心的党中央把体育事业放在统筹推进"五位一体"总体布局、协调推进"四个全面"战略布局中去谋划和推动，将体育场馆建设与体育强国建设、健康中国建设紧密联系，围绕满足人民群众日益增

长的美好生活需要，进一步加强群众身边的公共体育场馆建设，并通过多种途径提升场馆开放服务能力，不断提高场馆经营管理水平。这一时期，我国体育场馆经营管理呈现出以下五个方面的特征。

第一，产业融合越发显著。2019年1月，国家体育总局、发展改革委研究制定的《进一步促进体育消费的行动计划（2019—2020年）》提出，持续推进公共体育场馆"改造功能、改革机制"工程，增加体育场地设施和功能，改造成体育综合体，拓展消费空间。2019年9月，《国务院办公厅关于印发体育强国建设纲要的通知》也明确提出，完善体育全产业链条，促进体育与相关行业融合发展；加强城市绿道、健身步道、自行车道、全民健身中心、体育健身公园、社区文体广场及足球、冰雪运动等场地设施建设，与住宅、商业、文化、娱乐等建设项目综合开发和改造相结合。在上述相关产业融合政策背景下，体育场馆逐渐向体育服务综合体方向演化发展。为适应体育场馆发展趋势的变化，2019年国家统计局新修订的《体育产业统计分类（2019）》就在"体育场地和设施管理"中专门新增了"体育服务综合体管理"这一小类。此外，从近年来江苏、广西、湖北、浙江等地大力打造的体育服务综合体项目来看，体育场馆与旅游、教育、文化等产业融合发展的趋势也进一步显现，体育场馆服务内容进一步多元化。

第二，改革进程不断加快，改革路径趋于多元化。中国政府采购网、中国政府购买服务信息平台等有关政府采购、资源交易网站信息显示，2007—2021年共有577座体育场馆运营权进行了改革（图3-1）。从1998—2021年，每年实现经营权改革的体育场馆数量呈现增长态势，2014年后增速明显加快，2017年后增长曲线变得更加陡峭，在2021年达到峰值。这说明，体育场馆经营权改革越发普遍，改革进程不断加快，越来越多的体育场馆进行了经营权改革。从改革的体育场馆业主方情况来看，不仅有当地政府、体育行政部门，还有体育场馆管理中心等事业单位，随着越来越多的地方国有平台公司成为体育场馆投资主体，其亦成为推进体育场馆运营改革的重要主体。统计的577座体育场馆中不乏学校体育场馆，部分高校通过委托管理、购买服务等方式引入专业运营机构，推动了学校体育场馆的运营管理改革。

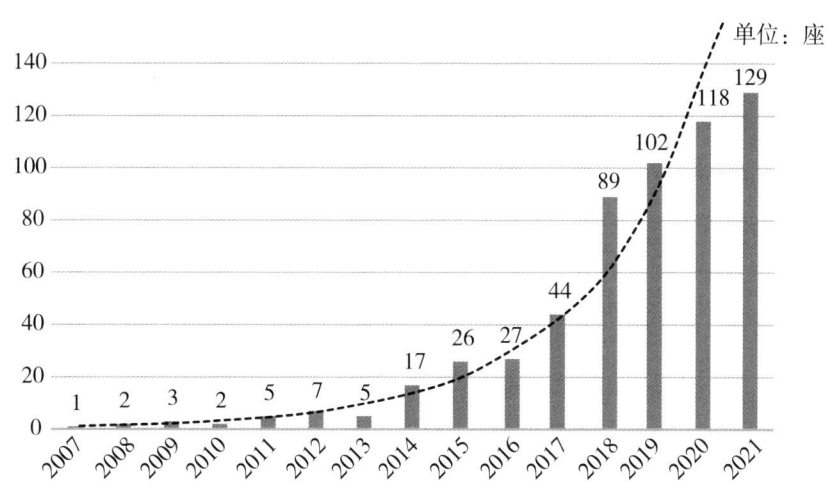

图 3-1　2007—2021 年体育场馆运营权改革情况汇总

第三，市场主体快速涌现。其驱动因素主要有以下三个方面。一是体育场馆经营权改革不断深化，场馆经营权越来越向第三方企业转移。尤其是在国办发〔2019〕43号文件中明确提出"政府投资新建体育场馆应委托第三方企业运营"后，体育场馆资源向市场释放的速度进一步加快，这就为更多的场馆运营机构提供了发展空间。二是我国部分城市体育场馆经营权交易平台及交易制度的进一步完善，这为体育场馆资源公平、有效地流向市场提供了制度保障。如为推动体育场馆经营权改革，上海市体育局于2019年成立了上海体育场馆设施管理中心，统一"做规划、建体系、定标准"，尝试借助产权市场的优势，通过公开招募的方式寻找综合条件优秀的企业或机构来运营场馆，以实现场馆运营方式市场化、过程规范化和效益最大化。三是体育产业与相关产业的融合发展，将推动众多其他领域市场主体转型投资体育场馆领域。如月星集团有限公司重点打造的江南环球港体育服务综合体项目就是其中的典型案例，该项目总建筑面积约为100万平方米，总投资近60亿元，其将体育与"商业、文化、旅游、娱乐、展览、教育"等体验业态相融合，联动发展，目前已有十余个培训项目落户，引进各类体育品牌20余家，带来大量就业机会和良好的经济效益，仅2018年度体育类项目直接总营业额就超过1.1亿元，并于2019年被评为"国家体育产业示范项目"。

第四，运营管理日趋专业。一是大型赛事运营能力显著提升。随着北京2008年奥运会、北京2022年冬奥会、男篮世界杯等重大国际赛事在我国的成功举办，我国众多大型体育场馆均进行了专业化改造升级，这为我国未来举办更多顶级国际体育赛事夯实了物质基础。可以预见，经过国际大型体育赛事的洗礼，这些因赛而建的体育物质在专业化运营能力上将得到显著提升。如在军运会赛事结束一个月后，作为承办场馆之一的武汉商学院击剑馆、游泳馆和驭马体育公园就迎来了 2019 年现代五项亚洲锦标赛暨 2020 东京奥运会亚洲／大洋洲资格赛。二是体育场馆运营主体的专业化水平稳步提升。2019 年 5 月，有"CBA 第一股"美誉的龙狮篮球俱乐部获得了球队主场——广州天河体育中心的运营权，由此，龙狮篮球成为目前 CBA 唯一一个直接运营主场体育馆的俱乐部，而且与当下国际上最主流的场馆运营模式接轨。有望为体育场馆的专业化运营提供示范，未来，职业体育俱乐部参与体育场馆运营也将成为体育场馆发展的重要趋势。

第五，服务质量稳步提升。一是公共服务普惠化。全国各类型大型体育场馆是我国最优质的体育场馆资源。2014 年，国家体育总局和财政部出台《大型体育场馆免费低收费开放补助资金管理办法》，鼓励和引导大型体育场馆积极对外免费或低收费开放，并提供体育讲座、体育健身技能培训、体质测试等公共服务，切实为普通群众提供高质量、普惠化的公共体育服务，使广大群众能够共享体育场馆改革发展的成果。同时，中小型体育场馆、全民健身中心、社区多功能运动场也积极提供基本公共体育服务，成为全民健身事业发展和体育强国建设的重要基石。武汉市汉江湾体育公园采取每天 4 小时免费、6 小时低收费的优惠政策，每年接待健身群众超过 25 万人次，成为硚口区供给公共体育服务、开展全民健身工作的重要阵地。二是服务载体场景化。随着消费结构不断升级优化及产业融合不断深化，场馆从单一的体育建筑逐渐转型为一个体育功能与生活功能相结合、服务内容逐步多元、涵盖各种体育服务、满足生活需求的各类设施及不同业态和内容的综合性功能空间——体育服务综合体。在这个综合空间内，场馆运营机构十分重视消费场景的打造，通过赛事活动、体育培训和特色运动项目，并根据特定的目标群体，配置满足目标群体生活需求、彰显生活方式的各类业态，关注消费者情感体验、身份认同等深层次需求，整体呈现符号化、个性化特征，打造促使消费者产生随机消费行为的消费环境，以实现客户引流。以华熙 LIVE·五棵松体育馆为例，场馆首先通过打造五棵松文化体育馆、M 空间、HI-PARK 篮球公园、五棵松文化体育广场、HI-FUN 竞技主题乐园、HI-UP 及 HI-ICE 冰上运动中心等多元板块，塑造综合性服务场景，而后通过各类文体活动，吸引大量参赛、观赛群众，为场馆带来人气，再从具体的区域市场需求出发，结合战略性目标的定位，选择符合年轻群体付费能力、消费习惯、消费偏好的业态布局，将综合体打造为时尚地标性建筑集群。

第二节　体育场馆经营管理体制

体育场馆经营管理体制是我国体育管理体制的重要组成部分，是体育场馆组织与制度的根本保障，其构成及各部分功能的正常发挥，直接关系到体育场馆市场的良性运营与运作绩效。

一、组织结构

体育场馆经营管理的组织结构是体育场馆内部各有机要素相互作用的联系方式或形式，遵从企业组织结构发展的一般规律。组织结构实质上是一种职权—权责关系结构。组织机构一般包括：决策子系统、指挥子系统、参谋—职能子系统和执行子系统。在企业组织结构发展历史，出现了直线型、职能型、事业部制、矩阵式四种基本的组织结构类型。

（一）直线型组织结构

直线型组织结构是体育组织结构的基本形式。它的特点是组织中各种职务按垂直系统直接排列，各级主管人员对下属拥有一切职权。一个下级单位只接受一个上级单位的指令，上下级关系明确。其优点是组织结构简单、权力集中、责任分明、命令统一、联系简便快捷；缺点是所有管理职能全部由一人承担，要求管理者必须具备全面的场馆运营管理知识和技能。对于规模庞大、业务复杂的现代化场馆而言难以实现。

（二）职能型组织结构

职能型组织结构指按职能划分部门的纵向一体化结构，特点是组织内部按生产、销售、开发等职能划分成若干部门，各部门均由组织高层领导直接管理，实行集中控制和统一指挥。

（三）事业部制组织结构

事业部制组织结构又称事业部门型组织结构，其基本特征是战略决策和经营决策分离。根据业务，按产品、服务、客户、地区等设立半自主性的经营事业部，公司的战略决策和经营决策由不同部门和人员负责，使高层领导从日常经营业务中解脱出来，致力于组织的长期经营决策，监督、协调各事业部的活动及评价各部门的绩效。事业部制组织结构是一种多单位的企业体制，各个单位不是独立的法人实体，仍是组织的内部经营机构。

（四）矩阵式组织结构

矩阵式组织结构是既有按职能划分的垂直领导系统，又有按产品（项目）划分的横向领导关系的结构，其是为了改进直线职能制横向联系差、缺乏弹性的缺点而形成的一种组织形式。

二、制度安排

根据产权性质的不同，体育场馆经营管理中会出现不同的制度安排。

（一）事业单位制度安排

事业单位是一种中国特有的社会组织形式，是经济社会发展中提供公益服务的主要载体。事业单位制度安排下的体育场馆管理机构为各级体育行政部门直属的事业单位，在人事、经营、财务等各方面接受体育行政部门的直接管理，主要任务是完成上级体育行政部门下达的各项指标。

目前，我国公共体育场馆的运营管理机构以各级体育行政部门下属的事业单位居多，多由事业单位自主经营，也有事业单位企业化经营、事业单位和企业双轨制经营等模式。事业单位管理体制是一种计划经济背景下的产物。该制度在经营过程中对社会效益有明确追求，体育场馆内部分工明确、职责清晰，在举办大中型体育赛事时有着突出的效率和资源保障，但其内部，传统事业单位管理体制在人事管理制度和财务管理制度方面存在缺陷。人事管理制度上，受限于行政化管理模式，"进、管、出"环节的不完善和僵化的编制管理制度阻碍了人才的合理流动；财务管理制度中，在高度集中、统收统支的财政体制下，存在"吃大锅饭"的平均分配思想，职工积极性难以调动。

在相关文件精神指导下，事业单位管理体制下的体育场馆正逐步分类推进改革。根据2011年《中共中央　国务院关于分类推进事业单位改革的指导意见》，目前事业单位管理体制下的体育场馆主要根据职责任务、服务对象和资源配置方式分为公益一类和公益二类。公益一类事业单位场馆根据正常业务需要，财政给予经费保障；公益二类事业单位场馆则根据财务收支状况，给予经费补助，并通过政府购买服务等方式予以支持。对于改革后的事业单位管理体制下的体育场馆要求强化公益属性，破除逐利机制，并做好国有资产安全保障和保值增值等工作。

（二）企业制度安排

企业是独立核算的经济实体，能够实现自主经营、自负盈亏，利用场馆资源独立从事生产经营活动，为社会提供体育服务，遵守市场规律，并承担相应的社会责任。当前，越来越多的体育场馆由企业全额出资建设或参与投资建设，企业享有场馆的全部或部分产权。根据所有制性质进行分类，体育场馆的企业制度可选择的形式主要有国有企业、私营企业和混合所有制企业等；根据投资来源进行分类，可分为内资企业、外资企业和合资企业等。

根据我国推进事业单位分类改革的有关文件精神，对于从事生产经营活动的事业单位，将逐步转制为企业。事业单位管理体制的体育场馆在转企改革后，需按照现代企业制度要求，深化内部改革，转变管理机制，并依照政企分开、政资分开的原则，逐步与原行政主管部门脱钩，做好国有资产的运营，以及保值、增值等有关工作。转企改革后，由企业行使国有资产所有权，相关国资部门、财政部门或体育主管部门作为出资人代表机构，对该企业履行出资人职责。

国资国企改革也对体育场馆的国有资产管理提出了新的要求。2018年《国务院关于推进国有资本投资、运营公司改革试点的实施意见》中提出要"发挥国有资本投资、运营公司平台作用……推动国有经济布局优化和结构调整，提高国有资本配置和运营效率"。根据国有企业改革的有关文件精神，多地组建国有资本运营公司，将体育场馆的所有权划归国有资产运营公司，由其履行国有资本出资人职责，以提升场馆运营效率、提高场馆国有资产回报为目标，负责场馆资产管理。具体的场馆运营和服务则由国有公司组建专业化体育场馆运营公司，或者与国内外知名运营公司合作开展。

第三节 体育场馆经营管理的主要模式及经验

我国体育场馆发展过程中，形成了自主经营、委托管理等多种模式，各地结合场馆实际采取了相应的运营模式，并不断优化。

一、体育场馆经营管理的主要模式

（一）自主经营

自主经营指体育场馆作为各级体育行政部门下属的事业单位，在体育行政部门的领导下实行全额拨款、差额拨款或自收自支，由体育场馆管理人员自主进行经营管理并独立核算。目前，我国大多数体育场馆采取自主经营模式。

自主经营场馆的运营主体一般是体育场馆事业单位，它是我国行政管理手段在场馆管理中的具体体现，事业单位一般隶属于当地体育行政管理部门，由体育部门通过预算管理、目标管理、人事管理等手段，实现场馆管理的目标，这是当前在国内应用最为广泛的场馆管理方式。其劣势是受传统事业单位用人制度的限制，场馆采用统一事业单位招考的方式选聘工作人员，招聘周期长，考试内容对场馆运营管理专业技能体现不够，经常难以招聘到适合的场馆运营人才，造成场馆运营专业人才的缺乏。

（二）委托管理

体育场馆委托人以竞标或公开竞争的方式，将已建成或即将建成的、用于对外开放的体育场馆的经营权通过签订委托管理合同的方式，在一定期限内转让给受托人，受托人根据合同约定，运营管理场馆资产、提供公共体育服务，满足群众多元体育服务需求，以提高公共体育服务水平和质量，提升场馆综合运营管理效益，实现场馆国有资产保值、增值的目标。

委托管理场馆的运营主体一般是企业或专业化的社会组织。2016年，国家发展改革委和体育总局联合出台的《"十三五"公共体育普及工程实施方案》提出鼓励采取"委托管理"等方式，运用竞争择优机制选定各类专业化的社会组织或企业运营。经过多年发展和实践探索，委托管理模式迅速普及，已成为场馆经营权改革的主要选择模式。目前，专业场馆运营主体不断壮大，委托管理供给市场初步形成。国内涌现了众多全国性的专业场馆运营商以委托管理方式运营各地公共体育场馆，其已成为推动场馆委托管理实践的主力军。当前国内场馆委托管理模式有"委托+承包/租赁""委托+补贴""委托+购买服务""先补贴后付费""基本费用+绩效费用""先合资再委托"等，有力地促进了场馆经营权改革和"改造功能、改革机制"工作，推动了体育场馆服务业的发展。

该经营模式的主要优势在于真正意义上实现了经营权与所有权的分离，以现代企业形式管理，按市场规律开展经营与管理，经济效益尤其突出，在很大程度上解决了体育场馆原本的运维成本过高的难题。同时，现代化的经营管理理念、"以用户为中心"的营销策略及企业自身形象建设，共同促进了体育服务产品质量的提升。其劣势在于经营性行为在一定程度上削弱了体育场馆的公益性，缺乏提升社会效益的动力；自主经营权的分离同样导致了市场化手段的多样性，给经营监管与规制带来了更高的要求；委托经营的契约订立缺乏专门性法律制度的保证及专门性人才的支持。

（三）合资（作）经营

合资（作）经营指有关机构与场馆通过合资或合作的方式成立新的经营机构，共同参与场馆的运营。合资（作）经营是场馆吸引社会资本投资的重要途径，场馆以自身资源与有关机构进行合资或合作，由有关机构投入相应的资金或其他资产，双方共同从事部分有市场前景的项目的经营与开发，共担风险、共享收益。

合资经营场馆的运营主体一般为混合所有制企业，指由公有资本（国有资本和集体资本）与非公有制资本（民营资本和外国资本）共同参股组建而成的新型企业形式，是随着国有企业改革和场馆经营权改革而产生的新型场馆运营主体。混合所有制场馆企业既可以发挥国有资产在处理公共关系、获取内容资源、税收筹划等事务中的优势，也可以发挥民营资本在组织管理、市场开发等方面的灵活性。

当前，在国家倡导政府和社会资本合作模式的背景下，合作双方共同成立的SPV公司通常作为混合所有制的场馆建设运营管理公司。另有部分场馆在委托管理项目中，由场馆产权所有者与中标的社会力量共同成立混合所有制企业共同管理，如南京青奥体育公园的运营主体南京体育集团场馆运营管理有限公司就是由南京体育产业集团有限责任公司、中体竞赛管理有限公司和北京微赛时代体育科技有限公司组成的混合所有制企业。

该经营模式的优势是在合作模式下，现有运营机构不仅可以借助专业公司的专业优势与人才资源提高体育场馆运营管理水平和运营效益，还可以在合作过程中学习专业公司在市场开发、文体活动策划与执行等方面的成功经验，逐步提升自身团队的运营能力。其劣势是专业公司在给场馆带来显著社会效益和经济效益的同时，也可能出现市场经济属性规律与场馆公益性、服务性、微利性相矛盾的问题。

（四）承包租赁经营

承包租赁经营是在不改变所有制性质的前提下，按照体育场馆所有权与经营权分离的原则，以承包经营合同或租赁合同的形式确定体育场馆所有者与经营者间的责、权、利关系和承包租赁年限，使承包人或承租人根据体育场馆的自身条件和体育市场发展的基本规律，自主经营、自负盈亏。

承包租赁经营场馆的运营主体一般是民营企业，民营体育场馆运营管理企业指私人投资、建设和运营体育场馆的企业，或者通过委托、特许经营、承包、租赁、政府购买、服务外包等方式获得场馆经营权的民营企业。一般认为，由民营企业运营体育场馆往往具有更加灵活的运营管理机制、更加多元的市场开发渠道、更加丰富的服务内容和更加理想的场馆财务状况和管理效率。随着场馆管理服务业的不断发展，民营企业逐步成为场馆运营主体中的重要力量，如华熙国际运营的北京五棵松体育馆已成为享誉全球的体育场馆。

租赁经营是体育场馆在市场中以承租人名义完全独立经营，该模式的优势在于有效地解决了场馆经营管理效率低下、内部缺乏激励及动力不足的状况，大大提高了经营效益，并有助于规避体育场馆业主方的经营风险。其劣势在于租赁经营容易产生承租人的短期行为问题，容易发生对于体育场馆的过度使用和设施设备维护投入不足等问题，不利于体育场馆的长期维护和发展。

二、我国体育场馆经营管理的主要经验

（一）坚持党的全面领导

回顾我国体育场馆发展历程，坚持党的集中统一领导是体育场馆建设、运营、管理不断取得进步的根本保障。在社会主义革命和建设时期，百废待兴，但党和政府高度重视体育事业发展和体育场馆建设，这一时期新建体育场馆 260 余座。在改革开放和社会主义现代化建设新时期，以中共中央《关于进一步发展体育运动的通知》为标志，我国体育场馆建设迎来了新的契机，各地不断加大场馆建设力度，同时，开始推进场馆经营管理体制改革，逐步探索通过市场化手段建设、管理体育场馆。步入中国特色社会主义新时代，党和政府进一步出台相关支持政策，不断加大场馆建设力度，在发挥场馆公益属性的前提下，着力推进场馆市场化改革，不断满足人民群众日益增长的美好生活需要。回首过去，坚持党

的领导是我国体育场馆得以持续发展的关键所在,展望未来,应继续坚持党的领导,围绕满足群众体育需求,进一步优化体育场馆供给,持续深化场馆运营管理体制改革,助力构建更高水平的全民健身公共服务体系。

(二)坚持全面深化改革

党的十八大以来,党中央结合我国国情做出了全面深化改革的重大决策,坚持从群众最直接、最关心的问题切入,从群众身边的事情改起,逐步推进民生领域重大改革和制度建设。在场馆领域,围绕激发场馆运营活力及提升场馆公共服务水平提出了一系列改革举措。一方面,出台指导性政策文件,鼓励场馆培育新业态、拓展新消费。2019年的《进一步促进体育消费的行动计划(2019—2020年)》提出了"拓展体育消费空间"的重点任务,鼓励将公共体育场馆改造成体育综合体;2021年的《加快培育新型消费实施方案》中提出了"大力发展智能体育",其中对体育设施智能化、信息化建设提出了要求。另一方面,积极推进场馆经营权改革,逐步实现场馆企业化、专业化运营。场馆运营管理改革在试点过程中随时总结经验,以小步缓行、试错的方式,保持改革与发展的稳定。从上海市体育场馆试点承包责任制,到湖北省试点大型体育场馆运营改革,再到江苏、浙江、重庆公共体育场馆试点改造功能、改革机制,各试点改革收效显著,进而在全国范围内稳步推进公共体育场馆两改工作。

(三)坚持以人民为中心

习近平总书记指出,坚持以人民为中心的发展思想,把增进人民福祉、促进人的全面发展、朝着共同富裕方向稳步前进作为经济发展的出发点和落脚点。近年来,党和政府坚持以人民为中心的发展思想,着力加大群众身边的健身设施建设力度,不断提升场馆开放服务水平。在体育场馆建设方面,加快各地"一场两馆"建设,补齐群众身边公共体育场馆不足的短板,同时,严控大型体育场馆的数量和规模,推进体育公园、中小型全民健身中心建设,不断优化群众身边的健身设施供给。在推动场馆开放服务方面,2014年以来,国家体育总局会同财政部,通过中央财政设置场馆免费或低收费开放补助资金,以支持大型体育场馆对外开放,近年来投入逾47亿元。2022年,免费或低收费开放补助资金管理办法进一步优化,新办法更强调场馆开放服务效果,并将全民健身中心纳入其中,扩大了可享受资金补助的场馆范围。

（四）坚持以体为主、多元化利用

从我国体育场馆发展历程可以看到，对于场馆的运营管理，政府逐步从一味的"大包大揽"脱离开来，转而引导场馆开展服务内容创新以实现价值提升，放手依靠价格和价值规律自发调节场馆的市场化投资与运营。在"以体为主、多种经营"的政策支持下，众多场馆展开了多元化经营，通过多项目、多业态布局提高场馆资源利用率，产生规模经济，增强场馆造血能力。同时，政府逐步转变对场馆高度集中的、直接的供给方式，通过制度支持、市场监管、协调服务和权益保护等方式，鼓励社会力量参与体育场馆市场化运作，培育场馆运营主体。提高场馆服务产品的供给水平，鼓励传统场馆拓宽服务领域，延伸配套服务，例如，通过打造集体育、健康、文化、休闲、娱乐、教育等多业态为一体的体育服务综合体，满足居民多元化、多层次的体育服务需求。在需求方面，借鉴市场化的营销手段鼓励体育消费，以需求拉动体育场馆设施的供给。

（五）坚持以赛促建，创新建设运营模式

体育场馆是承办体育赛事活动的重要场所。改革开放以来，随着我国体育体制改革的深入，运动竞赛体制的改革也在不断深化，综合性运动会申办制度的改革极大地推进了各地体育场馆的建设，成为各地体育场馆供给的助推器。从各地体育场馆供给情况来看，大型赛事筹备期也是各地体育场馆建设的高峰期，在大型赛事筹备期，无论是新建的体育场馆数量还是投入较筹备期之前均有大幅提高。因此，综合性大型体育赛事成为各地体育场馆供给的助推器。如四川省成都市为承办第31届世界大学生夏季运动会，共新建东安湖体育公园等体育场馆13处，提升改造现有体育场馆36处。同时，各地以赛事承办为契机，不断创新场馆建设运营模式，推动场馆赛后可持续利用。如为承办湖北省第15届运动会，黄石市采用PPP模式依托社会力量建设黄石奥林匹克体育中心，成功实现建设、投资、运营一体化，也是全国首家成功运用PPP模式建设的大型综合体育场馆项目。

第四节　体育场馆经营管理的发展趋势

新时代迈入新征程，体育场馆经营与管理被赋予了新内涵和新要求。从国内

体育场馆运营实践及部分体育场馆运营商发展的成功经验来看，未来体育场馆的经营与管理将以推动高质量发展为主题，呈现多元化经营、专业化服务、智慧化管理、市场化改革、可持续发展等趋势。

一、多元化经营

一直以来，体育场馆坚持经济效益和社会效益协调发展的原则，按照"以体为主、多元经营"的思路，积极拓展服务范围，不断丰富服务内容，从过去单一的场地开放服务转向全民健身、赛事活动、体育培训、体育康复、用品销售、场馆无形资产开发等。部分场馆积极跳出场馆经营的固有观念，融入会展会议、康体医疗等多元体育产业，以及广告、餐饮、酒店、休闲娱乐、商务、集散、旅游等多种服务业态，进一步满足群众和市场的多元需求，实现"多业兴体"。部分场馆由单一的场馆运营机构发展为体育产业综合服务供应商，承接和主办各类文化、体育活动，极大地拓宽了服务范围。当前，我国体育场馆服务内容主要包括：体育赛事服务、健身休闲服务、培训服务、大型文化活动服务、企业文体服务、会展服务、体育场馆无形资产开发、其他服务等。

随着场馆多元服务进一步拓展，打造体育服务综合体已成为促进场馆发展的共识。《国务院关于加快发展体育产业促进体育消费的若干意见》提出"以体育设施为载体，打造城市体育服务综合体"，各地掀起了城市体育服务综合体探索和发展的热潮。2020年，国家体育总局公布了49家体育服务综合体典型案例，并向全国推广发展经验。体育服务综合体作为目前最新一代体育场馆，其核心特征在于功能复合与业态多元，是体育与相关业态融合发展的重要载体，可以提供多元化、一站式的体育及其相关服务，满足不同类型消费者的多元化、个性化消费需求，成为城市居民的体育休闲生活中心，而非单一的体育中心，各业态之间亦能相互引流与赋能，产生"1+1>2"的共生效应。体育服务综合体顺应了当前消费者消费升级的需求，搭建了体育与相关业态融合发展的载体与平台，契合了体育产业与相关产业关联效应强的特点，构建了较为合理的商业模式，成为当前及未来体育场馆发展的重要方向。

二、专业化服务

随着以提高场馆综合运营管理效益为导向的运营机制改革的不断深化，场馆的运营管理专业化水平进一步提升。一是场馆前台、环卫、安保等物业外包服务基本普及，场馆运营更加聚焦于核心业务；二是随着场馆服务业市场的发展，场馆运营机构基于提高运营效能和实现管理输出的需要，部分场馆通过了"体育服务"认证或质量管理体系认证，场馆标准化管理水平得到有效提高；三是国有、民营场馆运营商广泛参与场馆经营权的投标和运营管理，部分已逐步成长为国内场馆运营管理的龙头企业和专业运营机构，有力地推动了场馆专业化、连锁化运营；四是大数据、人工智能、5G等现代数字技术在场馆中的应用有助于运营主体的科学决策、精准服务、高效运行和智能管控等。目前，部分场馆已启用智慧管理系统，部分地区出台了相应的规范性文件，如浙江省为提升公共场馆的体育服务能力，发布了《大中型体育场馆智慧化建设和管理规范》，明确提出浙江省大中型智慧体育场馆的评级标准，推进全省场馆的智慧化改造升级。

越来越多的体育场馆运营商逐步转型为体育产业综合运营商，提供更多更专业的体育服务。随着体育场馆使用率的不断提升和体育场馆运营机构专业化水平的不断提高，体育场馆的使用率将趋于饱和，体育场馆运营商在赛事运营与市场开发等方面的核心竞争力难以变现并持续创造收益。因此，从目前体育产业集团发展的路径来看，未来体育场馆运营商将逐步转型为体育产业综合运营商，走出场馆，积极拓展经营范围，承接体育赛事运营、文体活动策划、体育产业投资等相关业务，甚至部分体育场馆运营商根据城市发展需要，最终成功转型为体育城市运营商，助力城市打造体育名城。

三、智慧化管理

随着数字经济的快速发展和智慧城市建设的加速，体育场馆成为智慧城市建设的重要内容和数字经济的创新应用场景，智慧体育场馆建设逐步加速，体育场馆的数字化水平不断提升。为加快提升体育场馆运营的信息化、智慧化水平，2020年国家体育总局下发了《体育场馆信息化管理服务系统技术规范》和《全民健身信息服务平台数据接口规范》，要求各地将免费或低收费开放的大型体育场馆运营数据上传到全民健身公共服务平台，并做到动态、实时更新。《"十四五"体育发展规划》明确提出要提升场馆设施智能化水平，鼓励各类体育场馆信息化、数字化、智能化改造、升级与建设，打造一批具有大数据采集与分析功能的体育场馆、社区体育设施和体育公园。随着体育场馆信息化、智慧化建设水平的不断提升，将催生出更多数字化体育场馆应用场景，数字化赋能体育场馆运营效能提升的效果将进一步凸显。数字化赋能体育场馆运营将极大消除运营者与消费者之间信息不对称问题，扩大体育场馆服务的覆盖范围与辐射人群，借助于增强现实（Augmented Reality，AR）、虚拟现实（Virtual Reality，VR）、混合现实（Mixed Reality，MR）等技术，提升群众体育服务体验，增强群众健身消费黏性，打造线上与线下融合的消费新场景，有助于提升体育场馆服务能力和经营管理水平。

四、市场化改革

近年来，体育场馆市场化改革进程加快，其运营主体及运营模式趋于多元化。运营主体方面，受我国行政管理体制、地域差异、场馆本身公益性和经营性的双重属性等因素影响，我国体育场馆运营管理市场主体多种多样。当前体育场馆运营主体主要包括场馆事业单位、场馆运营管理企业、民办非企业场馆运营管理单位和学校体育场馆运营管理单位等。

运营模式方面，首先，事业单位管理模式仍是主流，但占比逐步下降。主要原因在于，随着国家推进事业单位分类改革和公共体育场馆两权分离改革，一方面，新建场馆不再成立新的事业单位进行管理；另一方面，已有的事业单位类型场馆通过分类改革，有相当一部分就地转制为场馆管理企业，或整体被转移至当地国资公司。其次，场馆企业化改革是场馆管理体制改革的必然方向。自2019年国务院政策提出"政府投资新建体育场馆应委托第三方企业运营"的要求以来，为落实国家政策，各地方政府对于新建体育场馆纷纷实施委托管理，且委托管理成为基层政府的首选。最后，随着场馆经营权改革的不断深化，国内已逐步形成以全国性体育场馆运营集团为龙头、地方国资公司为骨干、众多中小微体育场馆运营公司为补充的金字塔型体育场馆运营管理供给市场，委托管理市场日渐成熟。

请扫描二维码阅读公共体育场馆市场化经营激活职业联赛市场的案例。

公共体育场馆市场化经营激活职业联赛市场

五、可持续发展

随着北京2022年冬奥会、杭州亚运会、篮球世界杯、世界大学生运动会、全运会等一系列国际、国内大型体育赛事相继成功举办，各地投入巨资修建的大型体育场馆赛后利用与可持续发展问题也越发凸显，成为国内外关注的焦点。国际奥委会于2014年在《奥林匹克宪章》中明确，奥运会举办城市要将可持续发展理念纳入奥运会建设的各个方面。可持续发展已成为国际奥委会的重要议题，近几届奥运会、世界杯等重大赛事均要发布其可持续发展报告，且随着国际奥委会等国际体育组织加入《体育促进气候行动框架》，承诺大幅降低碳排放，力争实现大型赛事的碳中和目标，绿色体育场馆成为大型赛事的标配，如北京2022年冬奥会所有场馆均为绿色场馆，北京2022年冬奥会成为奥运史上首次实现碳中和的冬奥会。国际著名体育场馆运营商安舒茨娱乐集团（Anschutz Entertainment Group，Inc.，AEG）旗下场馆管理附属公司安舒茨场馆有限责任公司（AEG Facilities，LLC，AEG 场馆）及其他体育场馆运营机构也开始陆续发布可持续发展报告，将可持续发展作为其价值目标与理念。因此，在双碳目标下，体育场馆有望成为绿色低碳，甚至零碳发展的典范与先行者，更加有利于其赛后利用与可持续发展。

本章思考题

1. 简述新中国成立以来，我国体育场馆在不同时期的经营管理特点。
2. 我国常见的体育场馆经营管理模式有哪些？
3. 我国体育场馆经营与管理的主要经验有哪些？
4. 我国体育场馆经营管理的未来发展趋势如何？

CHAPTER 04

第四章

体育场馆投融资

【本章概要】

本章主要介绍体育场馆投融资的基本知识,包括体育场馆投融资与资本市场,体育场馆投融资模式及其选择,以及体育场馆的资本运营。在对体育场馆投融资和资本市场形成初步了解的基础上,重点掌握体育场馆投融资的BOT 模式、PPP 模式、TOT 模式、ABS 模式及 PFI 模式。同时,配合案例阅读和分析,深入理解本章内容。

第一节 体育场馆投融资与资本市场

体育场馆投融资和体育资本市场是体育实践领域和投融资学科融合发展的产物，体育产业的蓬勃发展为其奠定了坚实的基础，巨大的体育消费需求为其提供了现实条件，成熟的体育场馆投融资模式和健康的体育资本市场在很大程度上决定着体育场馆业的可持续发展方向。

一、投融资

投融资通常包括投资和融资的概念。在实践中，二者相辅相成，共同构成了市场经济活动的主体内容。

（一）投资

1.投资的概念

投资可以表述为特定投资主体为了获取预期收益而将现有的一定收入转化为资本的活动，是投资主体进行的一种有目的的经济活动或交易行为。投资通常与资本相联系。资本是带来剩余价值的价值，可分为固定资本、人力资本、流动资本和金融资本等。

2.投资活动

在现实经济活动中从事一项投资活动，首先要解决谁来投资、投资的目的是什么、向什么投资、用什么方式进行投资等基本问题，也就是要明确投资主体、投资目的、投资客体、投资方式等。

（1）投资主体

投资主体是指具有独立投资决策权并对投资负有责任和享有权益的经济法人或自然人。在现实的社会经济生活中，投资主体是多元化的，主要有各级政府、企业和社会团体、自然人等。

（2）投资目的

投资主体投入一定量的货币和其他生产要素，其目的是获取未来的预期收益，从而增加未来的消费。未来的预期收益包括经济效益、社会效益和环境效益等方面，经济效益通常以货币量来衡量。

第四章 体育场馆投融资

（3）投资客体

投资客体即投资对象、目标或标的物，解决的是向什么投资的问题。投资客体表现出多样性，可以将资金直接投入建设项目形成固定资本和流动资本，也可以进行人力资本投资以形成新的人力资本，还可以进行股票、债券、股权投资以形成金融资本等。

（4）投资方式

投资方式指投入资本运用的形式与方法。投资可分为直接投资和间接投资。可以采用直接投资的方式把资金投入建设项目形成实物资产，也可以采用间接投资的方式，如通过购买有价证券进行投资等。

（二）融资

1. 融资的概念

融资即投资主体出于一定的投资目的，除了提供的项目资本金外，向其他投资者或金融机构、金融市场融入资金的活动，通常表现为向银行贷款、发行债券或股票上市融资等。

2. 融资活动

同投资一样，对于融资活动来说，它也包括以下几个主要方面。

（1）融资主体

对于城市基础设施项目融资来说，融资主体通常是城市政府和有政府背景的城市基础设施企业；对于经营性城市基础设施项目而言，融资主体可以是社会投资商。

（2）融资目的

从事城市基础设施项目建设，使项目建设周期尽可能缩短，发挥其服务城市发展的作用，并期待收到预期的经济效益、社会效益或生态效益。

（3）融资客体

是具体的城市基础设施项目，包括建设项目内容简介、总投资及投资构成、开工计划和建设周期、项目的预期效益等。

（4）融资安排

即城市基础设施项目的资本金、融资额度及用款计划、本息偿还来源和还款计划等。通常对城市基础设施项目的投融资安排，集中融入城市政府或项目业主发布的城市基础设施项目商业计划书中。

（5）融资方式

从主体角度可分为直接融资和间接融资，直接融资是以股本形式募集资金、直接到股票市场发行股票募集资金、到债券市场发行企业债券等形式筹集资金；间接融资是指以从银行申请贷款等形式筹集的资金。从政府宏观经济管理的角度出发，可把融资方式大致分为财政融资、信贷融资、证券融资、股本融资、信托融资五种。

二、资本市场

资本市场又称长期资金市场，是金融市场的重要组成部分，通常是指进行中长期（一年以上）资金（或资产）借贷融通活动的市场。由于在长期金融活动中，涉及资金期限长、风险大，具有长期较稳定收入，类似于资本投入，故称为资本市场。其主要目的是满足工商企业的中长期投资需求和政府弥补财政赤字的需要。在经营发展过程或项目开发过程中，公司难免出现资金缺口或资金紧张的局面，此时，公司通常会采取适当的融资方式，通过特定的融资渠道来筹集资金。在有效的资本市场上，一个公司可以通过多种融资方式来获得投资或发展所需资金。

（一）资本市场的概念

从经济学的角度来说，资本指用于生产的基本生产要素，包括资金、设备、材料、厂房等物质资源；从会计学角度来讲，资本通常指金融资产，增值性是其突出特征。

（二）资本市场的主体结构

资本市场的主体，即参与者，主要包括发起人、投资者、中介机构、组织管理机构及监督管理机构等。可将资本市场主体分为两类，一是资本的需求方，二是资本的供给方。需求方主要包括国际金融机构、工商企业、房地产经营商、政府机构等，供给方主要包括各类金融机构，如投资公司、信托公司、商业银行、保险公司等。

① 发起人：向社会公开发行证券以募集资金的各类经济主体。
② 投资者：以各种方式在资本市场中投资购买证券的机构和个人。
③ 中介机构：为证券的发行和交易提供中介服务的机构。

④ 组织管理机构：一般指证券交易所，它负责组织和管理资本市场的运作。

⑤ 监督管理机构：依法对资本市场进行监督和管理的机构，在我国，该机构一般指中国证券监督管理委员会（简称证监会）。

（三）资本市场的功能

资本市场是现代金融市场的重要组成部分，随着市场经济的日益发展，资本市场在经济发展中发挥着越来越重要的作用。

① 投融资功能：资本市场一方面为资金需求者提供了通过发行证券筹集资金的机会，另一方面也为资金供给方提供了投资的对象。资本市场上交易的证券，既是筹集的工具，也是投资的工具。

② 资源配置功能：资本市场上的投资主体具备理性经济人特征，逐利动机明确，其投资行为会促进资金流向高效益，从而实现资源配置的优化。

③ 资本定价功能：资本市场上，证券的价格即证券所代表的资本的价格，在证券市场供求双方共同作用之下，能产生高投资回报的资本，其证券价格就高，反之，则低。

④ 产权功能：是资本市场的派生功能，主要表现为有利于对市场主体进行产权约束和促进产权交易。

三、投融资在体育场馆经营管理中的意义

近年来，我国政府对于体育产业愈加重视，陆续出台了多项有利政策。《"十四五"体育发展规划》指出，"坚持供需两端发力，推动体育产业高质量发展""鼓励设立由政府引导、社会资本参与的体育产业投资基金。鼓励建设集体育产业信息、担保、融资等功能于一体的综合服务平台，创新金融服务方式，更好服务体育实体经济"。体育场馆的发展是促进我国体育产业发展的有力保障。体育场馆投融资模式分析研究至关重要，对体育场馆建设、运营及管理具有重大影响。

（一）体育场馆投融资的概念

体育场馆投融资源自投融资，目前国内理论界尚未有比较权威、统一的界定，本书基于概念体系的完整性考虑，结合投融资概念和体育产业及体育场馆业实务，将体育场馆投融资作为一个整体概念进行解读。

体育场馆投融资指体育场馆作为投融资的主体，根据其实际经营情况、调整资本结构的需要和场馆投资情况，通过融资渠道和金融市场，运用恰当的融资工具，经济有效地集中和筹措资本的方式。其实质应包含体育场馆作为主体的投资行为和融资行为两个层面，但从过去几年体育产业领域的现实情况来看，体育投融资的概念和体育场馆投融资的概念均偏重于融资层面。

简言之，体育场馆投融资是指在体育场馆建设项目中通过各种途径、手段筹措资金与运用资金，以保证体育场馆的投资建设及资金需要所进行的活动。目前，在世界范围内应用较广泛的体育场馆投融资模式有 TOT、BOT、PPP、PFI 和 ABS 等。

（二）体育场馆经营管理与投融资的关系

长期以来，我国大型体育场馆对于投融资模式的选择主要考虑的是资金、效率问题，而忽视了赛后场馆运营问题。体育场馆投融资模式与赛后的运营管理是密切相关的。简单来说，投融资模式影响着场馆运营管理模式，进而影响场馆的运营效益和回收成本资金问题，也会影响场馆后续开发投融资吸纳能力。大型体育场馆赛后运营管理状况已成为大型赛事活动筹备，以及赛后有效开发利用的一个制约因素。目前，虽然国内大型体育场馆逐渐重视对赛后运营管理模式的探索，也取得了一定成效，但共性问题是大多数体育场馆只是简单移植国外成功的运营管理模式，缺乏本土化处理，难以保证场馆运营效益和场馆的健康、持续发展。

体育场馆投融资与经营管理之间的关系还体现在：大型体育场馆的运营管理效益直接受其运营管理模式的影响。研究表明，目前我国多数大型体育场馆的运营管理效益不高，因此，以场馆融资模式为基础，加快对场馆赛后运营管理模式创新的探索是真正提高大型体育场馆运营管理效益的必然。

（三）体育场馆投融资与资本市场的关系

投融资不仅是体育场馆建设和运营的重要保障，也是现代资本市场新兴的投资方向。

体育场馆投融资的模式选择，丰富了资本市场的类型。在资本市场中，体育场馆越来越成为新兴的资本市场宠儿，特别是随着体育产业的高速发展、大型赛事活动的频繁举办及赛后场馆运营中诸多问题的出现，体育场馆如何选择投融资模式成为现代体育场馆经营管理高质量发展的影响因素。

同时，资本市场中的重要模式，势必也是体育场馆投融资模式选择中的重要部分。而且，随着体育场馆投融资的发展，体育市场的日趋成熟，证券市场、债券市场等将逐渐成为体育场馆投融资的主要形式。

（四）体育场馆投融资的现存问题

体育场馆投融资虽有一定的发展，但尚存在以下问题。

1. 体育场馆投融资的联动性不强

根据国家统计局对体育产业的分类界定，不难发现体育产业的产业联动性非常强，体育产业的发展可以带动一大批传统制造业和旅游、保险、教育等相关产业的发展，因此，其资本市场的投融资行为必将呈现较强的联动性。但从实际来看，现在的体育场馆投融资行为尚未发挥联动作用，有待进一步挖掘。

2. 体育场馆投融资规模较小

体育资本市场投融资规模取决于体育产业总规模，目前，体育产业增加值仅占 GDP 比重的 1% 左右，这直接影响体育资本市场的投融资规模。

3. 体育场馆投融资发展机制不成熟

体育资本市场投融资是投融资与体育领域融合发展的产物，处于初步发展阶段，从理论到实践领域，均存在一系列问题需要解决，其中包括投融资体制机制的不成熟。

4. 体育场馆投融资外部运行支撑力度不够

体育资本市场投融资的健康迅速发展离不开完善的外部环境及软硬件的支撑，目前我国该方面的支撑力度还非常有限，在配套措施方面需要加强。

第二节　体育场馆的投融资模式及其选择

近年来，随着我国经济发展水平的提升和体育产业的蓬勃发展，全国各地修建的体育场馆日益增多。过去，我国体育场馆建设资金基本来源于政府财政拨款，在市场机制日渐深化的背景下，大型体育场馆资金来源方式逐渐转变为以市场为主体的多元融资渠道，在实践领域，随之出现了多种体育场馆投融资的创新模式。

一、常见的体育场馆建设资金问题

我国传统的体育场馆融资建设模式由国家和地方政府投资建设,并由当地政府或体育主管部门负责体育场馆的管理和运营,包括正常的维护、赛事的举办、其他大型活动的举行等。随着体育场馆投资规模的不断扩大、日常维护费用的快速增长,这种传统建设方式存在的不足愈加突出,归纳起来主要包括以下三个方面。

第一,建设资金不足。大型体育场馆的建设费用少则几千万,多则上亿,甚至高达十几亿,完全由政府承担存在较大的资金限制。同时,目前我国的公共体育设施总体不足,尤其在欠发达地区,体育场馆更是匮乏,而今后我国举办的大型体育赛事将越来越多,体育场馆的建设任务重大。

第二,管理缺乏效率。传统的建设方式下,体育场馆建成后由政府或体育部门管理,由于缺乏竞争机制,政府财政资金投资效率低、场馆管理效率低下。这种管理方法已难以适应日益增长的全民健身和文化娱乐的需要。

第三,设备老化,设施水平低,功能单一,赛后经营困难。传统模式重比赛需求,轻赛后利用,设计上较为专业,但缺乏灵活性,限制了体育设施用于其他领域的可能性。有限的商业活动获得的资金不能满足正常的维护需求,设施维护水平不足又影响场馆基本功能的发挥,形成恶性循环。

上述问题的出现与我国原有计划经济体制和传统的政府职能划分有直接的关系。我国已经由计划经济向市场经济转变,但体育场馆的投资建设模式仍然比较单一。随着体育场馆建设费用的不断升高和场馆建设数量的增加,建设资金不足的问题必然凸显。同时,我国体育场馆的管理和经营方式还很滞后,使用功能限制在举办体育比赛、大型文体活动上,缺乏赛后多元化使用和经营的思维。

二、体育场馆建设投融资模式及其特点

当前,市场经济高度发达,体育产业也同时达到世界先进水平的国家,在体育场馆建设投融资模式方面呈现出多样化的趋势,并取得了很好的效益。其经验可供我国选择体育场馆建设投融资模式时进行参考借鉴。

(一)常见的体育场馆建设投融资模式

目前体育场馆投融资领域主要运用的投融资模式有 PPP 模式、ABS 模式、

PFI 模式等，其中 PPP 模式中经常运用的有 BOT 模式和 TOT 模式。

1. PPP 投融资模式

（1）PPP 投融资模式的定义

PPP（Public-Private-Partnership）即公共部门与私人企业合作模式，指政府和私人组织之间为了合作建设某个基础设施项目，或为了提供某种公共物品或服务，而采取的以特许权协议为基础而形成的相互合作关系的模式，通过签署合同明确双方的权利和义务，确保合同的顺利执行。从某种程度上说，只要是旨在促进私人企业与政府合作进行基础设施建设的模式都可以归入这一类别。通过这种合作模式，合作各方可以得到比单独行动更有利的结果。合作各方参与某个项目时，政府并不是把项目的责任全部转移给私人企业，而是由参与合作的各方共同承担责任和融资风险，政府和社会主体之间是一种"利益共享、风险共担、全程合作"的共同体关系。这种模式使政府的财政负担减轻，社会主体的投资风险降低。

（2）PPP 投融资模式的典型特征

PPP 投融资模式是政府公共服务的提供与采购模式不断总结经验、改革创新的结果，通常有以下几个特点。

① 有效避免费用超支。私营部门在初始阶段就与公共部门一起参与项目的识别、可行性研究、设施和融资等项目建设过程，从而保证了项目在技术和经济上的可行性，缩短了前期工作周期，并降低了项目费用。在 PPP 投融资模式下，私营部门只有当项目已经完成并得到政府批准使用后才能获利，因此有利于提高建设效率和降低工程造价，消除项目不能完工的风险和资金风险。

② 促进政府角色转换，减轻财政负担。政府从过去的公共基础设施服务的提供者变成一个监管者，保证了项目质量，也可以在财政预算方面减轻压力。

③ 投资主体的多元化。利用私营部门提供的资产和服务促进投融资体制改革，并为政府部门提供更多的资金和技能支持，同时可以利用私人企业的先进技术和管理经验。

④ 政府部门和私营部门优势互补。公私双方形成长期互利目标，用最有效的成本为公众提供高质量的产品和服务。

⑤ 使项目参与各方整合组成战略联盟。对协调各方不同的利益目标起关键作用，使基础设施建设、经营取得更好的效果，能够更好地服务于大众。

⑥ 风险分配相对合理。PPP 投融资模式在项目初期就进行了风险分配，政

府分担一部分风险，降低承包商与投资商的风险，从而降低融资难度，提高项目投资成功的可能性。政府在分担风险的同时也拥有一定的控制权。

⑦ 应用类型多样化。PPP投融资模式突破了目前引入私人企业参与公共基础设施项目组织机构的多种限制，适用于城市各类市政公用事业及道路、铁路、机场、医院、学校、大型体育场馆等的建设。

2. BOT投融资模式

（1）BOT投融资模式的定义

BOT（Build-Operate-Transfer）即"建设—运营—移交"，由项目所在国政府或所属机构对项目的建设和经营提供一种特许权协议作为项目融资的基础，由本国公司或外国公司作为项目的投资者和经营者安排融资，承担风险，开发建设项目，并在有限的时间内经营项目，获取商业利润，最后根据协议将该项目转让给相应的政府机构。所以，BOT也被称为"暂时私有化过程"。BOT投融资模式一出现，就引起了国际金融界的广泛关注，被认为是代表国际项目融资发展趋势的一种新形式。

（2）BOT投融资模式的优缺点

① 优点。

对政府来说，BOT模式有以下好处：第一，BOT投融资模式可以减少项目对政府财政预算的影响，使政府能在自有资金不足的情况下仍能进行一些基建项目；第二，减轻政府债务负担；由于与项目有关的资金是由项目公司融资的，不构成一国政府的债务，因此不增加东道国的外债总额和财政负担；第三，可以吸引外资，引进新技术，改善和提高项目的管理水平；第四，提升基础设施建设及经营管理效率，BOT投融资的实质是将国家的基础产业项目建设和经营管理民营化，从而把私营企业的经营机制引入基础设施建设中，提高基础设施项目建设和经营效率；第五，它使作为特许权授予者的公共部门能够将项目的建设、融资、经营风险转移给私人部门，增强公共部门的稳定性。

对于项目主办者或直接投资者来说，BOT投融资模式具有以下吸引力：第一，BOT项目具有独特的定位优势和资源优势，这种优势确保了投资者获得稳定的市场份额和资金回报率；第二，BOT项目具有独占性的市场竞争地位，可以使项目主办者有机会涉足项目主办国的基础性领域，为将来的投资活动打下一个良好的基础；第三，BOT项目通常可以带动投资方的产品，特别是大型工业成套设备的出口，从而有助于开拓其产品市场，同时，在项目运营期满之后，投资方可以通过提供持续性服务，继续取得收入，继续扩大技术设备的出口等。

② 缺点。

第一，BOT投融资模式涉及的主体广泛、程序复杂。在众多的主体中，相互之间的法律关系都需要通过一系列的合同予以固定、协调。第二，融资的机会成本可能会增加。在使用BOT较多的基础设施建设方面，对土地的占用都是不可避免的。如果特许权授予者采用BOT投融资模式建设某大型体育场馆所带来的效益低于年均机会成本的话，那么BOT投融资模式所具有的成本低、金额大、期限长等优点将被所占用的土地资源的机会成本淹没，且用于大型体育场馆BOT投融资模式涉及的金额越大、期限越长，其所损失的机会收益额就越大。第三，税收减少的可能性增加。在BOT投融资方式下，项目公司多以民间资金或外资企业的形式出现，尤其在国际项目融资中，总是存在着1个或1个以上的外方发起人，而许多国家对涉外项目都有一定的税收优惠政策。第四，可能造成设施的掠夺性经营。这种掠夺式的经营方式可能导致特许期满时，项目资产转让给政府部门时所剩潜力已不多，原来先进的设备可能已经老化，需要大量的维修和保养资金等，政府得到的也可能只是一个"空壳"。第五，风险承担的不对称性问题。BOT投融资模式具有投资大、期限长、条件差异大且经验少的特点，因此，在操作过程中存在一系列的风险，包括政治风险、技术风险、融资风险、不可抵抗的外力风险及市场风险等。

3.TOT投融资模式

（1）TOT投融资模式的定义

TOT（Transfer-Operate-Transfer）投融资模式，即移交—经营—移交，通常指政府部门或国有企业将建设好的项目的一定期限的产权或经营权，有偿转让给投资人，由其进行运营管理；投资人在约定的期限内通过经营收回全部投资并得到合理的回报，待双方合约期满之后，投资人再将该项目交还政府部门或原企业的一种融资方式。融资的成功取决于已经建成的项目与新建项目的分割，出资人对新建项目无控制权，也无直接关系，政府拥有新建项目完整的控制权。TOT投融资模式也是企业进行收购与兼并所采取的一种特殊形式，它具备我国企业在并购过程中呈现的一些特点，因此可以理解为基础设施企业或资产的收购与兼并。

（2）TOT投融资模式的注意事项

运行TOT投融资模式时需注意的事项主要有以下两点。

① 注意新建项目的效益。TOT投融资模式回避了公共项目社会化参与的问

题，可能沿袭以往政府或政府完全控股的国有企业垄断公共项目建设的种种潜在弊端。因此，需要结合政府公共项目投资管理体制的深化改革，注意提高新建项目的投资效益和综合效果。

② 注意转让基础设施价格问题。由于 TOT 项目多为基础设施项目，其价格高低必然会对社会经济造成较大影响。因此，项目产品价格应按国内标准合理制定，要与社会经济承受能力相适应。受让方买断某项资产的全部或部分经营权时，必须进行客观公正的资产评估。转让资产如果估价过低，会造成国有资产流失；估价过高，则可能影响受让方的积极性和投资热情。因此，要正确、合理地评估转让资产的价格。因为受让方接受的是已建基础设施，避免了建设时期和试运行时期的大量风险，这些风险是由转让方承担的。因此，经营权的转让价应合理提高，作为对转让方承担风险的"对价"。最后，还应明确规定转移经营权项目的维修改造。

4. ABS 投融资模式

（1）ABS 投融资模式的定义

ABS（Asset-Backed-Securitization）是以项目所属的资产为支撑的资产证券化融资模式，是资产证券化的简称。具体表述为以某一目标项目所拥有的资产为基础，以项目资产所产生的独立的、可识别的未来收益（现金流量或应收账款）作为抵押（金磁担保），通过在资本市场上发行具有固定收益率的高档债券来筹集资金的一种项目融资方式。

ABS 资产证券化是国际资本市场上流行的一种项目融资方式，已在许多国家的大型项目中采用。1998 年 4 月 13 日，我国第一个以获得国际融资为目的的 ABS 证券化融资方案率先在重庆市推行。这是我国第一个以城市为基础的 ABS 证券化融资方案。

（2）ABS 投融资模式的优点

对融资方来说，ABS 属于项目融资，成本较低，并且可以吸收外国或当地的长期投资，以达到筹措资金的目的；ABS 可以为项目主办单位提供一个能使其重新调整资产结构的机会，原始权益人也能够保留完整的决策权和大部分资产收益能力，并可以为项目主办单位分散项目的各种风险，保守本企业的财务信息和商业秘密，还可以有效地将风险分配给那些能够对其进行最有效管理的机构和专家；通过表外处理，原始权益人能够保持和增强自身借款能力，其能盘活本企业部分非流动性资产，加速资产周转率和资金循环，在相同资产基础和经营时间内创造更多收益,从而提高资产收益率。

对投资方来说,ABS 投融资模式能够获得按期还本付息的保证;能够获得专业化、高质量的风险管理服务,承担有限的风险而获得较高的投资回报;国际资信评估机构对获得担保的债券作出投资级别的评级,增强了债券的流动性和可兑换性,降低了投资者的风险损失;由特殊目的实体(Special Purpose Vehicle,SPV)的风险评估专家利用其丰富的经验和专业能力对其所担保的 ABS 投融资债券的资产负债项目进行长期性监控,降低了债券到期不能按时偿还的风险。例如,内蒙古冰上运动训练中心是我国铁建首单通过直接融资市场盘活的融资项目,也是内蒙古自治区第一单公开发行的 ABS 项目,该项目规模 5 亿元,期限不超过 14 年,由中铁建资产管理有限公司作为原始权益人之代理人,平安证券作为承销商,共同助力项目发行成功,对国内体育场馆投融资模式创新具有较好的借鉴作用。

(二)几种投融资模式的比较分析

上述四种投融资模式相互之间有联系、有区别,且各有优缺点,也有各自比较适合的应用领域。

PPP 投融资模式强调政府与民营机构间的长期合作关系,因此,这种投融资模式中,优势互补、风险分担、利益共享三个方面非常重要。PPP 与 BOT 在本质上区别不大,在 PPP 项目中,民营机构做不了的事情只能由政府来做,而在 BOT 模式中,政府则仅仅提供支持和担保。另外,和 BOT 模式相比,PPP 模式的含义要更为广泛,除了进行基础设施和自然资源开发,还可以进行公共服务设施和国营机构的私有化等。而且,PPP 模式和 BOT 模式中政府和民营机构相互之间的关系也有所不同,PPP 模式中政府与民营部门的关系更加紧密,而 BOT 模式中政府和民营机构之间较为缺乏适当的协调机制,可能会导致双方出现不同目标的利益冲突。

BOT 投融资模式其实是一类项目投融资方式的总称,通常所说的 BOT 不仅包括 BOT、BOOT、BOO 三种基本形式,还包括其他十余种的演变形式,如 BT、BTO 等。

由于 TOT 模式通过已建成的项目为其他新项目进行融资,因此,与 BOT 相比,它可以避开建造过程中的风险和矛盾,且只涉及转让经营权,不存在产权和股权等问题,可以在谈判中使双方意愿较容易达成一致,不对国内基础设施的控制权和国家安全构成威胁。

ABS 模式与 BOT 模式相比，当涉及国家经济命脉或国防安全等敏感项目的时候，BOT 模式容易引起政治、经济、社会等方面问题，ABS 模式则在一定程度上可以避免这些问题。因为在债券存续期内资产的所有权归 SPV 所有，而资产的运营与决策权仍然归属原始权益人。SPV 不参与运营，不必担心被外商或私营机构控制，因此应用更加广泛。并且，ABS 模式无须政府的许可、授权及担保，只涉及原始权益人、投资者、证券承销商及 SPV，因此过程简单，融资成本较低。

（三）国内外体育场馆投融资案例

国内外体育场馆投融资模式大多源于基础设施建设领域的实践，并在体育场馆建设中的逐渐运用、发展和完善。2008 年北京奥运场馆建设中运用了多种投融资模式，积累了成功经验，也为国内众多不同类型的体育场馆投融资模式选择提供了参考。

1. 国外体育场馆投融资模式

国外的经济建设经验丰富，资本市场活跃，融资渠道畅通、手段灵活，法制法规健全，为体育场馆投融资创造了良好环境。具有代表性的有美国巴尔的摩金莺棒球场、英国温布利球场、比利时佛兰芒体育基础设施、新加坡体育城、美国西部球馆。具体案例请扫描二维码阅读。

国外体育场馆投融资模式

2. 国内体育场馆投融资模式

随着我国体育体制改革的深化及体育产业的蓬勃发展，多种多样的市场化投融资模式逐渐进入体育场馆建设领域，各级各类体育场馆进行了系列多元化投融资模式的积极探索。具有代表性的有大连体育中心、北京国家速滑馆、兰州奥体中心体育场、辽宁省盘锦市体育中心、杭州亚运会主场馆。具体案例请扫描二维码阅读。

国内体育场馆投融资模式

三、体育场馆建设投融资模式选择

体育场馆建设的投融资模式选择，首先建立在体育场馆的功能特点定位明确的前提下，依据建设形式、赛事重要程度、投融资和经营难度及各方的期望目标四方面的维度综合考虑。

（一）建设形式

通过前文关于几种投融资模式利弊的分析可知，TOT 模式适用于已建成的体育场馆设施，政府通过向私营部门租赁已有的公共基础设施，由私营部门对场馆进行更新、扩建和经营，以达到更新场馆的目的，提高场馆的硬件和软件质量水平。改、扩建已有的场馆能节约投资，降低投资风险，对私有资本有较强的吸引力。BOT 和 PPP 模式一般应用于新建项目。

（二）赛事重要程度

大型体育场馆的兴建往往是为了满足大型体育赛事的需要，但如奥运会这类体育赛事，其意义已经远远超过了赛事本身。奥运会是一个国家经济、文化、体育水平的体现，场馆是否达到赛事要求不仅关乎赛事能否成功举办，对国家的形象也有着巨大的影响。在 PPP 模式下，公私合作贯穿项目始终，公共部门对项目有持续的影响力，避免了 BOT 模式下公共部门对项目失去控制权的弊端，基于这点，PPP 模式比其他几种模式更具有优势。

（三）投融资和经营难度

不同的体育场馆和设施由于功能和举办项目的不同，其投融资难度和赛后经营难度也是不同的。这对场馆投融资模式的选择有很重要的影响。TOT 模式常用于对已有的场馆进行改扩建，建设资金少、风险小，但是受原有设计限制大，对改建后的多元化使用有一定的影响。BOT 模式完全由私营部门投融资，投融资压力大，对赛后场馆的回报率要求较高，因此并不是所有体育项目的场馆建设都适合 BOT 模式。PPP 模式常用在大型标志性场馆建设上，这类项目建设资金巨大，完全由私营部门投融资难度很大，政府和私营部门共同分担资金，相互合作有利于项目的成功。

（四）各方的期望目标

由于各种投融资模式在项目期限、风险承担、收益获取等方面存在着明显差异，因此，参与者期望目标的不同，也会影响其参与项目的方式和程度。政府部门期望的目标有增加投融资渠道、促进政府职能转变、提高工作效率、成功地举办赛事和场馆良好的赛后利用前景等，私营部门的主要目标是获取利润、通过承建大型项目增加企业知名度和与政府部门建立良好关系等。如果政府期望通过公私合作促进政府改革和职能转变，那么PPP模式最合适。

总之，体育场馆投融资模式的选择要综合各方面因素，把项目特点和各种投融资模式的特点结合起来，兼顾投融资模式的共性和项目当地的情况，灵活运用。

第三节　体育场馆的资本运营

资金被比作企业的血液，是企业进行生产经营活动的必要条件，没有资金的保障，企业的生存和发展就失去了保障。在经营发展过程或项目开发过程中，公司难免出现资金缺口或资金紧张的局面，此时，公司通常会采取适当的融资方式，通过特定的融资渠道来筹集资金。

一、资本运营

所谓资本运营，是指以利润最大化和资本增值为目的，以价值管理为特征，将本企业的各类资本，不断地与其他企业、部门的资本进行流动与重组，实现生产要素的优化配置和产业结构的动态重组，以达到本企业自有资本不断增加这一最终目的的运作行为。它对于企业追求利润最大化、扩大市场占有率、形成经济规模、降低风险、实现资源最优配置等具有重要作用。

（一）资本运营的内涵

宏观层次上看，资本运营是指整个国有资本的战略性调整、优化和重组；微观层次上看，是指企业为了保持或提高其核心竞争能力，而对企业资本的重新组合。它是指以追求最大利润或资本最大增值为目的，把企业所拥有的一切有形和无形的社会资源和生产要素都视为可以经营的价值资本，通过流动、收购、兼并、重组、参股、控股、交易、转让、租赁等各种调整和优化配置手段，对企业资本进行有效运作，实现增值的一种经营管理模式。资本运营是市场经济发展到一定阶段的必然产物，是实现社会资源配置的一种重要方式，它通过资本层次上的资源整合来优化社会的资源配置结构和配置效率。以资本最大限度增值为目的，对资本及其运动所进行的运筹和经营活动。它有两层含义。

第一，资本运营是市场经济条件下社会资源配置的一种重要方式，它通过资本层次上的资源流动来优化社会的资源配置结构。

第二，从微观上讲，资本运营是利用市场法则，通过资本本身的技巧性运作，实现资本增值、效益增长的一种经营方式。

（二）资本运营的构成要素

资本运营一般包括四个要素：运营主体、运营资本、运营对象和运营手段。

资本运营的主体可以是资本的所有者，也可以是资本所有者委托或聘任的经营者。资本运营的对象，可以是一种形态的资本，如金融资本，也可以是两种形态以上的资本，如运营生产资本、商品资本、房地产资本等。资本的各种形态必须投入某一经营领域或多个经营领域之中，即投入某一产业或多个产业之中，才能发挥资本的功能，有效利用资本的使用价值。资本作为生产要素之一，必须同其他生产要素相互组合，优化配置，才能发挥资本的使用价值，从而创造价值。资本运营的目的是获取理想的利润，并使资本增值。

此外，还需要有一个良好的运营环境，即资本市场。

（三）资本运营的原则

在具体的运作过程中，资本运营需要遵循一定的原则。

第一，就运营主体而言，必须实现资本运营与核心能力的有机结合。证券市场是资本运营的天然舞台，通过证券的发行、运作实现资本的增值，资本存量的盘活。然而从长期看，要实现企业资本的健康持续增长，企业资本存量的增长必须与企业核心能力，即生产能力的提升呈同向增长。

第二，实现企业经济实力与品牌优势的有机结合。这是我国很多企业在资本运营过程中忽视和欠缺的地方，我国企业自主品牌比例和企业的创新能力不强，很大程度上源于企业经营者在资本运作过程中，片面强调资本存量统计数值的增加，而忽略品牌创造和维护。

第三，实现低成本扩张和资本效益的有机结合。资本运营可以采取很多运作方式。资本效益的提高如果以高成本付出为代价，那么资本运营的效率就是低下的，因此必须实现低成本扩张和资本效益的有机结合。

第四，实现内部完善的管理与对外规模经济的有机结合。

二、体育场馆资本运营

我国体育服务业在体育产业增加值中的比重不断上升，其中体育竞赛表演产业是体育服务业中最具有代表性的支柱产业，而体育场馆是体育竞赛表演活动不可代替的载体，同时是体育资本市场的重要组成部分。西方国家对于体育市场的开发历史较为悠久，体育资本市场也较为发达，在体育场馆的资本运营方面积累了不少的实践操作经验。

（一）国外体育场馆资本运营

奥运会的体育场馆资本运营具有很强的代表性。在奥运会的发展历史上，没有人可以否认尤伯罗斯的改革对于奥运会商业运作发展的决定性作用。从洛杉矶奥运会开始，在尤伯罗斯的倡议和推动下，奥运会和奥运场馆成为极具商业价值的资本形式。洛杉矶奥运会成功的商业化操作给国际奥委会带来了巨额财富，也铸就了奥林匹克运动新的辉煌，其商业运作经验成为体育资本运营的典范。

奥林匹克运动的独立性排除了被商业组织收购的可能性，从而能够坚持宗旨，推广奥林匹克文化。奥林匹克运动被赋予了崇高的人文内涵，为奥林匹克产业化创造了无限的商业价值，这也是许多商业机构愿承担较大经济风险，为奥林匹克运动大量投资的重要原因。

同时，各国为了减少运作成本和奥运后场馆的运营成本，在奥运会筹备期间，大量引入民营资本参与奥运会的运作，一方面筹措了奥运会举办所需的大量资金，另一方面通过资本的参与，实现了奥林匹克无形资产的增值运营。

扫描二维码阅读悉尼奥运会场馆资本运营模式案例。

（二）国内体育场馆资本运营

就体育资本市场的构成情况而言，广义的体育资本市场包括体育证券、体育基金、体育保险、银行信贷、体育赞助及体育彩票等诸多融资渠道，目前都有不同程度的表现。随着中国体育产业化进程的推进，这些市场将发挥越来越重要的作用。目前我国整体体育场馆运营管理还处于初级阶段，在我国体育场馆的资本运营中，多体现在场馆建设过程中的投融资领域。建设过程中的投融资模式对于赛后的场馆运营举足轻重，但仅仅体现在场馆建设初期的资本运营，严格来讲，还不能完全成为体育场馆资本运营的重要形式。

体育场馆的资本运营应该更多地利用已有场馆资源，并将其转化、扩大、提升其资本价值，达到利润最大化，进而在最短的周期内实现战略发展。

扫描二维码，阅读北京五棵松体育中心、国家速滑馆、北京冬奥会延庆赛区、内蒙古冰上运动训练中心资本运营案例。

三、我国体育场馆资本运营的未来展望

体育资本是一种极具潜力的绿色资本，随着我国体育市场化、商业化改革的逐步深入，体育市场法规的日益完善和规范化发展，特别是在经历2008年奥运会、2022年冬奥会、2023年大运会和亚运会及一系列的体育赛事商业运作的洗礼之后，体育资本的类型将会不断丰富，运作方式将日益规范，体育资本运营的规模和效益也将进一步提高。

近年来随着体育的逐步升温，体育资本已经成为一种融合度和影响度都很高的资本运营载体，通过商业广告、体育博彩、体育保险、体育基金等方式参与各个领域的资本运作过程，进入资本运营的大循环。

体育场馆资本是体育资本的重要组成部分，要提高我国体育场馆资本运营的效率，一方面要加强体育场馆资本运营人才的培养，另一方面要进一步规范化发展相关体育场馆资本市场，明晰权、责、利，为体育场馆资本的融资上市创造良好的市场环境，同时要加强体育场馆资本的相关立法管理，保障体育场馆资本所有者的获益权。

本章思考题

1. 体育资本市场的构成与功能是什么？
2. 体育场馆经营管理与投融资的关系是什么？
3. 体育场馆的投融资模式有哪些？各个模式有哪些特点？
4. 体育场馆资本运营的构成要素包括哪些？

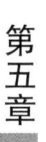

第五章 CHAPTER 05

体育场馆规划、设计与改造

【本章概要】

本章遵循现代体育场馆规划、建设、运营"一体化"模式原则，重点介绍体育场馆规划、设计与改造相关知识。通过本章的学习，了解体育场馆规划设计、体育场馆建筑设计和体育场馆更新改造等有关知识，为从事体育场馆的经营与管理工作奠定扎实的理论基础。

体育场馆的建筑构成

```
体育场馆
├── 比赛建筑
│   ├── 运动场地
│   │   ├── 比赛场地
│   │   └── 练习场地
│   ├── 看台
│   │   ├── 主席台
│   │   ├── 包厢
│   │   ├── 记者席
│   │   ├── 评论员席
│   │   ├── 运动员席
│   │   ├── 一般观众席
│   │   └── 残疾观众席
│   └── 辅助用房和设施
│       ├── 观众（含贵宾、残疾人）用房
│       │   ├── 包厢
│       │   ├── 贵宾休息区
│       │   ├── 厕所
│       │   ├── 残疾观众厕所
│       │   └── 急救室
│       ├── 运动员用房
│       │   ├── 运动员休息室 ── 更衣室、休息室、厕所、盥洗室、淋浴
│       │   ├── 兴奋剂检查室
│       │   ├── 医务急救室
│       │   └── 检录处
│       ├── 竞赛管理用房 ── 组委会、管理人员办公、会议、仲裁录放、编辑打字、复印、数据处理、竞赛指挥、裁判员休息室、颁奖准备室、赛后控制中心
│       ├── 新闻媒体用房
│       │   ├── 新闻官员办公
│       │   ├── 记者工作用房
│       │   ├── 电传室
│       │   ├── 邮电所
│       │   └── 无线电通讯机房
│       ├── 广播电视用房
│       │   ├── 播音室
│       │   ├── 评论员室
│       │   ├── 声控室
│       │   └── 播音室 ── 机房、仓库兼维修、闭路电视接口设备机房、电视发送室
│       ├── 技术设备用房
│       │   ├── 灯光控制室
│       │   ├── 消防控制室
│       │   ├── 器材库
│       │   ├── 变/配电室
│       │   └── 其他机房
│       ├── 计时记分用房
│       │   ├── 计时控制
│       │   ├── 屏幕控制室
│       │   ├── 数据处理室
│       │   └── 计时与终点摄影转换
│       └── 场馆运营用房
└── 训练建筑
    ├── 运动场地
    ├── 看台/观摩席位
    └── 一些辅助用房和设施
```

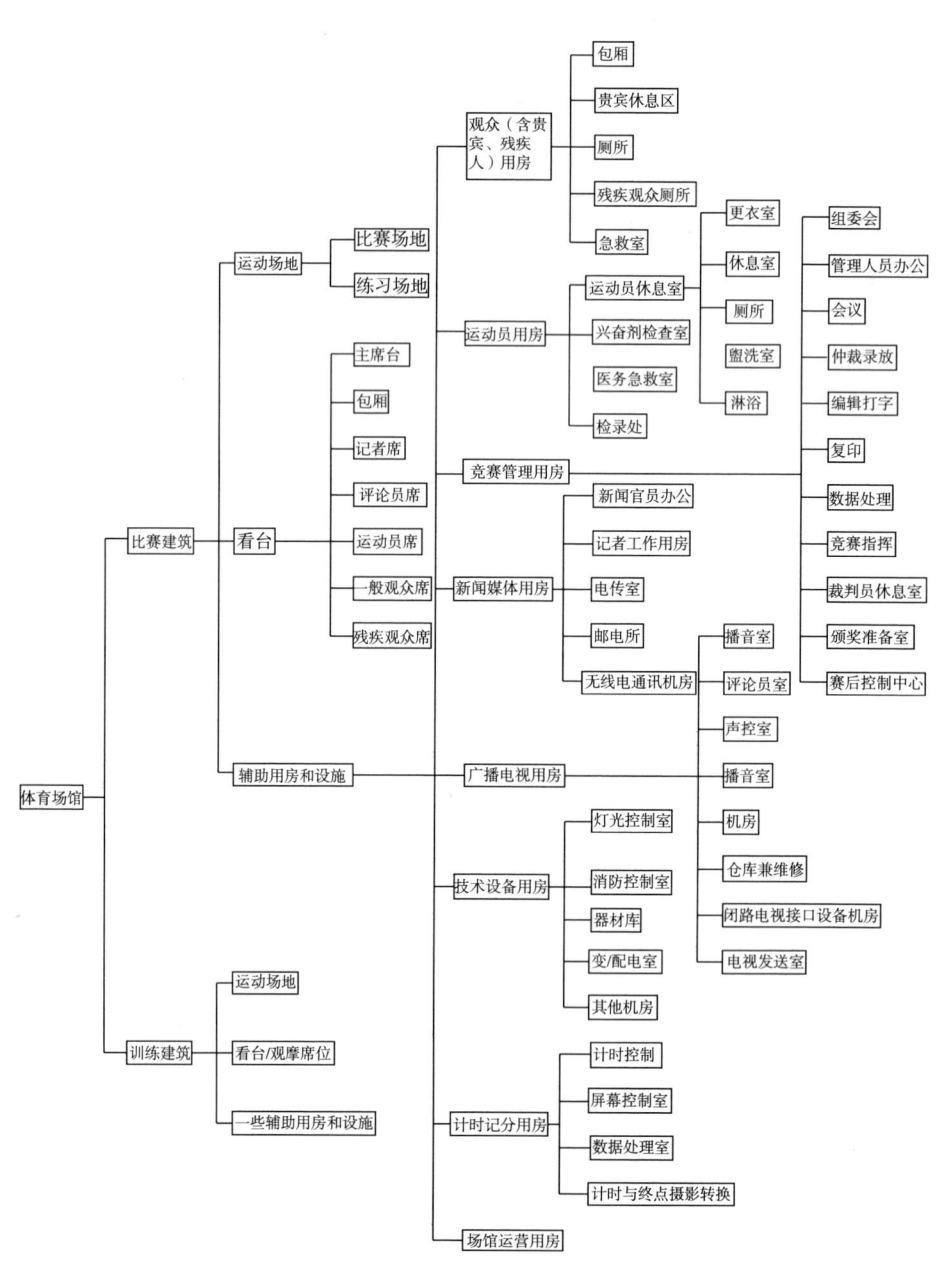

体育场馆的建筑构成

注：根据《体育建筑设计规范（JGJ31-2003）》整理。

第五章　体育场馆规划、设计与改造

【体育场馆的基本建设程序】

基本建设程序是指一个建设项目从设想、选择、评估、决策、设计、施工到竣工验收及投入生产或交付使用的整个过程，各项工作必须遵循的先后顺序。基本建设程序是工程建设过程客观规律的反映，是建设工程项目科学决策和顺利进行的重要保障。体育场馆建设总体上遵循我国现行基本建设程序。

我国现行的基本建设程序是根据国家经济体制改革和投资管理体制深化改革的要求与国家现行政策规定实施的，通常大中型投资项目的基本建设程序包括项目建议书阶段、可行性研究报告阶段、设计文件阶段、建设准备阶段、建设实施阶段、竣工验收阶段及项目后评价阶段。以上各阶段紧密相连，环环相扣，相辅相成，根据一定的规律形成一个循序渐进的工作过程，这种符合一定规律的工作过程就演变成了基本建设程序。体育场馆的基本建设程序详见二维码。

第一节　体育场馆规划设计

规划设计是对项目进行较具体的规划或总体设计，综合考虑政治、经济、历史、文化、民俗、地理、气候、交通等因素，完善设计方案，提出规划愿景、发展方式、发展方向、控制指标等。由于体育场馆具有高可达性、功能复合性、空间连续性和土地使用均衡性等特征，规划设计在遵循普遍规律的前提下，还应对体育场馆规划选址、体育场馆规划布局和体育场馆总平面图规划设计进行重点把握。

一、体育场馆规划选址

体育场馆规划选址是一项具有系统性、复杂性的工程。影响体育场馆规划选址的主要因素有空间规划、道路交通、经济社会、基础设施建设、环境条件五大方面。

（一）空间规划

体育场馆规划选址应符合选址所在地国土空间总体规划和体育设施专项规划，兼顾城市用地性质，并有利于促进城市建设和发展，符合当地政府空间发展战略。重点考察其地块区域位置重要度、城市总体规划发展格局、空间发展预留度和城市规划土地性质等因素。

（二）道路交通

体育场馆在举办比赛、活动时，会有大量人流、车流集散，因此体育场馆规划选址要确保道路交通便于所有观众安全、迅速地集散，又要避免人流、车流堵塞交通情况。必须重点关注体育场馆的交通情况，与城市对外交通的联系情况，周边公交车及城市轨道交通的分布情况，与城市主次干道的关系及道路交通的饱和度情况。

（三）经济社会

体育场馆选址必须要对拟选址地所在城市的经济、社会和环境进行多维度考察，包括城市土地价格、征地拆迁难度、场馆建设带来的边际收益、赛后场馆利用率和政策支撑条件等。

（四）基础设施

体育场馆规划选址要充分注意城市基础设施是否完善，涉及的主要因素包括市政配套设施和公共服务设施。市政配套设施，如供电、燃气、供热、通信、给排水、防灾、环境卫生、管线综合等是体育场馆运行最基本的基础设施保障。公共服务设施包括行政管理、医疗保健、金融邮电、文化娱乐、社区服务、餐饮会展等。

（五）环境条件

环境条件涉及的主要因素有地形与地貌因素、水文与气候因素、场地安全因素等。

二、体育场馆规划布局

（一）规划布局的要求

体育场馆规划布局不仅要利于体育赛事的举办，也要利于城市的空间结构优化，达到促进城市建设、推动对项目所在地经济社会发展的作用。

1. 优化城市空间结构

从城市整体发展角度来看，体育场馆的合理布局能够促进城市空间结构优化，为城市发展提供地理基础。体育场馆规划布局是促进城市空间拓展的有效途径，也是提升城市空间品质的重要路径。

2. 集聚产业资源要素

（1）有利于城市产业结构升级

体育场馆建设作为大规模的公共项目投资，是带动地区发展的重要增长极。体育场馆建设可以改善项目所在地的硬件设施和软件服务，吸引相关企业向该地区集中，形成集聚效应，促进集聚企业发展，推动地区经济发展。

（2）加快体育产业及其相关产业发展

体育场馆规划布局必须结合城市当前体育资源分布现状，有目的地优化体育资源分布结构。要在充分考虑人民群众需求的基础上，在体育的资源分配和体育场馆的分布、建设规模上，做到高层次的公平，在保证公平的基础上不断提高资源利用效率，推动体育产业发展。

3. 满足居民体育需求

（1）有利于推进体育公共服务均等化

新建体育场馆在规划布局时一定要综合考虑区域体育公共服务均衡化的要求，使不同收入水平的城市居民都有机会享受体育场馆公共服务，确保他们的体育休闲权利得到保障。

（2）方便居民体育锻炼

一般来说，市民的日常生活圈半径是 500～1000 米，周末生活圈是 0.5 小时车程，3 天以上的长假日生活圈是 1～4 小时车程。场馆的规划布局要在分析市民这三个生活圈的基础上进行科学设计，这样才能使场馆保持较高的利用率。

（二）规划布局的模式

1. 分散式布局

分散式布局模式既可以满足不同功能间的独立性，又可以满足局部功能间的优势互补、合作共赢。对于举行大型体育赛事来说，分散式布局模式会给运动员参赛和观众观赛带来不便，也会对城市交通造成压力。但是从全民健身而言，分散式布局模式则有利于促进体育场馆资源的均衡配置和体育公共服务的均衡性，充分满足人民群众就近随时随地开展体育运动的需求。1968 年墨西哥城奥运会场馆总体规划采用分散式布局模式。

2. 集中式布局

集中式布局模式的主要优势体现在举办大型体育赛事时方便运动员参赛和观众观赛，还能够在一定程度上缓解由于人员流动造成的交通压力。这种模式是大型赛事场馆的常见布局形式。1976年蒙特利尔奥运会主场馆采用集中式布局模式。我国大部分大型体育场馆也是采用这种布局模式。

3. 多中心式布局

多中心式布局模式将举办大型体育赛事的大部分场馆位于城市中心区，而其他场馆分布在城市各个组团之中。这种模式是公认的比较节能的体育场馆布局模式。1992年巴塞罗那奥运会场馆的多中心布局是发挥奥运中心聚集效应的典范。

4. 外围式布局

外围式布局模式适用于人口密度较大、迫于发展压力的中型城市。这种布局模式征地拆迁压力较小，建设过程中对城市居民影响不大，同时有利于在城市外围带动城市新区建设。1988年汉城奥运会场馆总体规划采用外围式布局模式。

5. 网络式布局

网络式布局模式的规划范围相对较大，有利于构建多中心的城市区域网络。如1996年亚特兰大奥运会，规划时没有建设宏大的奥运中心场馆，采用网络式布局模式。

6. 联合式布局

联合式布局模式是将大型体育场馆集中布局在两个城市，通过城市快速公交系统连接两座城市的布局模式。2000年悉尼奥运会场馆采用联合式布局模式，将大部分场馆安排在悉尼市，其他运动场馆则集中在霍姆布什湾。

三、体育场馆总平面图规划设计

体育场馆总平面图规划设计是在选址红线范围内，对体育场、体育馆、游泳馆（场）、室外运动场地、构筑物、内部路网、绿化设施等进行全面、合理、协调的布置，使之成为一个有机整体，有利于体育场馆开展经营活动。总平面设计方案直接影响体育场馆运营的效率和效益，影响运动健身的舒适与便利。因此，总平面图规划设计必须坚持以下要求。

(一)统一规划,逐步实施

体育场馆项目由于占地面积大、项目内容多、使用功能复杂,并受财务承受能力和其他因素的影响,通常做法是整体规划、远近结合、分步实施,并为可能的改扩建留出余地。以下是国内外一些主要体育场馆的用地面积指标,如表5-1所示。

表5-1 国内外体育中心用地面积对比

序号	名称	建成时间(年)	用地面积(万平方米)
1	北京工人体育场	1958	35.0
2	广州天河体育中心	1987	58.8
3	北京国家奥林匹克体育中心	1990	66.0
4	广州奥林匹克体育中心	2001	30.4
5	德国慕尼黑奥林匹克体育中心	1972	300.0
6	加拿大蒙特利尔奥林匹克体育中心	1976	50.0
7	希腊雅典奥林匹克体育中心	1982	110.0
8	韩国汉城蚕室体育中心	1976—1984	59.1

注:数据来源于《体育建筑设计规范(JGJ 31-2003)》。

(二)合理分区,流线顺畅

体育场馆总平面图设计要满足场地内各种功能活动的交通要求,在场地的分区之间及场地与外部环境之间建立合理有效的交通联系,为场地总体布局提供良好的内外交通条件。流线组织应避免观众流线、运动员流线和工作人员流线交叉,且必须设置专用通道,观众出入口处应留有疏散通道和集散场地,场地面积不得小于0.2平方米/人。总出入口布置应醒目,不宜少于2处,并从不同方向通向城市道路,观众疏散道路应避免集中人流或与机动车流相互干扰。

(三)保护环境,减少投资

体育场馆总平面图设计应充分利用原有地形、地貌进行场地设计和建筑布局,尽量减少土石方工程量,减少体育场馆建设对场地及周边环境的影响。确需改造场地地形、地貌等环境状态时,应在工程结束后及时采取生态修复措施,减少对原场地环境的破坏。

（四）满足工艺和停车要求

体育场馆建设应根据运动项目的特点，满足不同运动项目的朝向、风向、风速、光线、安全、防护等要求。室外运动场地布置方向（以长轴为准）应为南北向，当不能满足要求时，根据地理纬度和主导风向可略偏南北向，但不宜超过表5-2的规定。

表5-2 运动场长轴允许偏角

方向	16°N～25°N	26°N～35°N	36°N～45°N	46°N～55°N
北偏东	0	0	5°	10°
北偏西	15°	15°	10°	5°

注：数据来源于《体育建筑设计规范（JGJ 31-2003）》。

体育场馆规划布局应设置各种车辆的停车场，并应符合表5-3的要求，车位数量和面积指标应符合当地有关主管部门规定；如因条件限制，由当地市政部门统一在周边设置停车位；承担正规或国际比赛的体育设施，在设施附近应设有电视转播车的停放位置等。

表5-3 停车场类别

等级	管理人员	运动员	贵宾	官员	记者	观众
特级	有	有	有	有	有	有
甲级	兼用		兼用		有	有
乙级	兼用					有
丙级	兼用					

注：数据来源于《体育建筑设计规范（JGJ 31-2003）》。

第二节 体育场馆建筑设计

建筑设计是指建筑物在建造之前，设计师按照建设任务，把施工过程和使用过程中所存在的或可能发生的问题，事先做好通盘的设想，拟定好解决这些问题的方法、方案，用图纸和文件进行表达，作为施工组织和各工种配合协作的共同依据。体育场馆由于具有多元的功能性、综合的技术性、鲜明的时空性、广泛的参与性、丰富的人文性和多重的价值性，其建筑设计在遵循一般民用建筑设计要求的基础上，还应特别重视体育场馆空间设计和体育场馆工艺设计。

一、体育场馆设计原则

体育场馆设计应符合适用、经济、绿色、美观的建筑方针，体现创新、协调、绿色、开放、共享的新发展理念，满足安全、卫生、环保等基本要求，并遵循下列原则。

（一）功能相容性

功能相容性是指不同的功能单元之间具有相近或相同的职能关系，因此可以临近或交叠布置。对功能相容性的分析，为资源共享提供了可能，同时有利于避免使用过程中行为、流线产生矛盾。

（二）功能互补性

体育场馆由不同的功能单元组成，不同功能单元属性决定了每个单元在具有独立服务功能的同时，也具有一定的局限性。实现体育场馆的综合效益，需要通过功能单元的互补、功能结构的完善，达到体育与娱乐兼顾、竞技体育与全民健身并重、观赛与休闲共享的目标，提高体育场馆的使用品质，提升体育参与者的满足感。

（三）经济合理性

体育场馆功能配置的复杂性及建设规模的扩增性日益凸显，因此体育场馆规划设计要结合其所在城市的发展需求，合理安排功能、控制规模。如将体育、会展、商业等相结合，建设体育综合体，不但可满足不同人群的需求，同时也可增加经济效益，避免各部分独立建设所带来的用地需求。

（四）空间灵活性

由于体育场馆建设的事件性特点，其功能定位应同时兼顾赛事使用和赛后利用，所以采用灵活空间促进体育场馆的多功能利用具有重要意义。因此，为进一步提高体育场馆的利用率,要加强对体育场馆未来功能的预判。

（五）文化传承性

现代体育场馆往往是一座城市的标志性建筑,是一座城市现代化程度的标志之一。在国家大力倡导文化自信的今天,体育民族建筑文化的传承具有时代意义和长远价值。因此体育场馆在进行设计时,需要力求传承地域文化,彰显现代文明,融合体育元素,通过体育场馆促进文化繁荣发展,弘扬中华体育精神。

（六）科技创新性

在体育场馆设计中,应始终遵循"科学技术是第一生产力"的要求,广泛应用新工艺、新技术、新材料、新设备"四新"成果,在绿色场馆、智慧场馆及提高运营效率等方面发挥积极作用。

二、体育场馆设计理念

体育场馆设计应充分考虑公益性和综合性两个因素,并尽可能地提供足够的弹性空间和可变条件,为运营功能整合及相关产业发展提供便利条件。因此,体育场馆设计必须坚持两大基本理念,即运动空间通用化和配套空间复合化。

（一）运动空间通用化

运动空间是体育场馆的核心空间,其功能的通用化主要体现在两个方面,一是赛事运动空间应该适用于多种体育运动项目,通过场地布局的调整能够为多种运动项目提供服务;二是非赛事运动空间应根据赛后运营需求,能够因时因地因人调整使用功能。

1. 赛事运动空间

赛事运动空间是体育场馆的核心,除了必须满足比赛要求,还应考虑场地的兼容性与适用性。要科学确定场地尺寸,保证体育场馆的赛事运动区能够得到充分利用,并适应多种运动项目的比赛、训练要求。赛事运动空间还需要满足举办大型展会或演唱会等商业活动的要求。

2. 非赛事运动空间

非赛事运动空间是开展室内体育活动、进行体育技能培训和赛前热身的场所，在体育场馆内一般以小球室、健身房、体操房和培训教室等形式存在。它较赛事运动空间的维护成本更低、使用和管理更灵活，因此更加贴近全民健身。

（二）配套空间复合化

由于我国大型体育场馆大多数为举办大型赛事而建，往往需要配套建设大量辅助用房，如观众用房、运动员用房、竞赛组织用房、新闻媒体用房、场馆运营用房和技术设备用房等，而且这些辅助用房在总建筑面积中占比很高，因此辅助用房赛后的综合利用是一个十分重要的问题。在体育场馆空间设计时，应该把赛后不再需要的赛事配套功能用房相对集中布置，以便更好地落实国家体育总局关于大型体育场馆"体制改革和功能改造"的要求，将其改造成文体培训、休闲娱乐、商业购物、健康医疗等功能区域，与运动空间共同形成功能相互兼容、相互支持的体育新空间。

三、体育场馆空间设计

（一）反映复合程度的空间组织设计

1. 单体式布局叠合

一般用于基地比较紧张的情况。根据体育场馆复合程度的不同可以采用以下几种方式。

（1）基座式（图5-2）

一般是将体育馆或游泳馆置于由其他功能单元组成的基座之上，这种方式虽然可以节约用地，但是也会造成一层房间采光、通风、观众流线过长等问题。

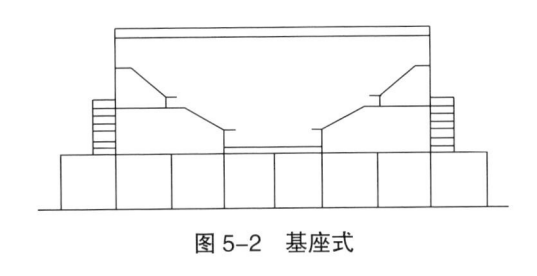

图 5-2　基座式

（2）多层式（图5-3）

分多层布置不同功能单元。通常做法是将大空间放在顶层，其他功能单元分布于下层。这种分布方式需要注意的是，如把有大量观众的比赛设置放在上部，防火和人流的疏散问题需要给予特殊重视。

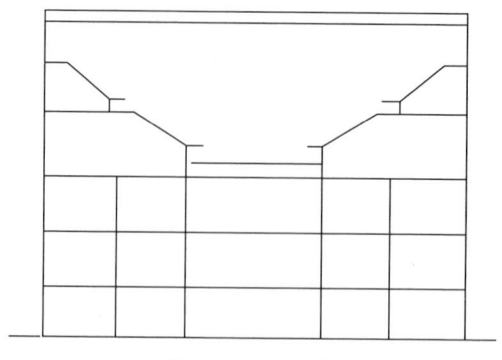

图 5-3　多层式

（3）聚合式（图 5-4）。

体育场馆其他功能单元围绕主导空间呈聚合状态分布。这种布局方式的主要特点是主导空间突出，主从关系分明，各功能单元之间的联系比较紧密。

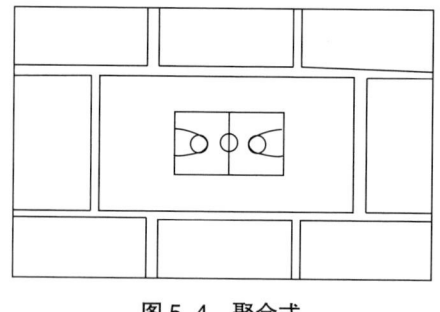

图 5-4　聚合式

2. 组群式布局

体育场馆组群式包括两种情况：一种是由若干竞技功能的体育设施组成，另一种是由一项或多项具有竞技功能的体育设施与其他类型的建筑组成，如体育与会议、展会相结合的体育中心。它们的布局方式有以下几种。

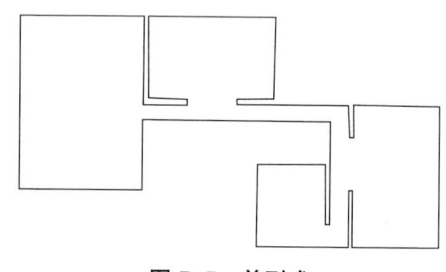

图 5-5　并列式

（1）并列式（图 5-5）

通常由多个功能的建筑单体组成，占地较大，各部分相对独立，使用方便，有利于争取良好的采光、通风条件，是比较理想的布局方式。

第五章　体育场馆规划、设计与改造

（2）层叠式（图5-6）

组群建筑中的一座或多座建筑采用多层布局，并且通过连廊等方式连接，这种方式具有节约用地的优点。整个建筑体型错落有致，大方美观。

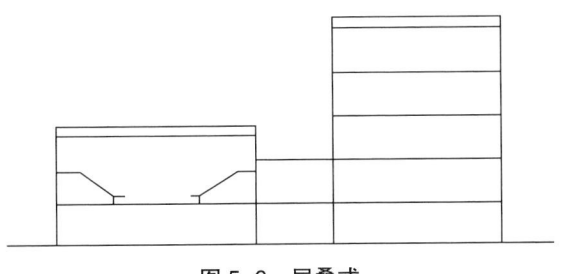

图5-6　层叠式

（3）交叉式（图5-7）

体育场馆与其他大空间建筑交叉布局，重叠部分成为二者的公共用地，它既可以是具有灵活功能的空间，也可以是设备、服务用房。

图5-7　交叉式

（4）围合式（图5-8）

不同的功能单元按照一定的方式成"U"型或"口"型排列，围合出庭院、下沉广场等内向型室外空间，比较适用于规模不大，但功能较为复杂的综合性建筑，有利于创造尺度亲切、宜人，并具有一定私密感的外部环境。

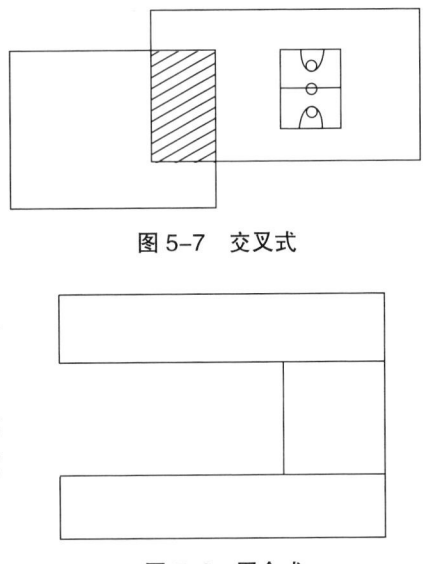

图5-8　围合式

（二）基于功能空间转换的动态设计

空间构成多元化和复合化是满足多样化需求的必要措施。随着体育场馆功能的增多，竞技比赛和全民健身、大型演出和商业娱乐、团体活动和个人活动的标准规模及使用方式的不同，诸多功能无法集中在一个空间来完成，更不可能投入额外资金单独区分空间功能。为解决这一系列问题，体育场馆需要从单一功能走向功能多元化的空间组合，只有这样，注重功能空间的动态使用，合理利用场馆空间，才能实现场馆效益最大化。

1. 利用剩余空间

利用剩余空间指将体育空间中用于体育功能外的剩余空间进行功能划分，来提高空间的利用率。由于举办赛事的时间相对日常活动较少，为容纳小规模的活动而又不对竞技区的资源造成浪费，需要设置小型空间来满足平时的使用需求。同时由于大型场馆的坐席多，还可以利用坐席下方的剩余空间举办小型活动。新西兰 Chase 体育馆是为举办联邦运动会和 Selwyn 大学共同使用而建设的（图5-9），由于赛事比较少，为了提高利用率，二层观众席下形成了一个 12 米 × 42 米的矩形空间，净高 4 米左右。由于空间宽敞，又有自然采光，可以用作乒乓球、体操、健美等多种用途。

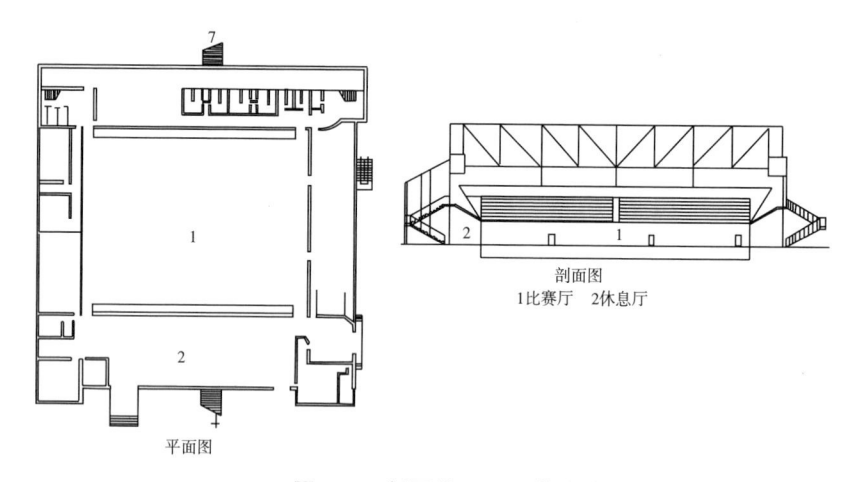

图 5-9 新西兰 Chase 体育馆

注：图片来自中国建筑工业出版社《体育综合体》（邬新邵）。

2. 空间功能转换

竞技空间的功能转换是体育场馆用于开展全民健身活动的一个重要方式，通过采取相应技术措施转换场地的大小、形状、质地甚至标高等，促进体育场馆灵活多元化使用。它通常与坐席的变化相结合，如使用移动座椅的推拉来改变场地的空间变换。这种综合利用方式在体育馆中比较常见，在体育场并不多见，但也有成功案例。例如，1998 年法国世界杯足球赛主赛场法兰西体育场，是举办足球比赛为主的场地，由于它的下层看台可以移动（图5-10），只要把下、中部之间的平台降下去，下层看台就可向后移 15 米，露出田径跑道和跳跃运动场地。下层看台的移动也可将场地转换为橄榄球比赛场地和演唱会等演出场地。

第五章 体育场馆规划、设计与改造

图 5-10 法兰西体育场

注：图片来自中国建筑工业出版社《体育综合体》（邬新邵）。

3. 空间灵活分离

空间灵活分离是指运用灵活的隔断将规模较大的整体空间分割成若干相对较小的使用单元，以求实现体量变化和同时举办多种活动的目的。灵活分割空间实际上是将场馆空间当作一个可分可合的空间进行处理，这个空间又可以在赛事或活动需要的时候灵活组成多个子空间。例如，德国汉堡体育馆平面为矩形，在空间的使用上，矩形空间又通过 3 条竖向的活动隔断将比赛空间化为 4 块，使用时可以进行多种组合，可以是两个一大一小的场馆，或者两个中等大小的场馆等。

4. 空间的通用与公用

空间的通用适合功能复合化的体育场馆，是强化比赛空间的多种活动的适应能力、提高空间的兼容性的一种布局方式。这种布局方式能够充分调节相邻空间的建筑布局，强调彼此都能承办对方的活动。这是一种有效发挥空间潜力的设计手段，关键在于寻找灵活性与经济性的最佳契合点，将具有展览功能的空间临近具有体育功能的空间进行布置，使二者具备彼此的活动能力，在其中一方需要扩大使用面积的时候，另一方就会相应地满足其要求。例如，德国奥尔登堡 EWE 体育馆是 Weser-Ems-Halle 展览中心的主要组成部分，主要用于举办当地职业篮球联盟和手球队的常规比赛，除此之外，还可举办音乐会、展销会、展览会等活动，甚至一些古典音乐演唱会也曾在此举行（图 5-11）。

2005 年建成的意大利都灵冰球馆的比赛厅是一个通用的矩形空间，可以满足冰球、体操、田径、游泳等项目和展览、集会等功能的使用要求，空间通用实现了一馆多用。

图 5-11　德国奥尔登堡 EWE 体育馆

注：图片来自中国建筑工业出版社《体育综合体》（邬新邵）。

四、体育场馆设施工艺设计

体育场馆设施工艺是指使体育场馆设施符合体育活动特别是体育比赛功能要求的方法和技术，它属于体育与建筑两个领域交叉的部分，可以划分为体育建筑工艺和体育设备工艺两类。体育场馆设施工艺设计就是对体育场馆设施工艺涉及的流程、空间、设备和器材等内容进行的描述和说明，综合了以体育项目为核心、以比赛和运营为目的的各种要求。

体育场馆设施工艺主要涵盖两个方面的内容，即竞赛要求的设计和环境要求的设计，其中竞赛要求的设计主要包括场地设计，场地设施的位置、组合及预留条件的设计，竞赛涉及的功能用房的内容及其流程关系的设计，看台坐席区的功能划分及其设施要求的设计，活动座椅的设置方案的设计，电视转播的要求，智能化系统等；环境要求的设计主要包括照明设计、声学设计、空调及通风设计等。

（一）场地尺寸

运动场地包括比赛场地和练习场地，其规格和设施标准应符合各运动项目规则的有关规定；当规则对比赛场地和设施的规格尺寸有正负公差限制时，必须严格遵守。运动场地界线外围必须按照规则满足缓冲距离、通行宽度及安全防护等要求。常见球类比赛场地尺寸规格要求和 400 米标准跑道规格见二维码。

（二）场地材料

运动场地面层是体育场馆设施的重要组成部分，它影响体育场馆设施承办赛事的能力。场地材料应满足运动项目所需要的摩擦、保护、标识、色彩、反光等特性要求。根据体育比赛的等级、适用程度、投资水平，以及建设单位对设施的长期规划发展趋势，可以选用各种类型的运动场地面层。这里重点介绍天然草坪、人造草坪、运动木地板、塑胶跑道和硬质网球场面层材料要求及性能指标。

1. 天然草坪

天然草坪是由草皮、根系层、渗水层、排水设施等组成的可渗水综合体，质地柔软，具有适中的硬度和回弹性，人体与其摩擦不会产生静电，大型比赛体育场均采用天然草坪。天然草坪的缺点是对天气比较敏感，定期维护、保养成本高。天然草坪运动性能要求见二维码。

2. 人造草坪

人造草坪拥有良好的弹性和牵引力，广泛使用于足球场、门球场、跑道、高尔夫球场等各类运动场所。相较于天然草坪，其不受天气和使用频率的影响，后期维护简单、养护成本低，对基础质量要求不高；缺点是运动性能达不到天然草坪的水平，有可能造成静电灼伤。人造草坪运动性能要求见二维码。

3. 运动木地板

运动木地板由防潮层、弹性吸震层、防潮夹板层、面板层组成，是一种承载性能优良、吸震性能高，抗变形性能强的运动木地板系统，适用于篮球场、排球场、羽毛球场、乒乓球场等室内运动场地。运动木地板运动性能要求见二维码。

4. 塑胶跑道

塑胶跑道一般采用以聚氨酯、聚脲、聚丙烯酸酯、弹性颗粒为主料的运动场地合成材料面层，分为渗水型和非渗水型。其中，渗水型的材料为由树脂黏合橡胶碎粒或其他方法制造的具有缝隙结构的一类合成材料，主要特点是水在该类型面层上除存在表面径流外，还存在通过面层的流动形式。非渗水型的材料为垂直剖面致密或有少量气孔及带有特定结构形式的一类合成材料，合成材料跑道面层物理性能指标见二维码。

5. 硬质网球场面层

硬质网球场是一种以混凝土或沥青为基层，丙烯酸材料或具有相同性能材料为面层的网球场场地，它的优点是球速快、弹跳高、阻力小，能够促进球员的技术发挥。此外，硬质网球场还有着使用寿命长、维护成本低、适合各种天气条件等优点。但是，硬质网球场的缺点是表面硬度大，容易让球员的关节受到伤害，需要球员具备一定的运动基础和技术水平。硬质网球场面层物理机械性能指标见二维码。

硬质网球场面层物理机械性能指标

（三）看台设计

看台设计应使观众拥有良好的视觉条件和安全方便的疏散条件。看台平面布置应根据比赛场地和运动项目，使多数席位处于视距短、方位好的位置。在正式比赛时，根据各项比赛的特殊需要应考虑划分专用坐席区。

观众席纵向走道之间的连续座位数目，室内每排不宜超过 26 个；室外每排不宜超过 40 个。当仅一侧有纵向走道时，座位数目应减半。安全出口应均匀布置，独立的看台至少应有 2 个安全出口，且体育馆每个安全出口的平均疏散人数为 400～700 人，体育场每个安全出口的平均疏散人数为 1000～2000 人。

看台应进行专项视线设计，应根据运动项目的不同特点，使观众看到比赛场地的全部或绝大部分，且看到运动员的全身或主要部分；对于综合性比赛场地，应以占用场地最大的项目为基础，也可以主要项目的场地为基础，适当兼顾其他；坐席俯视角宜控制在 28°～30°。

（四）照明设计

体育场馆照明包括比赛场地照明、观众席照明和应急照明，应满足运动员、裁判员及观众等各类人群的使用要求，有电视转播时应满足电视转播的照明要求。体育场馆照明应根据电视转播和使用功能要求分为 6 级，具体见二维码。

体育场馆照明分级

为得到良好的照明设计方案，合理利用光线的分布来满足要求，必须先确定照明标准，包括照度标准和照明质量标准。照明质量标准包括眩光、光源色温的显色性要求，光的方向性、节能要求等。

（五）声学设计

体育场馆当有多种功能使用时，应按其主要功能确定声学指标，并通过扩声系统兼顾其他功能。体育场馆的声学处理方案应结合结构形式、观众坐席和比赛场地的配置、扬声器设置及防火、耐潮等要求。在处理比赛大厅内吸声、反射声和避免声学缺陷等问题时，应把自然声源、扩声扬声器作为主要声源。体育建筑的建声与扩声设计工作应协调同步展开。

体育场的声学设计在使用扩声系统时应符合下列要求：在观众席有足够的声级，满足体育场的功能和要求；全部观众席被扩声覆盖；传送语言时有足够的清晰度，传播音乐时有一定的丰满度；减少对场外的声干扰；结构安全、操作方便、维修容易、抗风防雨、性能可靠。

（六）智能化系统

体育场馆智能化系统配置要求具有开放性、灵活性和可扩展性，便于系统的局部变更与功能升级。随着建设资金投入的增加和技术的发展，可对系统扩展升级，使系统不断得到完善。在使用方面，要求简洁方便。体育场馆的智能化系统应按体育场馆智能化系统配置表（见二维码）的规定配置，并应符合现行行业标准《体育建筑电气设计规范》（JGJ 354-2014）的有关规定。

体育场馆智能化系统配置表

体育场馆智能化系统要求如下。

① 信息化应用系统的配置应满足体育场馆业务运行和物业管理的信息化应用需求。

② 信息接入系统应满足体育建筑各类信息通信业务的需求。

③ 用户电话交换系统应满足体育赛事和其他应用功能对通信的需求，并应为观众、运动员、体育赛事主办者、新闻媒体等提供便捷、高效、可靠的通信服务。

④ 信息网络系统应为体育赛事组委会、新闻媒体和场馆运营管理者等提供安全、有效的信息服务；满足体育建筑内信息通信的要求；应兼顾场馆赛事期间使用和场馆赛后多功能应用的需求，并为场馆信息系统的发展创造条件。

⑤ 有线电视系统应为体育赛事功能的电视转播、现场影像采集及回放、赛事统计等应用系统预留互联网接口。

⑥ 公共广播系统应在比赛场地和观众看台区外的公共区域和工作区等区域配置，宜与比赛场地和观众看台区的赛事扩声系统相互独立，公共广播系统与赛事扩声系统之间应实现互联，并可在需要时实现同步播音。

⑦ 火灾自动报警系统对报警区域和探测区域的划分应满足体育赛事和其他活动功能分区的需要。

第三节　体育场馆更新改造

体育场馆设施水平是彰显体育场馆行业乃至体育产业发展的重要因素。一个现代化、智慧化的体育场馆应满足各种赛事参与方的需求和利益，包括观众的观赛体验、运动员的参赛体验、赞助商的赞助利益和转播方的转播利益等。目前，国内能达到国际水平、能承办国际顶级赛事的体育场馆并不多见，因此，体育场馆的更新改造、提升设施水平已成为亟须解决的突出问题。2018年3月，国家体育总局办公厅印发的《关于在全国开展公共体育场馆"改造功能、改革机制"试点工作的通知》提出，要在全国大力推进体育场馆改造功能和改革体制试点。2021年，国家体育总局开展公共体育场馆开放使用综合试点，拉开了新时代体育场馆更新改造的序幕。

一、体育场馆更新改造的主要对象

体育场馆更新改造主要包括对体育场馆建筑功能和系统功能的改造，升级空间较大的是场地和竞赛智能化系统。场地改造主要包括观众席改造、球场草坪或地板的升级。竞赛智能化系统的改造主要包括信息显示及控制系统、场地扩声系统、场地照明系统、计时计分系统和竞赛数据统计系统等。目前国内体育场馆更新改造的主要目标是实现声光电系统的优化，提高赛事信息化、场馆智能化程度，提升球迷体验。

二、体育场馆更新改造的主要模式

ROT投融资模式将成为体育场馆更新改造的主要模式。ROT模式是政府将体育场馆交给社会资本进行更新改造，并给予社会资本一定年限的运营权，运营权到期后社会资本将体育场馆再移交给政府的模式。这种模式在一定程度上缓解了大型体育场馆高昂的维护费用给政府造成的财政压力。同时，该模式将体育场馆的更新改造与后期运营结合起来，给予场馆运营公司较大的自主权，形成了场馆改造的双赢模式。

三、体育场馆更新改造的主要目标

（一）提升场馆商业价值

体育场馆在完成更新改造后将带来商业价值的提升，促进体育场馆无形资产的开发利用。优质的场馆设施将吸引优质的赛事及众多的球迷，无形资产开发收入也相应水涨船高。然而，目前国内场馆商业价值开发仍受制于场馆设施落后、赛事数量不够和赛事质量不高等的局限。

（二）提升现场球迷体验

体育场馆的升级改造有助于提升观赛体验，吸引更多的球迷观看比赛。除了比赛内容的精彩程度之外，场馆的氛围、展示的效果、配套设施的便捷度等都会成为影响球迷体验的因素。目前，国内体育场馆受限于场馆设施，球迷的体验不甚理想。

（三）提升赛事竞技质量

体育场馆的更新改造有助于赛事信息化及赛事大数据分析，将提升体育赛事的竞技质量。安置在场馆中的尖端技术设备可通过采集运动员身体指标变化，形成换人决策建议，提升球队的获胜概率且提升赛事的竞技质量。目前，数据分析系统 SportVU 已覆盖所有 NBA 球馆，通过安置在球馆上空的 6 个运用了室内 GPS 技术的照相机来记录球的轨迹及场上每一位球员的 25 次/秒的运动状态。借此，SportVU 系统可以得到大量的关于速度、距离、球员间距等球员的运动数据，通过软件对数据的分析与挖掘，为教练提供球员是否需要休息的决策建议。

（四）提升赛事转播质量

体育场馆的灯光照明、转播系统、音响系统等的更新改造将提升赛事转播的质量。以 NBA 球馆为例，一般有 12~18 个手动操作的高清摄像机，用来覆盖赛场、观众、教练及球员的特写镜头。其中篮板视角主要拍摄篮筐附近的镜头，如扣篮、空中闪躲等精彩画面。丰富的转播镜头的配备提升了转播质量，让收看转播的球迷身临其境体验赛事，感受赛场竞技的紧张氛围。

（五）提升赞助权益价值

体育场馆的升级改造有助于更好地展示赞助商的广告，提升赞助权益价值。场边 LED 广告作为最醒目、直观性最强的体育赞助方式，是体育赞助营销中商业价值最高的部分。优质的场边 LED 显示屏能做到在完美展现广告的时候不显突兀，以平衡赞助商、球员、球迷的各方利益。体育场馆在对 LED 显示屏设备进行升级改造之后，赛事广告画面将更为精致、图像显示更为逼真，并与赛事呈现融为一体，对于赞助商广告的展示更为有利，从而提升赞助权益价值。

四、体育场馆更新改造的主要内容

体育场馆更新改造主要围绕硬件升级和软件创新两大主线展开。场馆硬件的升级主要包括照明系统、显示系统、场地设施、安保系统与环保节能等细分领域的提升与更新。软件的创新主要包括赛事信息化、场馆智能化系统的研发与应用。随着赛事质量的提升，对于赛事信息化及数据高阶分析的需求将大幅增加，软件的创新也将层出不穷。具体详见二维码。

体育场馆更新改造的主要内容

本章思考题

1. 简述体育场馆基本建设程序。
2. 简述体育场馆规划布局要求。
3. 简述体育场馆空间设计方式。
4. 简述体育场馆工艺设计的内容。
5. 试述体育场馆更新改造的主要目标和主要内容。

CHAPTER 06

第六章

体育场馆要素管理

【本章概要】

　　本章主要介绍体育场馆的人力资源管理、财务管理、资产管理、企业文化建设等核心要素内容，探讨各项管理要素在场馆运营中的实践应用。通过本章的学习，正确理解体育场馆要素管理的重要性及其相关概念，对如何提高场馆效益及运营效率有更全面、更深入的认知，为实际工作中的场馆管理决策提供理论支撑。

第一节　体育场馆人力资源管理

党的二十大报告强调，"人才是全面建设社会主义现代化国家的基础性、战略性支撑""人才是第一资源"。在知识经济时代，随着现代生产方式的改变，人力资源成为现代企业成功的关键因素。人力资源被广大的管理者视为形成核心竞争力的重要手段。在体育场馆运营管理中，员工是体育场馆中最活跃的核心因素，它是体育场馆运营管理的基础，想要实现体育场馆的可持续发展，就必须注重组织对人力资源的管理。

一、体育场馆人力资源管理概述

（一）体育场馆人力资源管理概念

人力资源指人所具有的可以创造价值，并且能够被组织所利用的体力和脑力的总和。人力资源是企业获取竞争优势的决定性因素之一，对"人"的管理尤为重要。人力资源管理即管理组织通过人力资源规划、员工招聘选拔、教育培训、激励考核、薪酬管理等一系列方式来提高组织劳动生产率，最终实现组织发展目标的一种管理活动。

体育场馆人力资源是体育资源的一种重要形式，体育场馆人力资源开发利用的效率，直接影响体育场馆系统的整体运行效果。从体育管理层面看，体育人力资源是由体育场馆支配并加以开发的、对体育场馆效益和发展具有积极作用的员工体力与脑力的劳动能力总和。体育场馆人力资源管理即对员工进行人力资源规划、培训、组织与调配、控制和协调，充分激发员工的主观能动性，提升体育场馆运营效率，实现场馆发展的管理活动。

（二）体育场馆人力资源管理理念

1. 人本管理理念

人本管理理念是体育场馆人力资源管理的重要指导思想。强调以人为本，人是组织中最重要的资源，组织的发展离不开员工的积极参与和贡献。

（1）充分尊重员工的个性和创新能力

每一位员工都具有独特的价值和能力，这些独特性可能是他们在工作中出色发挥的关键。体育场馆管理者应当让员工充分发挥他们的能力。同时鼓励员工创新，员工的创新意识和能力可以帮助体育场馆在激烈的竞争中脱颖而出。

（2）为员工提供发展的机会

员工的职业发展不仅有利于他们的个人成长，也有利于体育场馆的长远发展。体育场馆管理者应当提供各种培训机会，帮助员工提升专业技能，实现自我价值。同时，体育场馆管理者还应当设立明确的职业发展路径，让员工能看到自己的未来，从而提升工作积极性。

（3）关心员工的工作和生活

体育场馆管理者应当创造良好的工作环境，让员工在工作中感到满足和快乐。同时，关心员工的生活，提供合理的福利待遇，使员工能够在工作和生活之间取得平衡，不断提升员工对工作的满意度。

2. 能本管理理念

能本管理理念，也被称为能力驱动管理理念，是以人的能力为本，其总目标是通过采取各种行之有效的方法，最大限度地发挥每个人的能力，从而实现能力价值的最大化。能本管理的实施有以下几个重要方面。

（1）能力的识别和评估

识别和评估员工的技能、知识和能力是能本管理的第一步。这不仅涵盖体育场馆工作中的基本技能，如运动训练、设备操作、安全管理等，还包括跨领域的能力，如团队合作、领导力、沟通能力等。

（2）能力的开发

通过专业的培训和发展项目提升员工的能力，这包括提供相关的技术培训，也包括提供领导力、决策制定、团队合作等软技能的培训。

（3）创造能力导向的工作环境

管理者需要创建一个良好环境，使员工能够全面发挥自己的能力，这包括提供必要的设施和工具，也包括创建一个支持创新和合作的组织文化氛围。此外，建立能力导向的奖励机制，可以有效激发员工工作效能。

（4）能力的持续管理

体育场馆运营管理中需要对员工的能力进行持续管理和跟踪，包括定期的绩效评估、持续的培训和发展，以及对员工的职业规划的指导。

（三）体育场馆人力资源管理原则

1. 系统组合原则

人力资源管理层面包括招聘、培训、薪酬、福利等内容，同时体育场馆中的人力资源管理又是整体管理系统的一个重要的子系统，与其他业务管理层面相互关联。这就要求必须把握系统观，建立起互相协同的工作机制，保证场馆管理整体效能的实现。

2. 激励强化原则

激励是激发员工主动投入工作的内驱力。体育场馆应建立有效的激励机制，充分发掘人的潜力、调动积极性，如通过奖金、晋升、培训、科学绩效考评等措施来提升员工的工作效率。

3. 公正竞争原则

组织管理中竞争机制的引入不仅是获取优秀人才的必备条件，也是激励员工提升自我素质和提高劳动效率的关键方法。竞争是建立在公正的基础上的，无论是招聘、晋升还是薪酬分配，都应公平对待每一位员工，确保员工有公平的竞争机会。

4. 人力资本增值原则

人力资源的价值不仅在于员工的知识、技能和经验，更在于他们的创新能力和学习能力，对其进行合理开发与投资可以提高组织的整体人力资源素质和人力资源效能。

二、体育场馆的员工配置、岗位职责和招聘方式

（一）体育场馆员工配置

由于体育场馆经营项目各不相同，对岗位职责和员工技能的要求也不尽相同，在运营管理中要依据实际情况对体育场馆员工进行合理配置。因此，管理活动是一个动态过程。管理实际中，通常根据以下四种需要进行配置。

1. 根据技能需要进行配置

根据不同职位的技能需要进行人员配置。例如，管理层需要具备良好的管理和决策能力；技术职位需要具备相关技术技能；客服部门的员工需要有良好的沟通能力和服务意识。

第六章 体育场馆要素管理

2. 根据业务需要进行配置

考虑体育场馆的运营需求，对各个部门和职位的人员配置进行规划。例如，安保、清洁、技术支持、物业、客服、活动策划等部门需要不同数量和拥有不同技能的员工。

3. 根据服务内容进行配置

因体育场馆自身条件的差异，很多经营项目在提供的服务内容上会有所区别。例如，有些体育场馆只提供基本的健身服务，而有的场馆还额外提供淋浴、运动康复等服务内容。服务人员配置规模要与服务内容和岗位成正比。

4. 根据日常工作或大型活动进行配置

体育场馆除日常运营管理外，还会不定期承接大型赛事、演唱会、会议会展等各类活动，在此期间，需要依据实际工作内容变化额外增加临时的物业工作人员或志愿者，以便辅助完成安保、清洁、秩序维护与引导、综合性服务等工作。

（二）体育场馆岗位职责

每个体育场馆按其性质、功能分类不同，岗位设置不同，对应的岗位职责要求也不尽相同。依据体育场馆员工工作职能划分，主要岗位的具体职责内容如下。

1. 体育场馆业务管理人员

体育场馆业务管理人员主要是负责场馆运营发展等核心业务的中高层管理人员，其工作职责包括：场馆战略规划、决策；建立、健全体育场馆各项规章制度；组织、指导和监控体育场馆的运营。这些管理人员不仅需要具备专业的知识和技能，还需要有良好的领导力、决策能力、沟通能力和协调能力等。

2. 体育场馆市场运营人员

体育场馆市场运营人员主要负责：市场开发、场馆品牌推广、项目营销、大型活动及其他招商项目；体育场馆产品营销的市场调研与市场预测；制定体育场馆各项目运营政策和各阶段运营计划；建立与维护良好的客户合作关系；市场监察、客户问题处理，建立信息反馈制度。

3. 体育场馆技术人员

体育场馆技术人员主要是指在体育场馆运营过程中，为保障和维持运营活动而提供各种专业技术的辅助人员，具体包括体育场地人员，设施、设备维修与保养人员等。体育场馆技术人员是利用专业技术或设备，对运动场地和配套器材进行布置、安装、调试、维护、清洁和监管等保障性工作的人员。

4. 体育场馆服务保障人员

体育场馆服务保障人员涉及较多，主要有体育教练员、场馆医务人员、救生员、场馆服务人员、运动指导员、保洁员等。此类人员主要职责是为场馆提供服务，如运动指导、健康讲座、急救、场馆指引等，保障场馆顺利运营。除此之外，体育场馆往往会不定期举办赛事活动，也会安排一些维护秩序、协助临时性工作的场馆志愿者。

5. 体育场馆行政人员

体育场馆行政人员主要包括办公室文员、人事人员、财务人员等。办公室文员主要负责处理日常办公室行政事务；人事人员负责场馆的人事管理工作，如人才队伍建设，人员招聘培训、考核激励等；财务人员负责场馆财务管理和会计核算工作。

（三）体育场馆人力资源的招聘方式

员工招聘指为了组织发展的需要，向外吸收具有劳动能力的个体的全过程。在进入招聘流程前，需要制订人才招聘计划。一项明确的招募计划，是为体育场馆招募到合适的人才的重要先决条件，可通过对各岗位进行分析总结，与岗位相关人员进行访谈或问卷调查，并结合历史数据，初步制订出人力资源分配方案。然后在已有资料的基础上，确定岗位需求，进入招聘环节。

招聘岗位、人力需求数量、人员资质要求的不同及招聘费用的限制等，决定了招聘对象的来源与范围的不同，因此招聘渠道的选择也随之不同。主要可通过下列途径和方式来发布招聘信息，实现人员招聘。

1. 内部招聘

体育场馆可以通过内部招聘的方式来填补空缺的职位，这种方式旨在挖掘内部员工的潜力，并为其提供职业发展的机会。内部招聘有利于提高员工的士气，鼓励员工持续提升自己的业务能力，也有助于保留人才。

2. 外部招聘

外部招聘指的是通过招聘广告、人才市场、招聘会、猎头公司等方式招聘新的员工。这种方式可以引入新的思想和经验，有助于增强团队的多样性和创新力。

3. 网络招聘

网络招聘是通过互联网发布职位信息，吸引潜在的求职者。其优势在于覆盖面广，能够接触到大量的求职者，且速度快，可以即时发布和更新职位信息。

4. 校园招聘

校园招聘主要针对即将毕业的学生。校园招聘有助于吸引年轻的、富有活力的新鲜人才，是一种有效的人才储备方式。

5. 事业单位招聘

事业单位类型的体育场馆招聘可通过公开招聘、人才引进、定向（专项）招聘、特殊招聘等方式招聘相应人员。其中，公开招聘是最常见的事业单位招聘方式，如事业单位联考、统考、市县统一招聘等，主要采用笔试+面试的方式进行考核。

三、体育场馆员工培训、绩效评价与职业发展

（一）体育场馆员工培训

1. 员工培训的内容

（1）知识技能培训

知识技能培训需要根据员工岗位进行针对性培训。对于管理层，应注重管理能力、组织协调能力的培养；对于技术人员，需要对运动健康、急救、设备维护管理等方面技能进行提升。

（2）职业道德培训

职业道德培训旨在确保员工明确理解并履行他们的职业责任和行为规范，包括对客户的尊重、保证服务的公正性，以及尊重和保护他人的隐私，还包括对职业标准、行业法律法规的了解及如何处理可能的冲突或者道德困境。培养员工良好的职业道德不仅可以提升场馆的服务质量，也是建立健康工作环境的基础。

（3）安全培训

定期的安全培训是为了确保员工与周围民众的安全。培训内容通常包括了解和遵守场馆内的安全规则和程序，如急救技巧、火灾应对、紧急疏散路径和程序等。此外，还可能包括设备操作和维护的安全措施，以及对公共卫生和清洁度的重视。

（4）组织文化培训

体育场馆的组织文化培训旨在向员工传达并强化组织使命、价值观、期望

的行为模式、工作态度和团队精神等。组织文化是影响员工日常工作和互动方式的无形力量，对场馆的绩效、客户满意度、员工满意度和整体品牌形象具有重大影响。

2. 员工培训的方式

（1）岗前培训

员工岗前培训旨在为员工提供其新岗位需要的知识、技能和行为规范，确保新员工能够顺利地融入工作。培训内容涉及：了解组织价值观、愿景等，以培养员工的企业文化认同感；了解场馆情况、规章制度、工作环境、行为规范；根据具体职位，员工可能需要接受特定的技能培训，如体育设施管理、安全保障、客户服务技巧、团队协作等。

（2）在职培训

在职培训的目的是使员工在职务上不断进步，提高其工作效率和质量，进而提高体育场馆的整体运营效率和服务质量。它有助于保持员工的满意度，减少人员流动，并增强员工的职业承诺。在职培训通常围绕技能提升、知识更新、职业发展、团队建设等方面展开。

（二）体育场馆员工绩效评价

1. 绩效评价的目的

绩效评价是促进企业发展、激发员工的工作积极性和创新性、激励员工提升工作效率和能力的重要工具。绩效评价有助于为员工制定科学合理的工作目标；评估过往绩效可对员工或团队过去的工作进行总结和评估，员工可以了解自己的工作情况，有助于他们找到改进自己工作表现的方法；通过对员工的绩效评价，组织可以更清楚地了解每个员工的能力和贡献，从而根据评价结果对人力资源进行优化分配，还可了解员工的素质、知识、能力等，作为培训决定的依据和判断培训效果的方法，亦可以协助制定员工个人职业发展的规划；科学的绩效考评，可作为奖罚的基础，帮助组织建立激励机制，促进企业内部的公平。

2. 绩效考评的一般程序

（1）建立考评目标

在考评期开始时，需要与员工一起明确工作目标。这些目标应与体育场馆的整体战略目标一致，可衡量且具有一定挑战性。同时，目标应该是具体、明确、可实现、相关性强且有时间限制的。

（2）实施考评工作

在此阶段，员工开始执行他们的工作，努力实现设定的目标。经理或主管应提供必要的支持和指导，包括提供资源、解决问题，以及提供反馈。

（3）中期检查

在考评期的中间阶段，考评人应对员工进行中期检查，了解他们目标实现的进度，评估他们的工作表现，提供反馈，必要时更新或调整目标。

（4）绩效评估

考评人对员工的工作表现进行正式评估。这应该基于员工是否达到了设定的目标，以及他们如何达到这些目标。应尽可能地使用具体数据来支持他们的评估。

（5）反馈和发展讨论

考评人需要与员工进行反馈和发展讨论，识别他们的强项和需要改进的地方。根据讨论的结果，制订下一步工作计划，以改进他们的工作表现和提升他们的职业发展技能。

（三）体育场馆员工职业发展

1. 职业生涯管理原则

（1）利益整合原则

在进行职业生涯规划时，需要兼顾员工个人的发展目标和组织的整体目标。规划不仅需要帮助员工发展个人职业生涯，同时也应符合组织的长远利益和发展策略。

（2）动态目标原则

职业生涯规划的目标不是固定不变的，应该随着员工个人发展和组织需求的变化进行调整。

（3）协作进行原则

职业生涯规划是员工和组织共同参与的过程。员工需要表达自己的职业目标和发展需求，而组织则需要提供适当的支持和资源。

（4）公平公开原则

每个员工都应该有平等的机会参与职业生涯规划，并且在获取资源和机会上得到公平的对待，过程中相关信息应对所有员工公开，以便增加透明度并增强员工的信任感。

（5）全面评价原则

职业生涯规划的效果需要通过全面、客观、公正的方式来评价。评价应该考虑多方面的因素,包括员工的满意度、职业发展情况,以及组织的整体效益等。

2. 职业生涯管理活动

职业生涯管理活动是个人与组织相互配合与协调的活动。个人职业发展规划是一个自我管理和自我提升,且需要长期投入和持续努力的过程,主要包括设定长期和短期职业目标、识别自己的技能和兴趣、发现和利用潜在的职业机会,以及实施和调整职业发展策略等步骤。

此外,组织对员工的职业发展管理也是影响员工和组织发展的重要内容。员工职业发展管理活动的主要目标是协调员工的个人需求与组织的需求,使人才能够充分发挥其潜力并极大地提升员工的积极性。在体育场馆的管理过程中,员工职业发展管理通常包括以下几个环节。

(1)员工职业规划

从员工入职之初,管理者就应该明确规划员工的职业发展路径,包括长期职业目标和短期工作目标。这个规划应基于员工的能力、兴趣和组织的需求来制定。

(2)培训和发展

体育场馆需要提供各种培训和发展活动,以提升员工的专业技能和管理能力。包括技术训练、管理训练、沟通技巧培训等,以便员工自我提升,更好地服务于场馆。

(3)绩效评估

体育场馆需要定期进行员工的绩效评估,以了解他们的工作效果及是否实现了设定的目标。通过绩效评估,管理者可以发现员工的长处和短板,并据此制定改进措施。

(4)提供职业发展机会

体育场馆应为员工提供职业发展的机会,如晋升和内部转岗等。员工可以通过这些机会实现他们的职业发展目标。

(5)职业咨询

体育场馆应提供职业咨询服务,以帮助员工了解自身的职业发展方向并提供相关的职业发展建议。

(6)福利和激励

体育场馆需要提供适当的福利和激励机制,以刺激员工的职业发展。这包括发放工资奖金、改善工作环境、赋予员工更多的责任和权利等。

第六章 体育场馆要素管理

（四）体育场馆人力资源开发的方式

科学合理的人力资源开发与管理，可以实现人力资源使用价值的最大化，这不仅有利于营造企业文化，也是体育场馆人力资源开发的主要目标。为尽可能激发员工的工作积极性，可采取以下途径。

1. 树立榜样人物

榜样人物，也称英雄人物。在已形成一定文化的企业中，总是有一些人备受同事尊重和推崇，企业的核心价值观在他们身上能得到集中体现，如李宁公司将创始人李宁的经历与公司发展历史相融合，体现出"超越自我才能赢得比赛"的企业核心价值观，强化李宁的精神领袖作用，使"一切皆有可能"的品牌精神始终贯穿在李宁品牌的发展历程中。

因此，树立和宣传榜样人物是体育场馆人力资源开发的一种方式。这些榜样人物通过他们的出色成绩、高尚品德和先进事迹等，向其他员工展示了端正的工作态度和明确的努力目标，以一种更为直观的方式传递了企业文化的核心价值观，并借此激发广大员工的工作积极性和主动性，依托企业核心价值观的传承培养一批批合格的企业员工。

2. 制定组织仪式

组织仪式是一种独特的、能够传递企业文化信息的有效载体，主要包括各种例行活动，如庆典活动等。这种传统的组织仪式对于员工的行为具有模式化的规范作用，而且对员工的人格完善和道德修养具有良好的促进作用。

体育场馆人力资源管理在组织仪式方面，有着许多可以开发的内容，比如人员的招聘方式、录用过程、解雇程序、奖励形式等。形成规范的组织仪式，有利于体现、巩固和强化企业的核心价值观，激发员工团队意识，树立良好道德规范。

3. 员工个体文化素质开发

人力资源是一个可以量化的概念，可以用更为具体的数量多少、素质优劣进行辅助说明。对于体育场馆而言，一旦确定了核心价值观，就应该在其指引下按部就班地对员工的个体文化素质进行开发。

员工个体文化素质的开发，应当从其受教育程度、文化水平、知识储备、技能熟练程度、道德水准等方面进行综合考虑。在开发的过程中，不但要使员工达到目前体育场馆经营的一般要求，还要形成一种自主学习的文化导向，将视线放在企业未来发展的员工素质需要之上。对此，管理人员要不断强化员工身上积极的、有益的元素，使之不断放大，最后形成合力，为体育场馆的发展提供高素质的人力资源支撑。

第二节　体育场馆财务管理

随着体育场馆融资方式及运营模式的多元化，越来越多的社会资本介入体育场馆的建设与运营中，体育场馆既要实现其社会效益，也要兼顾经济效益。有效进行体育场馆财务管理是提高体育场馆资源利用效率并降低体育场馆财务风险的重要措施，因此，体育场馆财务管理是体育场馆要素管理领域内重要的研究内容。

一、体育场馆财务预算管理

（一）体育场馆财务预算概述

财务预算管理是现代企业及事业单位预算管理的核心组成部分，是指在经营预算及资本预算的基础上，对其现金流量所做出的安排。实行财务预算管理是现代化企事业单位的迫切需求，对于实现目标、打破传统管理职能，提升其计划、组织、控制及协调管理能力具有重要意义。

体育场馆财务预算管理是指对体育场馆现金流量进行组织与控制，并正确处理体育场馆与各方财务关系的一项经济管理工作。目前，我国体育场馆的主要运营管理模式为事业单位管理模式。2022年，财政部修订《事业单位财务规则》，明确指出我国事业单位应进行预算管理，根据事业发展目标和计划编制年度财务收入与支出计划。事业单位收入预算内容包括财政拨款、拨入专款、事业收入、经营收入等；支出预算包括拨出经费、事业支出、经营支出、基本建设项目支出等。进行有效的财务管理不仅可以提高场馆资源的利用效率，同时还可以降低场馆的财务风险。对现金流量的统计，既可以作为对体育场馆以往经济活动过程和结果的说明，还可以作为对体育场馆未来经济活动进行控制和监督的依据。

（二）体育场馆财务预算分类

1. 营业活动预算

营业活动预算是体育场馆预算管理的核心内容，是对体育场馆预算期内进行的各种营业活动所编制的预算。体育场馆营业活动预算涉及的内容包括体育场馆的目标利润、主营业务收入及成本预算,营业、财务、管理费用预算,以及税收费用支出等。

2. 运营成果预算

运营成果预算是指体育场馆针对某一预算期内的利润预估以及利润分配方式所编制的预算,不仅可以实现体育场馆利润的合理分配,而且也是对预算期内场馆营业活动结果及业绩的检测。

3. 投资活动预算

投资活动预算是对体育场馆在某一预算期内进行的各种投资活动所编制的预算,可以分为对内投资预算和对外投资预算。对内投资主要是指新增固定资产等长期资产的投资,如购买大型体育器械等;对外投资是指以现有资产对外进行投资的行为。

4. 筹资活动预算

筹资活动预算是指对体育场馆在某一预算期内进行的各种筹资活动所编制的预算,按照筹资活动的时间期限不同,可以具体分为长期筹资预算和短期筹资预算。

5. 现金流量预算

现金流量预算是体育场馆在某一预算期内对其现金的流入量、流出量及净流量所编制的预算。体育场馆现金流量预算涵盖体育场馆营业活动、运营成果、筹集及投资等各项具体活动的现金流量预算。

6. 财务状况预算

财务状况预算是体育场馆在某一预算期末对其资产、负债和所有者权益的构成情况所编制的预算。财务状况预算是对体育场馆在某一预算期内经济活动过程及其结果的综合反映。

(三)体育场馆财务预算编制

财务预算管理作为体育场馆管理者的一种科学高效的管理方式,既可以细化场馆的运营目标,同时可以明确场馆各部门之间的分工,有效提高场馆的管理水平。体育场馆应以场馆主要营业活动为核心,并且以筹资和投资活动为辅助进行预算编制。具体可以分为如下步骤:第一,确定体育场馆目标利润。应结合场馆的实际情况,以及以往的营业利润水平,预测预算期内场馆的营业利润,并以此为依据,确定体育场馆的目标利润。第二,编制体育场馆营业活动预算。围绕场馆的主要营业活动编制主营业务收入预算、成本预算及管理费用预算。第三，编制融资及筹资活动预算。在场馆营业活动预算的基础上，进一步完善辅助性的融资和筹资活动预算。第四，编制其余预算。在已有预算内容的基础上，进一步编制运营成果预算、现金流量预算、财务状况预算等。

二、体育场馆收入管理

（一）体育场馆收入分类

1. 按经营项目分类

（1）主营项目收入

主营项目收入是体育场馆通过对外提供场馆服务获得的收入，具体包括场馆场地租赁、运动器材租赁、体育培训服务等。

（2）辅助项目收入

辅助项目收入指体育场馆依托场馆开设相关服务获得的收入，如某些大型综合体育馆可能会配有多功能区（运动康复区、餐饮区等），可以通过康体、酒水等项目获得收入。

（3）衍生项目收入

衍生项目收入是体育场馆进行 IP 开发，生产带有体育场馆标志物的商品并进行售卖所获得的收入。例如，北京工人体育场在改造复建工程开始之前，将球场草皮切割后制作成纪念品对外发售。

2. 按收费时间分类

（1）即时收入

即时收入指顾客在消费开始或结束时进行付费，体育场馆立即得到的并可即时支配的营业收入。

（2）预收收入

预收收入指顾客在消费之前预付一定的消费金额，在实际消费时冲减的营业收入。如采用会员卡消费制度，顾客预付一定的金额获得会员卡后，每次消费时直接签单即可。体育场馆实行会员卡消费制度时，还可以附带一些优惠策略，以吸引顾客办卡。对体育场馆来说，预收收入的优势明显，体育场馆可以在集中的一段时间内获得较为大量的资金及较为稳定的客源，为体育场馆的运转和利用资金的时间价值提供了机会，并能保持营业收入的稳定。

3. 按计价方式分类

（1）计时收入

计时收入是依据顾客消费时间收费而形成的营业收入。许多体育项目是以出租设备使用权的形式来经营的，因而采用计时收费的方式，如篮球场、羽毛球场等。

（2）计数收入

计数收入是按顾客使用服务设备或消费产品的数量收费而形成的营业收入，适用于一些便于统计数量的体育项目，如冰壶馆按照投壶次数计费。

4. 按消费群体分类

（1）散客收入

散客收入是顾客以较少人数为单位租用体育场馆内的部分场地，在体育场馆内进行一系列消费而为体育场馆带来的收入，这部分收入是体育场馆的日常收入来源。

（2）包场收入

包场收入是顾客由于人数众多而选择将体育场馆内所有消费场地整租而为体育场馆带来的收入。体育场馆在提供包场服务前，需要对包场收入与散客收入之间的利润进行对比计算，合理制定包场价格。同时，在与包场顾客达成包场协议后，如企事业单位长期包场等，体育场馆应即时发布包场时间的通知，以避免影响其他顾客的时间安排，造成客户流失。

（3）运动队收入

以足球项目为例，我国中超联赛中的球队会在俱乐部当地选择一座足球场作为球队主场。体育场馆成为球队的主场后，球队向体育场馆支付大额租金，而体育场馆需要为球队提供训练保障，将球队的需要置于首位。

（二）体育场馆收入核算

1. 单体项目营业收入核算

单体项目是指独立经营的单个项目。如篮球馆、羽毛球馆、游泳馆、健身房、台球厅等，这些场馆主要以单个体育项目为营业内容，除此之外，可能有一定的配套辅助设施，如餐饮服务区、特许商品店、酒店、旅馆及酒吧等。其营业收入多以单一业务为主，主营、副营收入结合。主营收入是场馆体育项目的客人消费收入，如体育场馆的门票收入、场地租赁收入等；副营收入是指为顾客提供

服务项目而获得的收入,如餐饮服务收入、商品销售收入等。单体项目营业收入核算公式为:

$$单体项目营业收入 = 单体项目主营收入 + 单体项目副营收入$$

$$单体项目主营收入 = \Sigma 各项主营收费项目收入$$

$$单体项目副营收入 = \Sigma 各项副营收费项目收入$$

2. 分类项目营业收入核算

分类项目营业收入核算是在单体项目收入核算的基础上,将单体项目的核算资料和原始记录分别归入不同类别的收入核算方式,常见的收入分类主要包括康体健身类、休闲放松类、餐饮类等。收入核算会计针对收入的原始记录进行逐项核对、审查、登记、算账后,即可按分类项目核算出体育场馆的营业收入。分类项目营业收入核算公式为:

$$分类项目营业收入 = \Sigma 分类单体项目营业收入$$

$$分类单体项目营业收入 = \Sigma 同类单体项目主营收入 + \Sigma 同类单体项目副营收入$$

3. 营业收入结构核算

营业收入结构核算指在一定时期内(月、季、年),体育场馆单体项目收入占分类项目收入的比率。在单体项目和分类项目营业收入核算基础上,进行分类汇总以及计算,即可得出体育场馆的收入结构。体育场馆收入结构核算公式为:

$$营业收入结构 = \frac{单体项目营业收入}{分类项目营业收入} \times 100\%$$

4. 营业收入季节比率核算

营业收入季节比率核算是指体育经营项目的单一季节收入占全年总收入的比率。通过核算体育场馆营业收入季节比率,可以分析场馆经营状态的季节变化,有利于场馆进行合理的人力、财务等资源的分配,还可以为场馆工作计划编制及管理层组织决策提供参考依据。营业收入季节比率核算公式为:

$$营业收入季节比率 = \frac{季节营业收入}{全年营业收入} \times 100\%$$

三、体育场馆经济效益分析

(一)体育场馆经济效益的概念与核算方式

体育场馆的经济效益是在一定的期限内,体育场馆的劳动所得扣除劳动占

第六章 体育场馆要素管理

用和劳动消耗后的余额。体育劳动占用主要包括财产资金、物资用品、设施设备、劳动力的占用等；劳动消耗主要指在场馆经营服务中的人力、物力、财力消耗。体育场馆经济效益的表现形式可以分为两种。利润额和附加价值。

1. 体育场馆利润额核算

体育场馆的利润额及其相关指标包括利润额和利润率、毛利额和毛利率、成本利润率、资金利润率等。利润是指场馆营业收入扣除营业成本、人工成本、经营费用以及税金后的余额，反映了体育场馆的盈利能力。体育场馆利润额的计算公式为：

利润额＝营业收入－营业成本－人工成本－经营费用－税金

2. 体育场馆附加价值核算

附加价值指体育场馆劳动力创造出来的新增价值。附加价值是营业收入扣除营业成本、经营费用后的余额，反映了体育场馆管理者组织员工劳动所创造的新价值。体育场馆附加价值计算公式为：

附加价值＝营业收入－营业成本－经营费用＝人工成本＋利润额＋税金

（二）体育场馆经济效益的影响因素

1. 体育场馆场地设施规模

体育场馆以提供场地设施服务为主要的营收手段，体育场馆所拥有的场地设施规模，具体包括场地面积、设施数量等硬性条件，都会影响体育场馆的收入，进而影响体育场馆的经济效益。一般而言，拥有较大的面积和设施数量的体育场馆容易吸引更多的顾客前来消费，从而产生更多的营业额。

2. 体育场馆场地设施质量

除了面积和数量，场地设施的质量也会影响体育场馆的经济效益。以游泳馆为例，游泳池的水质越好，越能提升顾客前来消费的意愿，从而实现体育场馆经济效益的增长。游泳馆配套的淋浴间的设施条件，具体包括水温、出水量、卫生条件等，也会影响回头客的数量，进而影响体育场馆经济效益。

3. 体育场馆定价合理程度

体育场馆内各项目的定价越合理、越适应其目标市场的顾客需求，越可能带来更高的经济效益。体育场馆在制定场租价格及相关配套服务价格前，应对市场进行全面调研，了解市场行情，基于场馆设施的专业程度和目标客户群体的消费水平，制定相应的梯度价格，尽可能覆盖更多的消费者人群，提高场馆利用率和接待顾客人数，提升体育场馆经济效益。

4. 体育场馆人员服务水平

体育场馆在营业过程中需要有工作人员在现场维护正常的运营秩序，这部分人员与顾客有直接的接触，会直接影响顾客对体育场馆的印象。专业的人员服务水平会让顾客有良好的消费体验，提高顾客二次消费的概率，保障稳定的客源，是保障体育场馆经济效益稳步提升的重要因素。

5. 体育场馆通勤便利条件

在修建体育场馆前，应仔细衡量体育场馆的选址，具体包括周边交通条件、附近人群密度等。一般而言，建立在城市中心的体育场馆相比于建立在市郊的体育场馆更易获得较高营业收入，这是由于城市中心人口基数大，有运动需求的人群相对占比也较高，顾客在选择体育场馆进行运动锻炼时，会将时间成本和通勤便利性等因素纳入考虑范围，更易通达的体育场馆将获得更多的顾客，也能获得更高的经济效益。

（三）体育场馆提高经济效益的途径与方法

1. 合理使用体育场馆资源，提高体育场馆有效利用率

工作日的白天，尤其是大中小学开学期间，大部分体育场馆的客流量会大幅度降低，然而体育场馆的营业成本是一直存在的，如何在淡季提高收入以覆盖成本，是体育场馆运营方需要考虑的重中之重。合理使用体育场馆资源，提高体育场馆有效利用率，是首要的提高经济效益的途径和方法。在淡季，可以减少营业日期或缩短当天营业时间，避免空场所带来的成本纯消耗。此外，还可以在淡季和旺季分别制定不同的消费价格，在保证成本覆盖的前提下，淡季定价可以在旺季定价的基础上稍微降低一部分，从而尽可能吸引客源。

2. 定期制订营销活动，提高资金使用效率

体育场馆在维持日常运营的基础上，可以定期开展一些营销活动，以吸引顾客的关注。实行会员卡制度是目前市面上大多数体育场馆所采用的行之有效的促销方法，通过会员卡充值赠送等活动，刺激顾客消费，同时能给体育场馆带来大量的流动资金，便于体育场馆对经费的统筹和使用，提高资金的使用效率。

3. 提升场馆服务质量，注重客户口碑宣传

良好的场馆设施及场馆服务能给顾客提供良好的消费体验，能够在很大程度上留住顾客。此外，大多数体育运动都需要同伴协同，因此，提升场馆服务质

量，在顾客群体中树立业界口碑，有利于借助客户口碑产生"一传十，十传百"的效应，提升场馆知名度，吸引更多潜在客户。

4. 降低能源和人工成本消耗，提高劳动效率

体育场馆设施一经建成、投入使用，其成本费用以人工成本和水电能源消耗为主，对于体育场馆设施器材的维护和更新相对较少。因此，合理使用员工，在保证满足接待服务需要的前提下，降低人工成本，同时节省水电等能源消耗，也是体育场馆提高经济效益的有效途径和方法。

第三节 体育场馆资产管理

体育场馆资产管理是体育场馆运营管理中重要工作内容之一，是一种系统化、结构化的管理活动。其目标是通过对资产的高效运营管理降低运营成本，提高资产使用效率，提升体育场馆品牌价值，从而实现经济效益和社会效益的双重提升。

一、体育场馆资产管理概述

（一）体育场馆资产管理的概念

资产是指由主体过往的交易或事项所形成的、由主体拥有或者控制的、预期会给企业带来经济利益的资源。资产主体的属性是多元的，不仅是企业，还包括各种政府部门、事业单位和社会组织等。体育场馆资产则指体育场馆所有者拥有的或控制的，由过去的事项或管理活动所形成的，预期会带来经济效益或社会效益的各类资源，如体育场馆建筑、体育器械设备、体育场馆冠名权、体育场馆特许经营权等资源。

体育场馆资产管理作为一个专门领域，其发展历史并不长。早期体育场馆主要是由公共部门运营和管理，其管理模式多为直接、简单地对资产的维护和利用。随着体育产业化和市场化进程的推进，体育场馆管理逐步专业化，人们对体育场馆资产的价值认识逐步深化，并尝试采用现代化的管理理念和方法来提高资产的使用效率和经济效益。资产管理是以资产为管理对象而进行的有组织、有计划的协调和控制的过程。综上所述，体育场馆资产管理是指对体育场馆的各项资产进行全面的规划、组织、协调和控制，以实现资产的利用最大化和价值最大化的活动过程。

（二）体育场馆资产管理的意义

1. 优化资源利用，提高运营效率

通过科学的资产管理，可以实现体育场馆各类资产的最优配置和使用，避免资源的浪费和冗余。通过精细化管理，最大程度地利用场馆内的各种资源，从而提高效率、节省成本，并促进场馆持续改进和创新。

2. 实现资产保值与增值，提升场馆效益

通过场馆有形与无形资产的开发与利用，如场地空间、体育器械、场馆品牌、知识产权等，不仅可以有效保护这些资产的价值，避免其被侵犯和流失，同时通过合理的投资和运营，还可以增加体育场馆的资产价值，提高其经济效益与社会效益。

3. 提升服务供给质量，促进可持续发展

体育场馆资产有效配置与运营是向大众提供高质量服务的基础保障，尤其对于公共体育场馆来说，资产管理是实现其公共服务使命的重要工具。有效的资产管理可以确保公共体育场馆能够满足公众的需求，提供公平、安全和高质量的体育服务，从而提升其社会公益价值，实现体育场馆可持续发展。

二、体育场馆资产分类

（一）按照资产是否具有具体形态划分

1. 有形资产

有形资产就是有一定实物形态的资产。它主要包括房屋、机器、设备等。有形资产有广义和狭义之分，广义的有形资产包括主体拥有的资金、建筑、产品、办公设备、人才信息等一切生产要素；狭义的有形资产通常是指企事业的固定资产和流动资产。体育场馆有形资产包括体育场馆单位的场馆建筑、体育设施、资金、数据等。有形资产是体育场馆运营的基础，对体育场馆的服务质量和经济效益具有直接的影响。

2. 无形资产

无形资产是相对有形资产而言的，是指在生产、经营和管理过程中使用的，不具有实物形态的非货币资产，属于一定的权利主体，能给权利人、使用人带来经济收益。

第六章 体育场馆要素管理

(二) 按照资产是否参与经营划分

1. 体育场馆经营性资产

体育场馆经营性资产是指能够通过资本运营、为场馆带来资产增值的资产。如供人们进行体育活动的场地；各类体育器材、音响设备、灯光设备等，用于提供良好的体育场馆环境；与其经营活动相关的知识产权，如商标、专利、版权、体育场馆的经营权和特许经营权等各类资产。

2. 体育场馆非经营性资产

体育场馆非经营性资产指那些不用于或不直接用于体育场馆经营活动，产权属于国家的资产。一般来讲，事业类型场馆管理机构的资产大多属于非经营性资产，即不以营利为目的的各种资产，体现了场馆的公益性。

对于体育场馆经营性与非经营性资产的区分，主要依据产权所属主体进行判断。如我国大部分大型体育场馆属于事业单位，其体育场馆所占用的土地、建筑物、体育设施设备等归属于国家的资产都是非经营性资产，这些资产的使用不以营利为目的，如体育场馆、体育设施可以免费向公众开放使用。但对于企业性质的体育场馆，企业可以将其所拥有的体育场地、体育设施、现金、无形资产等投入运营当中，并为之带来经济效益，这些资产则属于经营性资产。

(三) 按照资产使用期限长短进行划分

1. 流动资产

流动资产指的是在一年内或一个正常营业周期内有望变现、交换其他资产或消耗的资产，主要为交易目的而持有。体育场馆流动资产包括体育场馆的备用金或库存现金、所拥有的各类银行存款、体育场馆出售产品后应从购买方收回的款项、体育场馆根据购货合同提前支付给供应商的定金或部分货款等。流动资产具有周转速度快、变现能力强、波动性大等特点。

2. 非流动资产

非流动资产是指那些变现周期超过一年或一个营业周期以上的资产。非流动资产包括长期投资性资产、固定资产、无形资产、递延资产和其他长期资产。长期投资性资产是指不准备随时变现、持有时间超过一年以上的投资性资产。固定资产是指使用期限在一年以上，单位价值在规定的标准以上，并在使用过程中保持原来物质形态的资产，包括房屋及建筑物、机器设备、运输设备、工具器具等。

三、体育场馆资产运营方式

（一）经营性资产运营方式

1. 建立混合所有制经济

在国家大力推进供给侧结构性改革的大背景下，存量场馆市场化和新建场馆有效供给是体育产业发展新常态下亟须解决的两大问题。在新发展阶段，具有一定经营能力的大型体育场馆越来越多地进入市场化运营的行列中。大型国有体育场馆实施混合所有制，可以引入新的战略投资者，解决融资难题，有利于先进管理制度的引进，促使场馆经营者增强市场竞争意识，加强运营内容建设。

混合所有制经济施行模式较为多样，如大型国有体育场馆挂牌新三板、大型体育场馆PPP模式、资产证券化、股权众筹模式等。我国体育场馆也已开始陆续尝试混合所有制经营，例如，国家速滑馆是北京2022年冬奥会标志性场馆，是北京冬奥会首个采用PPP模式进行建设的场馆。此项目由华体集团、北京首都开发控股集团、北京城建集团、北京住总集团4家单位组成的社会资本联合体中标。北京市国有资产经营有限责任公司（以下简称"国资公司"）作为政府出资人代表，与中标的社会资本成立"北京国家速滑馆经营有限责任公司"，实际建设运营该项目。国资公司作为国家速滑馆的政府出资方代表，投资额占比49%，社会资本联合体投资额占比51%。项目合作期为30年，其中，建设期约3年，奥运服务期约2年，赛后运营期约25年。

2. 国有资本投资公司运营场馆资产

具有经营性的大型体育场馆企业属于公益类国有企业。国有企业划分为公益类和商业类，通常认为竞争行业的国有企业属于商业类国有企业，公益类国有企业以保障社会民生、提供公共产品和服务为主要目标，可以采取国有独资形式。依据国有资本投资公司演变的历史和实践的进程，国有资本投资公司的运行模式大致分为四类：第一类是经营控制型，即通过强有力的总部功能来协调和随时支持业务单元的经营，监控业务单元的关键财务和运营指标。第二类是职能控制型，即制定或修正业务单元战略并领导其执行，每月详细审阅业务单元财务和经营业务表现。第三类是战略控制型，即设定总体战略方向，并通过各业务单元之间的协同效应创造价值。第四类是财务控制型,即专注于通过兼并收购来优化业务组合,重点控制业务单元的投资回报。

针对我国大型体育场馆企业,如何利用国有资本投资公司运营场馆资产应根据场馆的具体情况而定。第一,由大型体育场馆国有资本投资公司独立投资新建的大型体育场馆,在场馆建成后的运营初期(通常是3~5年),应采取经营控制型和职能控制型混合模式。待场馆运营出现微利后,一是采用转让场馆一定比例股权的方式,引入新的投资方,此时,管理控制模式逐渐转向战略控制型;二是采用出售特许经营权或托管的方式引入合作方,此时,管理控制模式逐渐转向财务控制型。第二,由大型体育场馆国有资本投资公司与社会资本合作新建的大型体育场馆,其管理控制模式应为战略控制型和财务控制型混合模式。第三,对于盈利较强的存量大型体育场馆,国有投资公司管理控制模式应为战略控制型和财务控制型混合模式;对于盈利较弱的存量大型体育场馆,国有投资公司管理控制模式应为经营控制型和职能控制型混合模式。

(二)非经营性资产运营方式

在我国,一般大型体育场馆中的资产多属于非经营性国有资产。共享共用机制和内部市场化运营模式是以公共服务为导向的大型体育场馆非经营性国有资产运营机制优化的必要路径。

1. 共享共用机制

大型体育场馆非经营性国有资产共享共用是场馆资产使用与管理的一种形式,即通过共同使用、重复利用、高效使用等科学化、精细化、集约化的管理方式和手段,对各类闲置、在用、处置、稀缺、新增等存量和增量资产加以充分利用,以提高资产使用效率和效益,防止浪费、节约资源。大型体育场馆非经营性国有资产共享共用机制,是场馆资产管理部门为实现资产共享共用目标而建立的职责机构、制度规范、管理方式,以及相应的运行、保障、监督措施和工作流程的总称。

大型体育场馆非经营性国有资产共享共用机制的制度设计涉及:一是目标责任机制,即明确机制运行的职责机构及确立相应的资产共享目标,并建立补偿激励机制,发挥资产共享引导作用;二是操作运行机制,即按照共享的目标要求,通过建立和运用"统筹协调、市场方式"制度,搭建共享共用平台,对场馆资产资源进行整合利用;三是基础保障机制,即设立专业的场馆国有资产管理人员进行管理,并制定资产综合管理办法,资产配置、使用、处置等相关配套制度及操作规程，同时，还应有共享共用特定用途时的制度规范，以及通过日常管理来保障场馆资产共享基础信息数据统计的准确性；四是监督反馈机制，确定共享共用资产绩效管理目标，对场馆资产共享共用产生的效率和效益进行综合评价。

互联网时代为大型体育场馆非经营性国有资产共享共用机制的探索提供了强有力的条件。例如，同属于一个体育中心或体育公园的多个体育场、体育馆、游泳馆建立内部管理信息系统，由专人负责中心（或公园）不同场馆之间非经营性国有资产的调配。同样地，同属于一个行政区域或体育产业园内的非经营性场馆国有资产之间亦可形成一个共享共用管理系统。亦可以由多家非经营性场馆国有资产管理者共同组建体育场馆网络共享平台，以便实现对体育场馆非经营性资产信息的发布和更新，让平台上的各家场馆能够最大程度地合理配置和使用存量的非经营性场馆资产、软硬件和网络。

2. 内部市场化运营

公共服务领域中的内部市场化运营模式是由公共部门提供并负责生产，将提供公共产品和服务的部门人为地划分为生产者和购买者两方，建立模拟市场展开内部竞争，并用明晰的委托代理关系来限制公共服务提供者的权力，以提高公共服务效率和质量的方式。这对承担公共服务功能的大型体育场馆非经营性国有资产的运营同样适用，可以有效解决场馆事业单位运营机制不活、职责不清、反应迟缓、效率低下的通病。

大型体育场馆非经营性国有资产内部市场化运营中，需要注意如下几个内容。一是场馆资产的运营要有明确的提供者和购买者；二是场馆资产的内部市场化须签订商业契约和合同；三是建立内部价格机制，即将场馆内部的各业务主管部门、职能科室所提供的产品或服务，转化为用内部价格衡量的价值或为上下交易环节所认可的商品，使产品或服务有量可计、有价可依；四是场馆资产的内部市场化须用严格绩效考核制度评价运营效果。

大型体育场馆非经营性国有资产内部市场化运营的步骤如下。首先，全面启动国有体育场馆非经营性资产清产核资工作，建立资产数据库。依托国家体育总局和地方体育局展开普查，全面了解和掌握全国国有体育场馆非经营性资产的总量、地区分布和结构分布，对国有体育场馆资产账实不符、盘亏和盘盈的情况，按照规定程序进行资产的确认。同时，建立国有体育场馆资产管理数据库，为推进下一步内部市场化运营模式试点做好基础性工作。其次，选取典型场馆进行非经营性国有资产内部市场化运营模式试点，进而制定内部市场化的运营标准流程和制度设计。最后，将场馆非经营性国有资产内部市场化运营模式扩展应用到全国的体育场馆非经营性国有资产的运营中。

第四节　体育场馆企业文化建设

"文化兴国运兴，文化强民族强"。习近平文化思想明确了新时代文化建设的路线图和任务书。文化建设与创新是新时代我国体育场馆现代化发展的核心内容，优秀的企业文化成为引领企业未来发展的灵魂。体育场馆企业文化建设对内服务于体育场馆日常管理工作、着力培育和践行社会主义核心价值观，对外传达中国体育精神，讲好中国故事，增强中华文明传播力和影响力。加强体育场馆的企业文化建设，促使体育场馆在管理体制、指导思想、经营战略、管理方式等方面不断更新，从而使其不断增强自身的市场竞争力。

一、体育场馆企业文化构成及功能

体育场馆企业文化是体育场馆经营管理实践不断积累和形成的价值理念、思维方式及管理机制的总和，在很大程度上影响着场馆日常管理工作的发展方向。它是体育场馆的灵魂，是场馆日常管理不断改善和提高的不竭动力。

（一）体育场馆企业文化概念

1. 企业文化

企业文化也称"公司文化"或"组织文化"，它作为一种亚文化现象，是随着企业的产生和发展而产生的，历经了科学管理阶段、行为科学管理阶段和管理理论丛林阶段，而后在世界各国兴起，是现代企业管理科学逻辑发展的必然结果。

关于对企业文化的理解，目前有许多种观点。美国学者特伦斯·迪尔和艾伦·肯尼迪在《企业文化——企业生活中的礼仪与仪式》中指出，"企业文化由价值观、神话、英雄和象征凝聚而成，这些价值观、神话、英雄和象征对公司的员工具有重大的意义"。另外一种观点认为，"企业文化是指企业在建设和发展中所形成的物质文明和精神文明的总和，包括企业管理中硬件与软件、外显文化与隐形文化（或表层文化和深层文化）两部分"。

2. 体育场馆企业文化

现代体育场馆除了承担较多公益性事务外，其本身是一个经营实体。无论哪种类型的体育场馆，汲取和运用先进的企业管理知识的水平，决定了其自身未来发展的空间及其在市场上的地位。因此，在现阶段提出体育场馆企业文化的概念，符合当前体育场馆建设和管理的需要。

当代国内外体育场馆在建设企业文化的实践中已有多年的发展历程，许多大型的体育场馆都形成了自己独特的企业文化。早在1984年，诺坎普球场就建有巴塞罗那俱乐部博物馆，并相继成立博物馆艺术基金会。在伦敦温布利体育场里面，陈列墙上的一幅幅老照片向人们展示了体育场自身的悠久历史，6分钟的宣传片，尽管没有一句解说词，但那些经典的比赛瞬间向每一位参观者传递了体育场独具的文化魅力。国家速滑馆，又名"冰丝带"，作为北京2022年冬奥会标志性场馆，其与国家体育场"鸟巢"、国家游泳中心"水立方"等共同组成北京这座世界首个"双奥之城"的标志性建筑群，已然成为奥林匹克文化与中华文明交融的载体和表现，是中西方文化融合在体育场馆建设中的代表作。由此可以看出，体育场馆企业文化有着自身的要素和内容。

所谓体育场馆企业文化，就是体育场馆在管理和运营过程中形成的核心规则，是组织成员共同遵守和推崇的理念、行为方式和价值观。诸如体育场馆的设计、无形资产的运营、产品（服务）的开发等，都在不同程度上反映和体现着体育场馆的企业文化。体育场馆企业文化存在的价值在于它可以有效解决体育场馆经营中存在的现实问题，并通过规范组织成员的行为来实现。

（二）体育场馆企业文化的构成

就企业文化而言，人们习惯按照层次由高到低将其组成分为精神文化部分、制度文化部分和物化部分。由于体育场馆自身输出产品和服务的特殊性，在此将体育场馆企业文化细分为物质文化、行为文化、制度文化和精神文化四个组成部分。

1. 物质文化

提及体育场馆的经营管理，总有许多话题可以让人们侃侃而谈，如实行会员制、量身打造的以人为本的周到服务等。但任何一种氛围的营造，或者营销方式的设计，都离不开一个载体——物质实体与手段。物质文化属于体育场馆企业文化中的表层文化。就体育场馆而言，其物质文化是指场馆及其附属的一切设施，小到一个座椅、一个标牌，大到整座体育馆的建筑物，都属于这一范畴。

体育场馆的物质文化主要包括建筑物、设备设施、场馆标识等。其中，体育设施是体育场馆向社会、顾客提供服务的最为直接的媒介，不论是以观赏为主的赛事类产品，还是以体验为主的运动健身类产品，都需要通过体育设施来实现其服务，体育设施的设计、安装和摆放，均属于体现体育场馆企业文化理念的方式，不仅具有一定的使用价值，还具有文化价值。

2. 行为文化

同物质文化一样，行为文化也属于体育场馆企业文化中的浅层文化。行为文化是体育场馆在运营中产生的，以人的行为为表现形态的活动文化，它是企业经营作风、精神面貌、人际关系的动态体现，也是企业精神、企业价值观的折射。最终通过动态形式反映和体现出体育场馆的企业精神和企业的价值观。

构成体育场馆行为文化的内容很多，如场馆负责人的行为、场馆员工个人和整体的行为、场馆的整体风格等。更为具体的体育场馆行为文化的信息获取，可以通过如场馆内部人际关系是否融洽、对客户服务是否周到热情等方面进行观察。

3. 制度文化

就企业文化的层次性而言，制度文化仅次于精神文化，从某种意义上来看，制度文化具有一定的物质与精神的中介性。从内容上来看，体育场馆的制度文化包括场馆的领导体制、组织机构和管理制度三个主要方面。

体育场馆制度文化的建设以场馆运营目标为指导，对员工行为进行约束和限制。其中，领导体制是核心，它既决定了组织机构如何构建，也决定了管理制度的具体内容。如场馆所有制的不同，会直接影响场馆的管理体制。同时，制度文化除了具有强制性外，在设计的时候还要充分考虑其可操作性。这是因为，要使任何一项制度发挥作用，其得到有效执行是一个最为重要的前提条件。对体育场馆来说，那些与企业目标相一致，能够促使员工积极响应客户需求、主动热情地提供服务的行为，必须标准化成制度，坚持执行，直到成为工作中的一部分。

4. 精神文化

精神文化是企业在长期的生产经营过程中，受企业内外部环境的影响所形成的精神成果和文化观念，是企业文化的核心部分。

体育场馆的精神文化是场馆自身物质文化、行为文化和制度文化的升华，是体育场馆在长期的经营过程中所形成和遵循的基本信念和行为准则。提炼体育场馆精神文化，可以帮助管理者和普通员工更加清楚地认识场馆存在的价值及如何对待顾客、政府和相关利益群体。建立起科学合理的精神文化体系，可以使体育场馆更好地为社会服务。

（三）体育场馆企业文化的功能

培育独具特色的体育场馆企业文化是企业自身健康发展的需要，也是时代发展的要求。体育场馆企业文化的功能体现在不断调适场馆进行内部管理及与外部环境的交流互动的过程之中，促使员工发挥潜能，增强团队合力，提高体育场馆的社会效益和经济效益。

1. 凝聚集体合力

体育场馆企业文化是在长期的生产经营过程中凝练出来的，它所反映的经营哲学、经营理念和价值观，对企业和员工的价值观和行为取向有着重要的引导作用。企业文化反映的是体育场馆经营的共同价值观、共同追求和共同的利益，这就形成了一种明确的企业导向，能够把企业员工引导到企业所确定的特定目标的方向上来，使场馆上下能够统一思想，促使员工的个体思想、观念、追求和目标与企业所要求的特定目标一致，并为之努力奋斗。

2. 规范内部行为

企业文化通过正式的规章制度，或者非正式的价值标准，能够控制、约束、规范企业和员工行为。一方面，体育场馆以制度文化作为硬性标准，强制要求企业和员工"照章办事"，从总体上保障场馆的正常经营和运转；另一方面，作为企业文化核心部分的精神文化，通过大家公认的价值观和行为准则，不断强化员工的道德观念、整体观念、纪律观念，在潜移默化中规范企业和员工的行为。

3. 激励员工士气

一种优秀的企业文化，不但能够使全体工作人员对企业使命产生清晰的认识，还能最大程度地激励员工的工作热情，使其增强信心，奋发向上。在体育场馆营造良好的企业文化，可以让每一位员工都以主人翁的姿态关心场馆的发展，贡献自己的聪明才智，而企业文化具有的这种启发、引导、刺激人们潜在的热情、干劲、能力和智慧的功能，更是体育场馆不断焕发出活力的源泉，使员工士气长期保持最佳状态。

4. 传递场馆信息

在进行内部管理的同时，企业文化还具有向外扩散和传播的功能。体育场馆不是一个孤立的存在，特别是面对体育场馆经营复杂化、多样化的问题时，更加需要建立起一种可以与外部环境进行有效沟通的企业文化，通过场馆品牌的塑造、知名度和美誉度的提高，来增强自身的市场竞争力。同时，也能促进行业内外部信息交流，起到互相学习和借鉴的作用，推动自身企业文化建设和发展，对整个社会文化的发展也有积极影响。

二、体育场馆企业文化培育

体育场馆企业文化是一个有层次的体系，它的培育是一个系统工程，一般包括场馆文化的设计、建设和创新等环节。培育体育场馆企业文化，可以有效地促进场馆员工形成共同的理念信仰、价值观念和行为准则，在高度整合体育场馆软硬件资源的同时，打造出一个由外在行为表现、管理风格、管理制度等组成的完整体系。

（一）体育场馆企业文化培育的总体方法

1. 体育场馆内外部环境的调研

体育场馆要想形成具有本场馆特色的企业文化，就必须对自身的内外部环境进行深入的调查了解，要对场馆的历史、现状、行业发展趋势做出准确的判断和总结，对制约和影响体育场馆发展的各种因素进行评估。调研的目的在于掌握企业文化现状和外部需求，并为今后的文化定位收集尽可能全面的信息。

一般来说，首先，明确体育场馆的性质和经营的主要内容。不同所有制的体育场馆有着不同的经济责任和社会责任，各自的经营范围也有很大的区别，在塑造企业文化上也有不同的诉求。其次，要对体育场馆的人力资源情况进行了解，如员工文化程度、年龄组成、性别结构等具体情况，这些都会影响场馆文化风格的确定。最后，要对体育场馆的外部环境进行审视。这主要包括两方面，一是宏观的外部环境，如国家、地区的政策法规、经济运行条件、社会文化氛围等；二是自身所处的行业特点，就体育场馆来说，服务性是它的一个"标签"，因此，提供优质周到的服务就是其文化建设的一个重要努力方向。除此之外，还必须重视对体育场馆原有文化基础的总结和提炼。

2. 体育场馆企业文化目标的确定

在内外部环境调研的基础上，可以着手体育场馆企业文化目标的确定。这一阶段可以简要概括为，通过文字描述或制度建设，将拟推广的场馆核心价值观表述出来，并通过各种形式让员工接受的过程。

在这一阶段，必须明确一个基本事实，那就是每一个体育场馆都应该结合自身的特点确立起清晰的目标，要使体育场馆的全体工作人员都能够认可这一目标，并在其指引下找到并实现自身的价值。因而，体育场馆企业文化目标除了要根据场馆的实际情况确定，更要在设计时就充分考虑多数工作人员的意愿，切忌将基层员工排除在外。让员工参与文化目标的设计，是体育场馆企业文化科学性和可操作性的重要保障。同时，体育场馆企业文化目标的确定还必须满足对卓越产品的追求、对核心价值观的高度认同、对创造和谐工作环境的追求等基本要求。

3. 体育场馆企业文化的实施与完善

体育场馆企业文化是一种价值观的导向和精神层面的推动力，必须在日常经营管理中不断践行才能实现其功能作用。因此，在体育场馆企业文化目标确定后，要积极创造出利于文化推广的条件，并采取必要的措施来强化场馆员工对其的认同度，使体育场馆企业文化在日常管理之间扎根，并日趋巩固。

一般来说，物质文化、行为文化、制度文化和精神文化是体育场馆企业文化建设的主要内容。这也决定了在实施过程中，要紧密围绕这四个方面来创造实施的良好氛围。同时，还必须注意对体育场馆企业文化的维护和完善。体育场馆企业文化固然有其稳定性的特点，但并不意味着它是一成不变的。由于内外部环境的不断改变，体育场馆企业文化必然要进行相应的调适和完善。因此，要紧密结合实践的发展，用与时俱进的态度来分析时代发展所带来的新问题，及时吸收外部的先进因素、调整内部的消极因素，以便更好地适应体育场馆日常管理及发展的需要。

（二）体育场馆企业文化培育的途径

体育场馆企业文化包括物质文化、行为文化、制度文化和精神文化，其中，物质文化是整个文化体系中的基础载体，是大众对体育场馆的第一印象，精神文化是文化体系的核心价值观及核心内容，制度文化是建设体育场馆文化的有力手段，行为文化是文化建设成果的展现。

1. 制订体育场馆企业文化建设战略规划

企业文化的培育不是一蹴而就的,需要花费较多的人力、物力、财力和长时间的积累。因此,体育场馆企业文化的培育首先需要建立起一套基础化、程序化、科学化的企业文化建设系统,从物质文化、行为文化、制度文化、精神文化四个方面整体推进、系统运作,构建一个切合实际的、科学合理的、便于操作的企业文化建设规划体系,并把规划纳入企业发展战略,成为企业整体规划的一部分。

2. 培育体育场馆物质文化,构建体育场馆独具特色的企业识别系统

包括理念识别(Mind identity,MI)、行为识别(Behavior identity,BI)、视觉识别(Visual identity,VI)三大识别系统的企业形象识别系统(Corporate identity system,CIS)战略体系,广为国际企业采用。构建体育场馆企业文化必须按照CIS整体设计的基本系统和应用系统标准,统一场馆标志、歌曲、徽章、色彩等多种企业标识;规范场馆建筑风格、建筑色调,规范场馆及场馆各部门简称,场馆用车车体外表、办公设备、办公器具、员工着装款式及色调、宣传标牌及广告牌的装置规格和设置区位等都按照统一标识进行规范。

3. 培育体育场馆行为文化,确定并推广职工行为,养成现代企业6S管理理念

6S是由日本企业的5S拓展而来,是现代企业行之有效的现场管理理念和方法。6S就是整理(Seiri)、整顿(Seiton)、清扫(Seiso)、清洁(Seiketsu)、素养(Shitsuke)、安全(Security)6个项目,因为这6个词日语中罗马拼音的第一个字母都是"S",所以简称6S。其作用是提高效率,保证质量,使工作环境整洁有序,以预防为主,保证安全。6S的本质是一种具有执行力的企业文化,强调纪律性,不怕困难,想到做到,做到做好。落实作为基础性的6S工作,能为其他管理活动提供优质的管理平台。强化员工职业化训练,培养职工的职业美德,普遍提高职工文明水平,通过典型事件提升体育场馆文化品位,使职工的举手投足成为体育场馆活动的文化标识。

4. 培育体育场馆制度文化,在"以人为本"原则下,形成特色鲜明的"管理文化"

企业文化,其实质是"人"的文化。企业文化建设以提高人的素质为根本出发点,而人的行为需要制度的约束,因此,需要建立健全企业文化建设领导体制,成立相应的企业文化建设领导机构,明确负责人、主管部门及工作人员的职

责。企业文化的领导体制要与现代企业制度和法人治理结构相结合，形成企业文化主管部门负责实施、各职能部门分工落实的工作体系。组建推进企业文化建设的组织机构，强有力的组织机构可为企业文化建设的系统性运作提供组织保障，也为企业文化建设扎实有效地稳步推进奠定基础。

5. 培育体育场馆精神文化，挖掘企业精神内涵，总结提炼企业价值观

宣传贯彻落实体育场馆企业精神、企业价值观、企业哲学、管理信念、企业用人之道及企业内部的主导标语口号，确定企业对外宣传用语，使之成为规范企业和员工行为的信念和准则。可以设计企业员工精神文化审计制度，定期对员工日常工作行为及态度进行文化审计，并可编制各职能部门员工《文化手册》，人手一本，定期组织集体培训和学习，做好精神文化的宣传工作，力争全体员工对企业价值观认可，促进企业向心力、凝聚力进一步增强，把文化动力作为体育场馆日常管理的重要动力来源。

本章思考题

1. 谈谈体育场馆人力资源管理需要注意哪些内容。
2. 体育场馆的财务预算可以分为哪些类别？
3. 结合实际情况阐述我国体育场馆有哪些资产运营方式。
4. 结合实际阐述如何培育体育场馆企业文化。

第七章

CHAPTER 07

体育场馆运营与开发

【本章概要】

体育场馆的运营与开发是新一代体育场馆管理人员必须面对的重要工作内容。本章主要介绍体育场馆运营与开发的原则、内容、资源、手段、模式,体育赛事运作的基本流程和具体执行,体育场馆无形资产开发的特征和分类、原则和策略,体育场馆俱乐部经营,以及体育场馆运营与开发的业务拓展等内容,以期为场馆经营管理者提供实践依据。科学地掌握体育场馆运营与开发的理论与方法,将有助于体育场馆充分利用已有资源、挖掘新资源,从而提升运作效益。

第一节　体育场馆运营与开发概述

"运营"由英文"Operation"翻译而来，为区别于有形产品的提供（Product），因此将无形产品的提供用运营来表示。随着市场经济的发展，人们把组织向市场提供产品和服务的各项管理工作总称为运营（也称为运营管理）。开发即通过研究或努力，将研究成果，或者未被利用的资源，或者其他领域的知识运用于某项计划或设计，开拓、发现或生产出新的具有实质改进的材料、装置、产品、服务及市场等。注重体育场馆的运营与开发，是体育场馆充分利用已有资源、挖掘新的资源，从而提升运作效率的前提。

一、体育场馆运营与开发的原则

（一）依托场馆、全面发展

体育场馆是体育产业发展的基础条件，其功能定位应该以竞赛、训练、全民健身、运动休闲保健等为主。为进一步发展体育场馆业，也需要锐意创新，开展多种经营。

（二）社会效益优先

体育场馆的运营应以满足区域人们对文化体育的消费需求为第一任务，以服务城市的发展为核心任务，在实现社会效益的同时，努力实现经济效益的最大化。

（三）坚持科学管理

建立现代企业制度，引入科学管理方法，努力提高体育场馆管理水平，提升运动、健身休闲产品的市场供给效率。

（四）树立市场营销理念

在市场经济的大背景下，体育场馆业应遵循市场经济的发展规律，树立以社会、顾客为服务主体的营销理念，运用科学的方法进行市场调研、市场评估，以及市场营销战略制定和策略选择，并在市场营销理念的指导下，结合体育场馆业务特征进行市场营销手段的创新。

二、体育场馆运营的内容

运营管理涵盖组织的各个方面，如产品研发与设计、产品质量、生产与销售、安全与健康、环境保护、供应链等。运营管理的最终目的是通过各种分析手段与方法，为提升组织效率提供解决方案。体育场馆运营管理是指体育场馆经营管理人员利用场馆建筑、设施设备及外围环境，在分析大众需求的基础上选择运动项目，确立经营项目，组织产品或服务的生产过程。其运营内容主要包括产品或者服务的有效生产、消费者效用的满足、资源的有效配置三个方面。

（一）产品或服务的有效生产

1. 场地运营管理

场地运营管理是体育场馆业中产品或者服务生成过程中的一个环节。按照不同项目对场地的要求，对场地进行布置、维护、保养、修理及补充（新建或者扩建）等，以保障产品或服务按时、按标准、可持续的供应。

2. 设施设备运营管理

设施设备运营管理是对设施设备从购置到使用、磨损与补偿直至报废全过程的控制及管理。场馆设施设备是体育场馆提供服务的要素之一，它包括场地设施设备和配套设施设备两大类。有些设施设备与场地构成一个整体，其管理属于场地管理的内容之一；有些设施设备具有一定的独立功能，如动力设备、弱电设备、水循环处理设备、声音系统、信息化管理设备等，服务提供的关键控制点，因而需要为设施设备的安全、高效使用进行独立管理。

3. 活动运营管理

体育场馆的业务中，很大一部分以活动（项目）的形式出现。大到世界杯决赛，小到一个会议，从预定到赞助商撤出场地，都需要一个有效合作和整体管理的过程，该过程即为活动运营管理。活动运营管理的内容主要包括项目计划、人员配置、项目服务计划、场地设备设施及财务体制。赞助招商及门票销售是活动运营管理中两个关键的部分，因而也会被独立出来作为专门的运营管理单元。

4. 环境管理

体育场馆，尤其是大型体育场馆，作为大众生活空间的一部分而存在，除了提供产品或服务外，也有责任向公众提供清洁、优美、舒适的内外环境。环境管理的内容包括环境规划、环境绿化、保洁等。

5.群众管理

人群集聚是体育场馆大部分运营项目的一大特点。因此，应对人群的密度、流向及情绪进行合理控制，以免人群过于密集或者情绪过于激动而出现危害人群健康或者设施设备安全的不良后果。群众管理的主要内容包括人群疏散、交通管理、保安、治安等。

6.质量管理

质量管理是任何组织都必须重视的重要运营管理内容之一。体育场馆质量包括两部分，一部分为产品质量，另一部分为服务质量。产品质量通过场馆场地、设施设备及环境氛围等来体现；服务质量通过场馆的服务流程、服务方式及人员的服务技巧和服务态度等来体现。

7.风险管理

由于观众、运动员、天气、市场环境等因素的不确定性，体育场馆组织管理机构在向公众提供产品或者服务的过程中，可能会达不到预期的效果（或者收益），亦或发生突发事件，导致经营活动失败，这也是体育场馆运营过程中所面临的风险。风险管理的主要内容包括风险识别、风险评估、风险转移、风险应对。

（二）消费者效用的满足

1.营销管理

营销管理指面向顾客、社会，以顾客价值为核心，对体育场馆经营的产品或者服务进行设计、生产、促销的整个过程。负责营销管理的人员应基于实现体育场馆、消费者及社会三方综合利益最大化的目标，制定营销战略，选择营销策略。

2.服务管理

现代企业竞争已不再单纯是产品的竞争，服务已成为非价格竞争的重要手段。营销大师菲利普·科特勒认为，每个行业中都渗透着服务，其区别只在于其所包含服务成分的多少。体育场馆运营项目多为依托于体育场馆的竞赛、表演、健身、培训、娱乐等业务，服务特征较为明显。对不同业务的服务特性、服务流程、服务手段、服务效果等进行科学评价、设计和管理，构成了服务管理的主要内容。

3. 权益保障

体育场馆在提供产品或服务的过程中，应树立法律意识，善于运用法律、法规保障消费者的合法权益，同时降低场馆运营中面临的法律风险。权益保障体现在两个方面，一是对消费者权益的保障，主要内容包括消费者获取公共体育服务的权益，消费者在消费过程中的人身、财产的权益等；二是对体育场馆权益的保障，主要包括体育场馆合法经营及享有经营成果的权益，体育场馆无形资产的保护，体育场馆税费优惠政策的取得等。

（三）资源的有效配置

1. 供应商管理

体育场馆在运营过程中，既会向有关部门采购设施设备、燃料动力、必备物资等产品，也会在市场中购买赛事、娱乐节目、票务、绿化、咨询、餐饮、安全保卫、保洁及垃圾处理等服务（通常将服务的采购称为服务外包，提供服务的机构称为外包方）。经常性地审视、评估这些商品或者劳务的采购价格和标准、物品的库存、采购的来源、物品供应商及服务外包方的关系等，并不断地进行改善，是体育场馆各项业务得以顺利进行的重要保障。

2. 资产管理

对一般性公司而言，预算信息对公司各部门都很重要。体育场馆，尤其是大型体育场馆，一般拥有大量的固定资产，如体育馆、体育场、运动设施设备、动力供给系统等，因而资产管理显得更为重要。体育场馆资产管理的主要内容包括估算运营中各阶段的成本、制定合理的预算、做好资产设备的淘汰更新和维修计划等。

3. 人力资源管理

人力资源是企业发展的重要生产要素之一。根据体育场馆业务发展的需要，适时调整组织架构，确定各部门最适宜的人数配置、人员构成和岗位结构也是运营管理的重要内容。体育场馆在确定人力资源构成时，既要考虑到维护场馆日常运转的需要，又要考虑到大型活动举办对人力资源需求量瞬间增加的需要。因此，除了岗位分析、员工的选聘及培训、工资福利设计等一般内容以外，对志愿者需求进行预计与协调也成为体育场馆人力资源管理的重要内容。

4. 财务核算

财务核算是企业经济核算的重要内容，主要通过价值形式反映企业经营活动中劳动、物资及资金等资源的占用情况,为企业经营活动效果评价与监督提供依据。财务核算既发挥核算功能,又发挥管理功能。体育场馆财务核算体系主要包括财务基础、财务预算、财务核算、财务报表四大体系。体育场馆财务核算的主要内容包括成本费用核算、能耗核算、绩效评价等。

三、体育场馆开发的资源

体育场馆资源开发的对象包括研究成果、未被使用的资源及未被覆盖的市场。体育场馆开发的资源来自未被使用的资源和未被开发的市场两个方面。

(一)未被使用的资源

1. 闲置场地

闲置场地表现为场地在很长一段连续时间内未被使用。应通过分析场地的功能是否与现实的需要相互符合,结合体育场馆的战略定位,在对市场需求进行充分调研的基础上,对该场地的项目布局、使用功能及使用模式进行调整。

2. 闲置时间段

闲置时间段表现为某一用途的场地,在一个时期内的固定时间段未被使用。

出现未使用状态可能是因为没有项目可供运作,如体育场、足球场的闲置;也可能是因为大部分消费者在这一个时间段不产生消费行为,如羽毛球馆在周一到周五上午的9—11点人流量极少。体育场馆经营方在对消费者进行充分调研的基础上,考虑场馆的运营目标,采用分时定价、混合项目经营、市场挖掘等方式,对闲置时间段进行开发。

3. 闲置空间

闲置空间包括由于建筑设计导致的冗余空间(如看台下空间、楼梯下空间等)、为满足大量人群集聚和疏散需要而形成的空间(如体育场和体育馆的观众疏散平台、外围景观空间)、由高大建筑物而形成的空中可视空间(如体育场火炬台、体育馆巨型建筑等),可通过引入合适项目、空间租赁、转移传播力等方式对此进行开发。

4. 无形资产

体育场馆的地标性建筑、知名体育赛事、体育及文娱明星、群众性或政治性事件等,为体育场馆增强传播力、积累无形资产提供了多条途径。可以通过深度挖掘、对品牌进行规划设计等方式,对此进行开发。

5. 技术秘诀及运营管理经验

技术秘诀表现为场馆建筑设计、节能减排、设施设备使用等方面的技巧和诀窍。运营管理经验表现为流程设计、招商技巧、规章制度、服务标准等方面软性知识的总和。可以通过对外咨询、成果汇编、管理输出、托管或者技术入股等方式，对此进行开发。

（二）未被开发的市场

未被开发的市场表现为四种方式：现有产品在现有市场的扩大消费；现有产品在新市场中产生消费；新产品在现有市场中产生消费；新产品在新市场中产生消费。对运动项目布局进行动态评估及调整，分析现有运动项目是否符合服务区域内大众的需求，现有项目在消费容量、边际贡献等指标上是否符合场馆发展的战略目标，从而淘汰消费力低的运动项目，增加受大众欢迎的项目，通过动态调整实现运动市场的市场开发或产品开发。在市场调研的基础上，引入休闲娱乐项目、教育培训项目、创意活动项目。在异业整合的基础上，创造新的产品品类，开辟新的市场。

四、体育场馆运营与开发的手段

运营与开发的手段即为完成运营与开发任务、达到预定目标而使用的一定技巧，主要包括运营管理的手段、市场开发的手段及收入实现的手段。

运营管理的主要手段有 ISO 质量认证、JIT 管理（Just in time）、服务流程图、甘特图（GanTT chart）、关键路径分析、精细化管理、服务外包等。

市场开发的主要手段有纵向营销、横向营销、异业整合等。

体育场馆实现收入的主要手段有专用场地及附属用房租赁收入，参观场地及各类活动门票，俱乐部会员费，各类活动商务开发的赞助费，除活动赞助费外的广告收入，设备租赁费用，体育培训费用，餐饮、住宿、用品销售等商业活动收入，活动策划组织实施的服务收入等。

五、体育场馆运营与开发的模式

体育场馆运营与开发的模式即在长期的实践中，在经营与管理权限分配、盈利及利润分配方式、资产的结构等方面出现的不同的运营与开发方式。各类模式不具有严格的平行关系。

（一）会员制运营模式

会员制即利用会员身份来锁定忠诚顾客的一种营销方法。体育场馆可以通过定向募集会员，出售不同类别的会员身份来募集资金，获取稳定的客源。同时，会员可以按照会员身份所规定的权限享受相应的权益，如体育场地及设施的使用、培训或健身指导服务等。由于该模式既能让体育场馆向客户融到资金，又能在一定的周期内稳定市场，因而被大部分不同类型的体育场馆作为营销手段广泛使用。

（二）承包制运营模式

承包制即体育场馆（资产所有方，或者委托经营该资产的受托方）通过一定的合同契约将全部或者部分体育场地、设施设备，以租赁或者承包的方式出让经营权并获取收入。承包的方式既可以采取内部协商制度，又可以采取招投标制度选择承包人。体育场馆采取承包方式，能减轻对场馆管理的负担，获取稳定收入，但也会由于失去对场馆的经营权而无法保障体育场馆资产设备不被过分透支，难以实现体育场馆的社会公益性。

（三）直接经营模式

直接经营即由体育场馆的产权拥有方来进行体育场馆的日常运营管理活动。在我国这种模式表现为：体育场馆作为体育行政单位的一个部门或者是一级事业单位，其运营管理活动按照行政管理模式来开展。采取该模式能充分保障体育场馆社会效益的实现，但会由于行政管理的严谨与缺乏灵活性等而降低管理效率，也会由于经营上的不自由等因素而减少经济效益。

（四）合作经营模式

合作经营指体育场馆产权拥有方（或者产权受托方）以土地、房屋及其他设施、管理经营及技术秘诀，或者品牌及无形资产等作为投资品，与其他投资者共同开发一个市场机会并分享投资收益。该模式能够整合社会资本、人力资源、项目资源、管理经验及社会上存量场馆资源，并降低经营风险。

（五）委托经营模式

在体育场馆产权关系明确的前提下，按照委托代理理论，产权拥有方将体育场馆委托给专业管理公司运营，专业公司在实现产权所有人所规定的运营目标后，努力实现体育场馆经济效益的最大化。一般体育场馆由政府出资建造，然后按照委托代理的思路交给专业公司"托管"，因此该方式也称"托管模式"或者"政府出资企业化经营模式"。该模式在欧美国家被普遍采用，它既能发挥体育场馆的体育功能，又解决了体育场馆，特别是一些专业化体育场馆或大型体育场馆，由于使用效率不高而造成的运作费用不足的困难。此外，还能把新的经营理念和管理方式带进体育场馆的运营管理活动之中，进而提升体育场馆经营管理的科学化水平。

第二节 体育赛事运作

举办体育赛事是大型体育场馆的重要业务单元，也是中小型体育场馆用于吸引顾客、提升场馆知名度、为顾客设计增值服务等的重要手段。体育场馆经营管理人员需要了解体育赛事的市场构成、申办体育赛事的相关流程等知识，掌握如何组织体育赛事，以及如何进行体育赛事招商等技巧。

一、体育赛事市场构成

体育赛事即以体育竞技为主题，一次性或不经常发生的，具有一定期限的活动。按照不同的分类依据，体育赛事的类别不同。按照赛事包含的运动项目数量，可以将赛事分为综合性赛事和单项赛事；按照赛事影响的区域范围，可将体育赛事分为世界体育赛事、洲际体育赛事、国际性比赛、全国性比赛、地区性比赛和基层单位比赛；按照比赛性质任务，可将体育赛事分为锦标赛（杯赛）、对抗赛、邀请赛、选拔赛、等级赛、友谊赛、表演赛、达标赛等；按照参与主体的不同，可将体育赛事分为观众型体育赛事和运动员型体育赛事等。

市场是供给方、需求方、宏观调控方及供给需求中介之间利益关系的总和。可用赛事市场中各利益主体的特征来描述体育赛事市场。体育赛事市场中的利益相关者包括赛事权拥有方、赛事主办组织、赛事举办地政府、赛事主办地社区、赛事承办组织、赛事赞助商、赛事参与人、媒体、观众等。

体育赛事市场存在多重交易：第一重交易为赛事拥有方将赛事举办权转让给赛事的举办机构，这种转让或通过申请主办权获得，或通过市场交换获得，或直接为行政性安排而获得；第二重交易为赛事主办方争取更多观众注意，以赛事的广泛传播和观众的注意为筹码，换取赞助商的资金或物资支持；第三重交易为观众付出一定的代价观看比赛。体育赛事市场构成如图 7-1 所示。

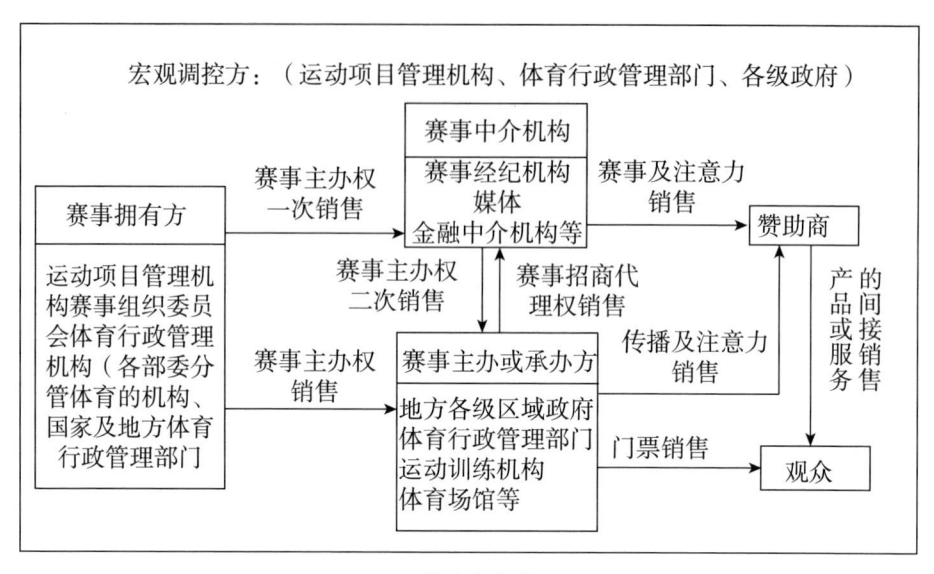

图 7-1 体育赛事市场结构

（一）体育行政部门

体育行政部门主要负责综合性运动会的组织管理工作，制定、监督、执行体育竞赛政策和法规，引导项目实体按照项目发展规律和宏观要求安排体育赛事。部门和行业综合性运动会由其主管部门负责组织。

（二）运动项目管理机构

各级各类运动项目管理中心，属于体育行政部门的直属事业单位，管理所辖范围内本项目的竞赛活动。国家运动项目管理中心负责本项目全国性管理工作，研究制定并组织实施项目的竞赛制度、计划、规程和裁判法，审定全国比赛规则和运动成绩，负责在我国举办本运动项目的国际比赛的审批和组织工作；负责对本项目运动员进行资格审查、注册和管理工作；组织实施本项目裁判员技术等级制度，负责裁判员的培训和考核；开展各种经营活动，扩大竞赛经费来源等。

（三）举办地政府

在我国，政府是以竞技为主的体育赛事中最主要的利益相关者之一。首先，体育赛事是人群集聚的活动，并且赛事的成功举办受到城市管理、交通、治安、航空、餐饮、住宿等多方面的制约，因此要想成功运作一项体育赛事，需要得到政府的大力支持；其次，很多地方政府希望能够通过体育赛事扩大城市的影响，改善城市的人居环境和投资环境，因而政府也是体育赛事的主要需求者。

（四）媒体

体育赛事的广泛参与性及比赛结果的不确定性，使其成为媒体争相追逐的内容资源。媒体的参与能够让体育赛事的传播起到放大作用，所以媒体与体育赛事一直存在着不可分割的共生关系。

（五）体育场馆

体育场馆是体育赛事举办赖以存在的物质基础。体育赛事能否进行，关键因素之一在于体育场馆是否符合比赛项目的要求。体育场馆配套设施充足、具有安全保障且建筑具有个性的体育场馆则会让体育赛事的社会、经济效益得以放大。

（六）赞助商

对于赞助商而言，借助体育赛事能展示产品或企业形象，促进产品销售。对于体育赛事的组织者来说，吸引到赞助商则是体育赛事成功运营的衡量标准之一。赞助商不仅能够为体育赛事提供物资或资金，也可以为体育赛事的宣传与推广付出巨大的努力。

（七）观众

体育赛事的观众既包括现场观看比赛的观众，又包括通过电视、网络、手机等媒体同步观看比赛的观众。观众的数量、观众对比赛的参与程度及观众的层次是赞助商参与体育赛事的重要影响因素，也是影响运动员成绩发挥及比赛观赏效果的间接因素，亦是增加体育赛事举办地消费、促进经济增长的重要因素。因此，对观众的宣传和吸引是体育赛事组织与举办中的重要工作环节。

二、体育赛事引进渠道及流程

体育场馆是赛事举办之本，体育赛事是体育场馆各项事业经营之源。每个体育场馆都想争取更多的体育赛事，而且需要通过一定的申请、备案程序方能获得赛事的举办权。

（一）体育赛事的引进渠道

体育赛事举办需要向体育赛事的拥有方提供体育赛事招标书或者体育赛事可行性认证，以获得体育赛事的举办许可权。体育赛事的申办可分为三种类型：征询申办、购置申办和竞争申办。征询申办即在国际体育组织、体育行政管理机构或者运动项目管理中心对某一地区已经有明确的赛事举办意向，或者原定赛事承办方情况发生了变化需要变更承办方时所采取的一种申办方式。购置申办通常必须通过出资购买承办权，这种承办权包括一次性承办权、多次性承办权和长期性承办权。竞争申办即多个申办城市（或者申办单位）提交招标书，通过激烈的竞争获得最后的承办权。国际国内体育大赛的申办需要由举办地政府或体育行政机构提出承办申请。基层单位组织自行组织大型体育赛事需要向所在区域体育行政管理部门提交申办和备案材料。

体育场馆获得体育赛事资源的渠道如下。

第一，可以与地方体育行政部门或运动项目管理机构合作，帮助城市申办体育大赛，进而获得体育赛事资源。

第二，关注地方体育行政部门的赛事信息，从中获得体育赛事的场地提供或共同进行市场推广的机会。

第三，与体育运动项目协会等民间体育组织合作，获得体育赛事的场地提供或共同开拓市场的机会。

第四，通过从国际体育组织或者体育赛事中介机构购买体育赛事的承办或市场推广等权限。

第五，为企业或者民间体育组织量身定制体育赛事。

（二）体育赛事的引进流程

虽然大型体育赛事申办工作的成败不由大型体育场馆来决定，但在赛事引入过程中，体育场馆还是应该有所作为的。图7-2为体育场馆引进大型体育赛事

（即需要举办地城市出面进行申办的赛事）的一般流程。

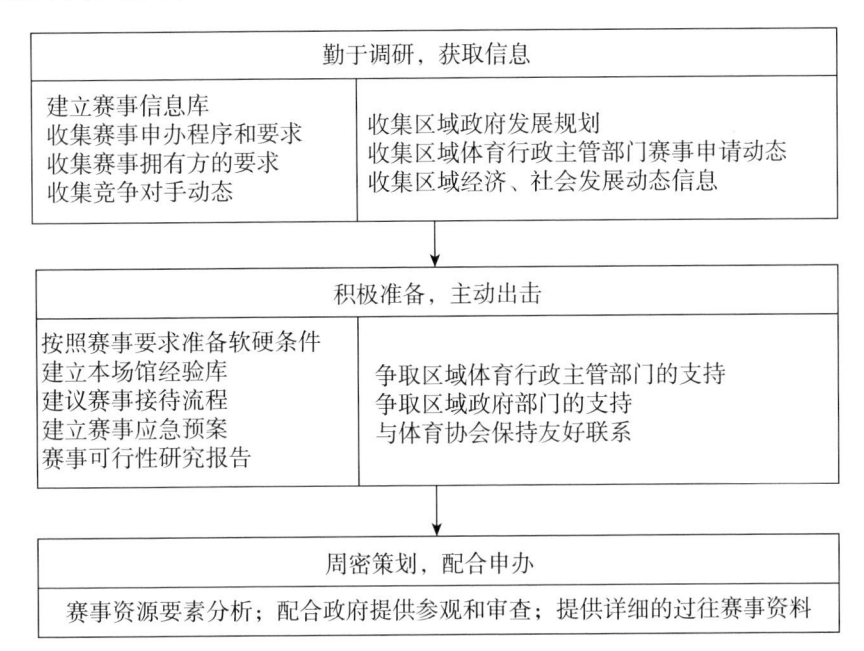

```
┌─────────────────────────────────────────────────────┐
│              勤于调研，获取信息                       │
├──────────────────────┬──────────────────────────────┤
│ 建立赛事信息库        │ 收集区域政府发展规划          │
│ 收集赛事申办程序和要求 │ 收集区域体育行政主管部门赛事  │
│ 收集赛事拥有方的要求  │ 申请动态                      │
│ 收集竞争对手动态      │ 收集区域经济、社会发展动态信息 │
└──────────────────────┴──────────────────────────────┘
                         ↓
┌─────────────────────────────────────────────────────┐
│              积极准备，主动出击                       │
├──────────────────────┬──────────────────────────────┤
│ 按照赛事要求准备软硬条件│ 争取区域体育行政主管部门的支持│
│ 建立本场馆经验库      │ 争取区域政府部门的支持        │
│ 建议赛事接待流程      │ 与体育协会保持友好联系        │
│ 建立赛事应急预案      │                              │
│ 赛事可行性研究报告    │                              │
└──────────────────────┴──────────────────────────────┘
                         ↓
┌─────────────────────────────────────────────────────┐
│              周密策划，配合申办                       │
├─────────────────────────────────────────────────────┤
│ 赛事资源要素分析；配合政府提供参观和审查；提供详细的过往赛事资料 │
└─────────────────────────────────────────────────────┘
```

图 7-2　体育场馆引进大型体育赛事流程

除了主动出击寻找体育赛事外，体育场馆也可以通过场馆预定这种被动的方式等待体育赛事拥有方或中介机构寻求合作，其流程如下。

1.通过各种渠道发布场馆信息，树立体育场馆正面形象，吸引赛事拥有方的注意

通过体育场馆网站、制定宣传手册、参加赛事交易会等宣传途径，对外宣传介绍体育场馆的建筑特色、场馆标准、资源优势及承办大赛的组织管理经验，吸引赛事拥有方的注意。

2.统筹安排各类赛事和活动，做好合理的时间安排

合理安排一系列同类赛事的时间，制定赛事组合以实现体育场馆的充分、有效使用。合理的时间安排既要保证场馆能够承办合适数量的赛事和活动，同时又不会造成员工超负荷工作、场馆过度使用、预算严重超支，以及市场过度饱和。时间安排可以预先告知过去的赛事供给战略合作伙伴或者评估为重点的赛事供应商，以保障这些供应商赛事能获得合适的时间安排。在时间安排中，要为每一场赛事预留出前期场地准备时间和后期清场地的时间。

3. 体育赛事赛前评估

如果体育赛事仅是租赁场地，则要对赛事举办时的保安、保洁、绿化、水电供应、应急及交通等事宜进行评估，核算成本，评估场地租金是否能够弥补成本，为是否租赁场地的决策提供依据。如果涉及体育赛事的招商，则要对体育赛事进行赛前评估。体育赛事赛前评估的内容包括赛事财务评估、赛事经济影响评估、赛事社会影响评估及赛事环境影响评估。

（1）体育赛事赛前财务评估

赛前财务评估主要是将体育赛事视为一个独立的财务系统，对赛事生命周期内成本与收入进行分析。赛事成本和收入构成如表7-1所示。

表7-1 体育赛事成本和收入预测项目

阶段划分	成本构成	收入构成
体育赛事的选择阶段	①资料收集、市场调查费用	①门票收入 ②赞助招商及广告权售卖收入 ③特许商品开发销售收入 ④社会捐赠收入 ⑤电视转播权售卖收入 ⑥赛事拥有方转移的补贴及地方政府给予的补贴 ⑦赛事期间商品售卖收入
	②赛前评估费用	
体育赛事举办权取得阶段	①获得举办权的费用，如申办费、审批费	
	②人员及办公费用开支	
方案制定阶段	①人员及办公费用开支	
	②利息	
赛事组织筹备阶段	①赛场改造、布置费用	
	②赛事宣传费用	
	③税费	
	④招商费用	
	⑤管理人员及办公费用	
	⑥利息	
赛事项目的举办与控制阶段	①赛事组织管理费用	
	②赞助商服务费用	
	③赛事风险控制费用	
	④参会人员接待费用	
	⑤人员及办公费用	
	⑥保洁费用	

续表

阶段划分	成本构成	收入构成
赛事项目的举办与控制阶段	⑦保安费用	
	⑧利息及税费	
赛事的收尾阶段	①赛事评估与总结费用	
	②场地设施清理费用	
	③利息	

（2）体育赛事赛前经济影响和社会影响评估

体育赛事对举办地的经济影响包括通过赛事举办而引起基础设施投入的增加；由于赛事举办提升了城市形象，改善了城市投资环境，进而吸引了新的投资者增加的投资；赛事参与者、各类型的观众及由赛事吸引的旅游者等人群在交通、旅游、住宿、餐饮、商品贸易等方面增加的消费，从而通过直接经济效应和投资与消费的乘数效应对举办地国民经济产出的影响。体育赛事的社会影响是指体育赛事的举办给举办地带来的社会心理、社会价值观、社会政治等方面的影响。

（3）体育赛事赛前环境影响评估

在对体育赛事进行赛前环境评估时，主要考虑大气环境、水环境、噪声环境及固废环境四个方面的影响。同时，根据体育场馆建设项目特点及赛事举办特征，在评估过程中还要考虑体育赛事特有的元素。例如，由于大型体育赛事在举办前需修建一系列体育场馆，届时可能会对生态环境造成一定程度的破坏，所以考虑生态环境破坏的影响是必要的；赛事举办期间会造成大量的能源消耗，因此也应在评估环境影响时考虑能源消耗总量。

4. 签订合同

在对体育赛事进行评估后，综合评价赛事的影响，进而做出是否承接赛事的决定，并对拟引入的赛事做好合同准备。赛事合同内容一般包括赛事名称、赛事报价、权限划分、双方的责任和义务、利润分配方式、违约处理等。

三、体育赛事执行

因为体育赛事具有一次性特征，因而体育场馆可将每个体育赛事作为一个项目进行管理。体育赛事的项目管理过程包括：体育赛事启动、体育赛事计划、体育赛事实施、体育赛事控制和体育赛事收尾。

(一)体育赛事启动

体育赛事启动阶段的主要任务是对体育赛事所涉及的领域、投资的效果、技术可行性、环境情况、融资措施等问题进行全方位的评估及论证,明确体育赛事的投资价值及所要求的技术条件。

(二)体育赛事计划

1. 体育赛事计划的内容

① 确定体育赛事前、中、后活动的时间安排和人员安排。大型体育赛事的赛事组委会通常由地方政府、体育行政管理部门及赛事拥有方共同组建,体育场馆应结合合同中规定的应承担的责任,在完成好场地准备这一根本性任务的基础上,配合组委会完成宣传、预热赛、门票销售及赞助招商等任务。针对体育场馆自主承办的赛事,由于自身人力资源有限,涉及的协调工作量非常大,因而应更好地合理精心设计体育场馆赛事项目工作小组的机构设置,做好时间安排。对于需要申请执照和许可证的赛事,以及需要由其他机构进行财政预算和决算的项目,应更合理地安排好时间,并预留额外时间以应付不可预料的拖延。

② 根据体育场馆的容量和历史记录,决定预期收入,并根据预期收入制订财政预算和开支计划。

③ 与参与活动的每个人,如主要工作人员、官员等确定和核定工作计划,并形成例会制度。将项目组中每个部门的计划进行汇总,并跟踪管理。在总计划中列出联系表,尤其对于一些联盟或者联合会的特殊礼节和规定,要列入计划中。

④ 在计划中提前列出偶发事件,并制定应急预案。

2. 体育赛事计划流程图

体育赛事计划可用流程图、网络分析技术等手段对计划进行直观化描述。最早用来表示组织生产进度的是甘特图。如图7-3所示,甘特图是一种线条图,横轴表示时间,纵轴表示安排的活动,线条表示在计划期间的计划和实际活动的完成情况,能直观地表示计划开始和结束的时间。

任务名称	负责部门	1月	2月	3月	4月	5月	6月	7月	8月
开始	筹备部	■							
可行性研究	筹备部	■							
任命委员会	组委会		■						
下级委员会	组委会		■						
选择场地	场地保障部		■						
志愿者招募	人力资源部		■■■■■■■■■						
发报名表	竞赛部		■■■■■■						
开闭幕式活动	大型活动部		■■■■■■■■						
吉祥物、会徽等征集	市场部		■■■						
赛事宣传	宣传部		■■■■■■■						
市场开发	市场部		■■■■■						
报名截止	竞赛部			■					
安排裁判员	竞赛部			■					
注册	竞赛部				■				
接待及礼遇安排	后勤保障部					■■■■■			
销售门票	市场部					■■■■			
制证治安	安保部					■■■■			
开幕式	大型活动部							■	
赛事期	竞赛部							■	
赞助商客户服务及维权	市场部							■	
闭幕式	大型活动部							■	
清场结算	组委会							■	
汇报评价	组委会								■

图 7-3 虚拟体育赛事计划甘特图

（三）体育赛事实施

体育场馆在体育赛事的实施过程中需要做好人力资源管理工作、后勤工作、礼遇安排工作、宣传及信息沟通工作等。

1.人力资源管理工作

体育赛事的人力资源大致可分为四类：赛事内部管理者，包括赛事常职人员和志愿者；赛事外部合作者，包括外包商和经纪人；赛事产品实现者，包括运动员、教练员、裁判员，以及运动队科研管理及医护人员；赛事产品的消费者，主要是现场观众。体育赛事的人力资源管理工作包括制定人力资源管理战略目标，在目标指导下进行任务分析、定岗定员；对所需人员进行招募、培训和评价；招募志愿者并进行培训、分配和管理。

2. 后勤工作

体育赛事的后勤工作指在比赛前、中、后对消费者的产品供给及对赛事需要的产品、设备、服务的供给提供保障，主要包括各类证件的制作、交通安排、场地布置、比赛设施设备和计分设备的准备、对人群流动的安排、准备赛场通信和紧急通信设备等。

3. 礼遇安排工作

体育赛事的礼遇安排工作主要指根据官员、媒体、运动员、教练员、赞助商等身份的不同，结合其需求，对住宿、餐饮、交通、闲暇时间按照计划进行落实的过程。

4. 宣传及信息沟通工作

体育赛事的宣传及信息沟通工作主要指在比赛期间，体育场馆通过挖潜体育比赛的新闻价值，对自身进行报道，以提升自身的品牌价值，或者为回报赞助商而对其进行的宣传报道。此外，体育赛事的举办是多部门公共协作的活动，为保障赛事的顺利进行，必须进行大量的信息沟通。大型赛事往往通过建立信息平台解决信息沟通问题。在赛事举办过程中，体育场馆通常通过移动通信设施、网络、对讲设备等媒体实现信息沟通的功能。

（四）体育赛事控制

如果在体育赛事中缺乏足够的控制，将面对巨大的成本消耗或达不到体育赛事的最终目标。无论计划做得如何周全，如果没有满意的控制系统，则体育赛事的决策或计划就不能得到很好的贯彻执行。为了达到更有效的赛事结果，体育赛事的组织管理者必须设计一个良好的组织控制系统。

体育赛事的控制是对体育赛事中各项活动的监视，从而保证各项行动按计划进行并纠正各种显著偏差的过程。控制这一环节穿插在计划、组织与实施和收尾工作中，一般进行财务控制和风险控制。由于管理者对已经完成的工作与计划所应达到的标准进行比较之前，并不知道其他部门的工作是否进行得正常，所以即使是体育赛事的组织管理者目前所管辖的部门完全按计划行动着，也仍须在管理过程中进行控制。有效的控制可以保证体育赛事的各项行动朝着达到体育赛事目标的方向发展。确定控制系统有效性的准则就是看它在促进组织目标实现时做得如何，控制系统越完善，管理者就越容易实现组织的目标。

（五）体育赛事收尾

人们往往将关注的焦点放在体育赛事的组织与实施上，为举办体育赛事准备并提供时间、人员、物资等安排，而忽视了赛后的一些收尾工作。在体育赛事的收尾阶段，要特别考虑赛后使用和赛后使用者，及为评估长远目标而进行的评估过程。此外，还要注意妥善处理与利益群体的关系，进行与之保持长远合作的战略管理。体育赛事的规模越大，这个过程越复杂。对于赛事顺利闭幕、设施移交、遗产和任何长期评估都十分重要。

第三节　体育场馆无形资产开发

体育场馆除了本身具有的实体资产外，背后还蕴含着巨大的无形资产，对体育场馆无形资产进行有效开发能够给场馆带来巨大的经济效益。体育场馆的无形资产可以划分为五种类型，体育场馆经营管理者可以通过开发体育场馆冠名权、特许经营权、广告发布权等进行无形资产的开发。

一、体育场馆无形资产的概念

无形资产是会计学中的一个概念，指在不止一个会计周期内能够为企业带来现金流，具有非实物形态特征，以及可辨认性特征的企业长期非货币性资产。体育场馆无形资产指在一个较长时期内被体育场馆拥有，能够为体育场馆运营带来经济收益的各类物质形态资源的总和。无形资产作为体育场馆资源资产的重要组成内容，从各方面影响着体育场馆的整体价值。无形资产开发是大型体育场馆非常重要的一项经营业务，若经营得当，无形资产开发的收入可以成为体育场馆的重要收入来源，从而有效提高和改善场馆设施的经营状况。

二、体育场馆无形资产的特征及分类

（一）体育场馆无形资产的特征

1.无形性

所有的无形资产存在一个共同的特性即无形性，就是一种看不见、摸不着并以非实物形态和非货币形态存在的体育资产，如体育场馆的租赁权、周围商铺的

经营权等都属于非实物形态的资产。

2. 长期性

长期性是指体育场馆资源的无形资产具有长期存在的特性，伴随体育场馆的存在而存在，甚至有些体育场馆拆迁之后，其无形资产依然存在，如体育中心周围的商业圈一旦形成是不会随着体育中心的拆迁而消失的。

3. 相关性

体育场馆资源的无形资产不是单独存在的，而是屹立于场馆资源和竞技运动项目之上，并受场馆位置、交通条件、赛事举办等多种因素影响和制约的，因此场馆无形资产存在相关性。

4. 可投资性

体育场馆资源存在巨大的潜在价值，这种价值经过一定途径可以转换为经济价值，因而具有可投资性。随着体育市场的不断繁荣，出现了专门经营体育场馆资源的企业，这些企业营业额的快速增长，也繁荣了体育无形资产的投资市场。

5. 价值难以计量性

无形资产价值难以计量性主要表现在其价值增减不确定和投入产出难以计量两个方面。价值增减不确定是指场馆资源无形资产的价值由于各种因素的作用存在上下波动的现象，这种波动规律又很难被人们掌握。投入产出难以计量由无形资产的无形性所决定，由于无形资产的潜在价值无法简单地用货币进行衡量，所以其生产出售成本难以量化。

6. 垄断性

垄断性是无形资产的一个重要特征，体育场馆资源的无形资产一般都是所有者拥有的独有资产，除了拥有其开发权的所有者和专门指定的业主外，其余单位、个人都无权开发和经营。

（二）体育场馆无形资产的分类

体育场馆无形资产主要分为五类：资源型无形资产、知识型无形资产、权利型无形资产、经营型无形资产、观念型无形资产。

1. 资源型无形资产

资源型无形资产指的是依靠体育场馆的空间、设施、设备、座椅、包厢等自有资源而形成的资源处置权、收益权等。例如，在NBA的各家主场场馆当中，场馆豪华包厢的使用费用或者租赁费用一直是场馆的重要收入来源。

2. 知识型无形资产

知识型无形资产指的是由人类智力发明创造的成果而延伸产生的无形资产。体育场馆的知识型无形资产包括场馆的商标权、设计专利和标志权等。体育场馆，尤其是大型体育场馆，对于一座城市的作用和意义早已不仅是承办体育比赛那么简单，而往往是一座城市的地标性建筑，甚至是整个城市形象的一个缩影。因此，一个场馆的设计形象和标志运营，关乎整个城市的对外形象，具有极大的商业价值。

3. 权利型无形资产

权利型无形资产指的是由法律、契约、合同或是授权所产生的无形资产，即体育场馆在运营过程中的各项权利。场馆的所有者往往拥有场馆的一切权利，包括各种资产和资源的支配权和处置权等，管理着在场馆内所进行的一切商业或其他活动。体育场馆的权利型无形资产主要包括冠名权、特许经营权和广告发布权等。其中，冠名权是体育场馆最重要、影响力最大的无形资产。

4. 经营型无形资产

经营型无形资产指的是在体育场馆的运营当中所形成的自有的经营方法、管理方式、销售渠道、商业秘密和商业资源等。一般而言，体育场馆主要由其主场球队或是体育场馆的管理公司负责运营。在运营主体长期的运营过程中，往往会形成自己独有的完整的商业网络，包括场馆的供应系统、销售系统和顾客关系系统等，这些都是场馆慢慢积累起来的无价的资源。体育场馆运营主体可以总结创新场馆运营管理理念、技术与方法，建立场馆服务质量标准体系，形成以场馆开发、服务管理、体育劳务、技术培训等为重点的自有知识产权，向社会体育场馆输出服务和管理。

5. 观念型无形资产

观念型无形资产指的是体育场馆在观众和其他消费者，甚至是普通市民中的形象和名誉声望。一座形象积极、运营良好的体育场馆可以有效地提升整个城市形象，在观众和市民之间树立良好的口碑。这样一来，场馆之后的各种商业活动的商业潜力都会得到大幅提升。

三、体育场馆无形资产开发的原则和策略

（一）体育场馆无形资产开发的原则

体育场馆无形资产的开发经营是一项涉及面广、交易程序复杂，且政策性非常强的特殊经营活动。开展这类经营活动应遵循以下三个基本原则。

1. 最优效益原则

用尽可能少的投入获得尽可能多的产品，做到投入少、产品多、效益高。

2. 系统优化原则

在体育场馆无形资产的经营过程中，要从系统的观点出发，力求以最优的方案和办法来处理各种关系，解决各种问题。

3. 相对分离原则

本着所有权与经营权相对分离原则，以实现政企分开、政事分开，不断改善体育场馆无形资产的经营管理水平。

（二）体育场馆无形资产开发的策略

1. 重视体育场馆无形资产的开发

我国拥有庞大的体育场馆资源，但经营者普遍注重物业出租、场馆出租等传统经营内容，对场馆蕴含的无形资产价值关注不够。另外，我国体育场馆大多由国家投资兴建，以事业单位为主，管理体制改革滞后，导致无形资产开发主体不够明确，场馆经营管理者缺乏开发动力。因此，体育场馆管理部门首先要解放思想，在加强体育场馆有形资产经营管理的同时，提高对场馆无形资产价值的认识，加大开发力度。此外，场馆管理部门还应加强与政府其他相关部门的协商，加快制定公共体育场馆无形资源开发的管理办法，积极开发包括冠名权在内的无形资源。

2. 重视体育场馆无形资产开发的理论研究和数据积累

目前，国内体育场馆无形资产开发刚刚起步，缺乏相关理论研究。因此，要加强体育场馆无形资产价值评估、回报方式等研究，积累相关的统计数据，如场馆赛事活动安排，年人流量，观众年龄、性别、消费水平，以及冠名效果评估等。在体育场馆冠名热潮中，也存在竞争风险。由于企业同时还会寻求对商业中心、会议中心、剧场或音乐厅的冠名，所以保持及加大体育场馆对企业的吸引力、让企业获得其他手段难以实现的收入和影响是体育场馆需要深入研究的问题。任何市场策略的关键都是抓住最终消费者，因此无论是企业还是体育场馆拥有者，都要以消费者为核心，加强对体育场馆无形资产的开发研究。

3. 提高体育场馆的曝光率和使用率

体育场馆应积极引进有影响力的国内外大型体育赛事和文艺表演，大力发展和举办具有民族特色、地方特色的自主品牌的比赛，同时积极引进职业赛事，广泛开展群众性赛事、娱乐、集会、展览、青少年培训等，努力提高场馆人流量和曝光率。此外，还应充分利用电视、报刊、网络等立体多维的宣传手段和多种机会，大力宣传体育场馆的优势和特点，扩大场馆的知名度，增加媒体曝光率，让更多的企业认识到体育场馆蕴藏的巨大广告效应和商业价值。

4.合理选址，科学规划，增值体育场馆的无形资产

加强体育场馆的整体规划，力求选址科学，使体育场馆的交通便利、配套完善、规模适度。加强体育场馆的功能设计和配套设施建设，建筑工艺设计和设备工艺设计尽量为场馆后期运营管理创造条件，充分考虑体育场馆后期运营功能，并在设计阶段就对体育场馆无形资产开发做好长远规划。

5.重视体育经营中介机构，提升无形资产开发的专业水平

体育场馆无形资产开发具有专业性强的特点，涉及体育、经济、广告、传媒、法律等多门学科，借助专业的体育经营中介机构，有利于提高无形资产开发的专业水平，从而增加开发效益。体育经营中介机构包括专业的评估机构，以开展体育场馆无形资产评估；专业的拍卖公司，以进行公开拍卖，选择实力雄厚、健康向上、公益形象良好、公众认可度高的公司作为体育场馆的冠名企业或合作伙伴。

6.科学评估，合理开发，规避风险

体育场馆的无形资产开发涉及多方利益，合作方之间需要进行科学评估，避免盲目开发，以提前规避潜在风险。以体育场馆冠名权的开发为例，冠名企业既要考虑项目的发展趋势和市场风险，又要顾及自身的经济实力和市场营销策略。因此，要充分考量体育场馆观众市场的规模及冠名价格，以及企业产品与体育场馆的关联度、企业品牌推广战略等。体育场馆也要科学评估冠名合作存在的风险，充分考虑各种潜在的风险。如赞助商名称及经营情况的变化，或者企业合并和改变商标；赞助商破产导致的财务问题；著名赛事、队伍、运动员没有落地场馆给赞助商带来的损失等。体育场馆要树立"诚信为本、顾客至上、相互合作、实现双赢"的理念，与合作企业建立互惠互利的商业伙伴关系，创新服务的手段和方法，提供优质服务。

四、体育场馆无形资产开发的基本思路与主要方式

（一）体育场馆无形资产开发的基本思路

1.无形资产的调查与预测

以市场需求作为体育场馆无形资产开发的出发点，通过访谈或问卷调查等方式，收集相关数据，对无形资产进行专业分析、预测和判断，从而获得客观可靠

的意见和信息。

2.无形资产的鉴定与评估

体育场馆无形资产类型丰富多样,但并不是所有的无形资产都适合每个场馆的发展。因此,在开发前,首先要对该体育场馆需开发的无形资产进行鉴定。需要确定场馆中是否存在需开发的无形资产,若存在,则需要确定无形资产所属种类。其次,在对体育场馆无形资产进行鉴别后,需要采取相对应的评估方法对每项体育场馆无形资产进行价值评估。目前常用的无形资产评估方法有收益法、成本法、市场法。经过计算评估,最终形成有关无形资产评估的报告,为之后体育场馆无形资产开发方案的制订提供依据。

3.策划与制订方案

通过前期的调查、分析、评估等一系列的措施后,应从满足社会大众需求和自身盈利两者相对平衡的角度出发,制订切实可行的体育场馆无形资产开发方案。在制订方案时,也需要对自身进行准确的定位,不能只注重体育场馆无形资产高额的盈利回报率,而忽视自身所能承受的运营能力。

制订体育场馆无形资产开发方案的步骤为:第一,对选择开发的体育场馆无形资产进行可行性分析,判定各个待开发的无形资产的可行性和开发利弊;第二,根据开发利弊和现阶段场馆实际需求情况,对待开发的无形资产按轻重缓急程度进行开发顺序的设置;第三,确认开发顺序后,根据每个无形资产的性质,招募与场馆方理念相一致的合作企业。

4.选择合适的开发模式

我国体育场馆无形资产开发现行的主要模式有三种,包括独立开发、合作开发和委托开发。独立开发主要是由体育场馆运营商自行建立一个下属的市场部门,投入技术力量和资金,以进行无形资产的开发。合作开发则是指由一个以上的企业或个人共同出资,共同参与无形资产的开发。相较于独立开发,合作开发的优点在于可以减轻场馆的经济压力和投资风险,并且合作双方的潜在利益也会推动双方更好的协作,以取得更佳的经营成果。委托开发是指将场馆无形资产交给受托方,依照事先约定的合同进行开发和运营管理。

(二)体育场馆无形资产开发的主要方式

1.体育场馆冠名权

体育场馆的冠名是指场馆经营者将具有社会认知性的体育建筑物、设施名称进行有偿转让,并为冠名企业提供有形的经济利益和无形的社会效益的过程。开发大型体育场馆冠名权可以实现多方共赢的目标,可以让冠名活动的策划者、合作者、参与者和执行者从体育场馆冠名权开发过程中受益,并实现场馆效益的最大化,为体育场馆运营融资,提升冠名企业的品牌形象和知名度,使体育场馆所有者与冠名企业结成战略合作伙伴。通常情况下,体育场馆冠名权的期限相对较长,收益较高且十分稳定。例如,根据2018年SBJ(Sports Business Journal)公布的顶级冠名权交易榜单,巴克莱银行以2亿美元的价格获得纽约巴克莱中心2007—2032年的冠名权,美国银行以1.4亿美元的价格获得纽约美国银行体育馆2004—2023年的冠名权。

2. 体育场馆特许经营

体育场馆特许经营是指通过支付相应费用,获得在体育场馆区域内享有经营和销售体育产品及服务的特许经营的权利,包括餐饮销售、产品展示、招待活动、广告经营等。体育场馆特许经营经常与冠名权等结合进行捆绑销售,以增加对企业的吸引力。与冠名权、广告发布权、豪华包厢等无形资产相比,体育场馆特许经营是最为活跃且获利最显著的一类资产。

3. 体育场馆广告发布权

体育场馆设施内外及周边广告发布权蕴含着巨大的商业价值。体育场馆广告除了具有地理位置好、规模大、人流量高等优势外,与同类竞争者如歌剧院、电影院、大型商场等相比,还具有社会渗透力强、宣传成本低等优势。因此,广告主通过租用或购买等方式获得场馆内外及周边广告空间使用权,可以宣传企业形象,达到塑造和强化品牌、提高消费者忠诚度及提高经销商信心等目的。目前已开发的场馆设施的广告空间主要包括场馆设施内外的墙壁、地面、扶梯、过道、围栏、护栏、灯柱及楼顶等。

第四节　体育场馆俱乐部经营

体育场馆内的俱乐部是由场馆经营者出面组织,会员在自愿、互助、互惠的基础上自主参加,并有相应的权利和义务的自由协会或团体。体育场馆经营者通过组建俱乐部吸收会员参加,并提供适合会员需要的服务,培养体育场馆的忠诚顾客,以此获得经营利益,实质上是市场向消费者提供资源的一种供给组织形式。

一、体育场馆俱乐部的类别

依据活动形式与活动目的,体育场馆俱乐部大体可分为业余、职业和商业三种类型。

(一)业余体育俱乐部

业余体育俱乐部是以体育为共同爱好的人自愿组成的自治体育团体,属社团体育系统。其主要任务是组织自由参加的会员利用业余时间开展体育活动,一般以开展大众体育活动为主。

(二)职业体育俱乐部

职业体育俱乐部是指拥有由职业运动员组成的、有资格参加全国职业队联赛的职业运动队,并通过参赛、无形资产开发、会员转会等途径营利的经营性体育俱乐部。

(三)商业体育俱乐部

商业体育俱乐部是近年来基于"花钱买健康"的消费观念而兴起的以营利为目的的体育服务产业,包括健康城、健美中心、保龄球、旱冰场、高尔夫球场、网球场等。

二、体育场馆俱乐部的功能

对于消费者而言,体育场馆俱乐部具有如下功能。

(一)社交功能

如以运动为主要活动内容的体育场馆俱乐部,就具有良好的社交功能。许多人参加团体运动项目是为了运动中那种亲密无间的情谊及希望获得归属感。

(二)娱乐功能

体育场馆俱乐部成员的一个重要活动内容就是娱乐。

(三)心理功能

成功的体育场馆俱乐部能够起到满足安全、地位、社交这三种需求的作用。

三、体育场馆俱乐部的组织结构

俱乐部既可以是体育场馆的一项业务单位,也可以作为体育场馆的子公司以独立法人实体存在。体育场馆俱乐部采取总经理负责制度,在财务上进行独立核算。图7-4为体育场馆俱乐部一般的组织结构。

体育场馆俱乐部各个部门分工与职责具体如下。

总经理:负责俱乐部总体战略及目标计划的制定,对日常工作进行总体控制,对突发事件进行管理。

办公室:包括内勤、人事、财务三方面工作,主要负责俱乐部信息流、资金流、人流的运转与沟通。

市场部:负责会员招募、营销策划与实施。

教练部:主要负责场地器材的使用与维护、教练人员的日常管理。

客服部:主要负责服务流程设计、实施与管理、内部员工的服务意识培训。

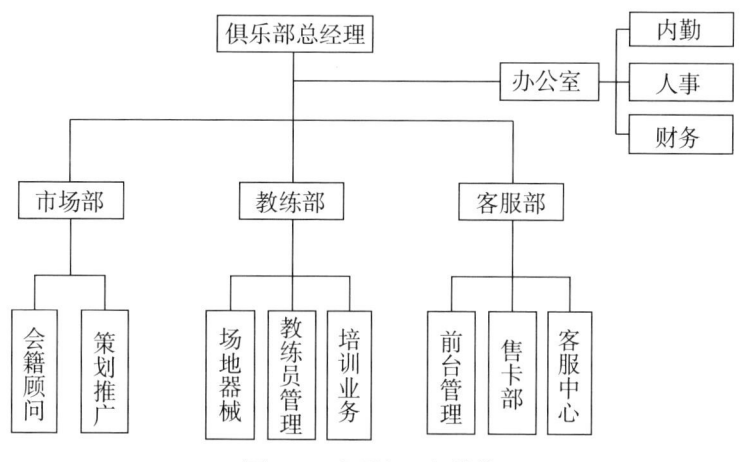

图7-4 俱乐部组织结构

四、体育场馆俱乐部的运营流程

体育场馆俱乐部运营流程包括三个过程:自下而上的信息收集过程、自上而下的战略目标贯彻过程、自下而上的实施过程。

(一)自下而上的信息收集过程

各部门收集与工作内容相关信息,并根据信息制订本部门、本岗位的目标计划。这是经营过程的起点，即调查预测阶段，也是经营必不可少的环节。

（二）自上而下的战略目标贯彻过程

在收集各部门信息及制订目标计划的基础上，总经理制订俱乐部年度总计划，并将目标层层分解，落实到基层。这是目标分解过程，也是分层授权过程。目标分解时，要注意激励与约束的适度搭配。

（三）自下而上的实施过程

如图 7-5 所示，俱乐部经营过程的实现、客户取得与维护，都不是一个部门能单独完成的，它需要各个部门相互配合，协同作战。各部门、各岗位、各员工根据自己的目标计划推进日常工作，各管理层对日常工作进行控制。该过程构成经营流程的主体，是企业与消费者沟通并实现服务传递的过程，也是经营流程的实施过程。只有在前两个流程实现的基础上，这个过程才能顺利展开。

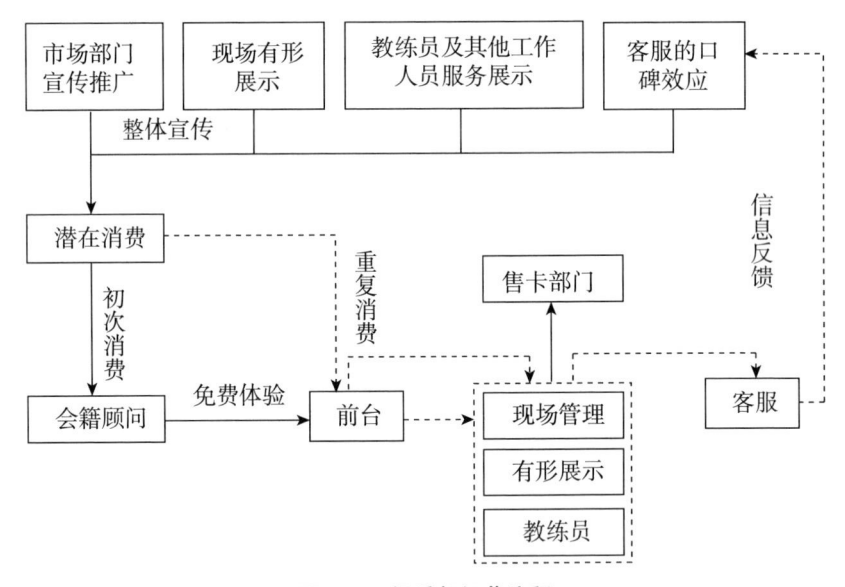

图 7-5 俱乐部经营流程

五、体育场馆俱乐部的产品及其服务设计

产品并非仅仅指提供某种效用的物品，它是一个整体的概念。整体产品构成包括核心产品、形式产品和延伸产品。核心产品是满足消费者基本效用的产品；

形式产品是核心产品借以实现的形式；延伸产品是消费者在消费过程中获得的超过基本效用的附加值。

体育场馆俱乐部提供的核心产品为消费者通过运动获得的效用，这些效用有运动爱好、健身需要、商务拓展等。体育场馆俱乐部提供的形式产品为能够让消费者获得效用的基本形式，主要为健身卡。体育场馆俱乐部提供的延伸产品为各类增值服务，如免费体检、免费停车、会员活动、保健康复体验等。

由于不同消费者的消费需求不同，所以产品设计不同，这种不同主要体现在健身卡所提供的服务内容差别上。因此，俱乐部的产品可以用两个名词来描述，即健身卡和会籍。

（一）健身卡

1.健身卡的概念及功能

（1）健身卡的概念

健身卡是采用会员制的企业为确认会员身份而设计的ID卡，同时也是客户忠诚度的培育卡。

会员制是一种人与人或组织与组织之间沟通的媒介，它由某个组织发起并在该组织的管理运作下，吸引客户自愿加入，目的是定期与会员联系，为会员提供具有较高感知价值的利益包。具备以下特征的企业适合采用会员制。①产品或服务具有社会性；②产品或服务具有重复消费的可能；③产品或服务需要深度服务；④目标消费群体容易锁定，并且数量在服务能力之内。

（2）健身卡的功能

为鼓励会员积极参与健身，培育并增进会员的健身忠诚度，体育场馆健身俱乐部应设置多种可供自由选择的健身卡。健身卡的功能包括持卡人能参与指定的健身项目，能享受累计消费所馈赠给客户的促销计划，能在体育场馆内各商务地点刷卡消费，能使用体育场馆内所有免费体育资源。

2.健身卡的分类

健身卡的设置方式有很多。通常按照消费时间，可设置为年卡、半年卡、季卡、月卡；按照从量计费或从价计费，可以分为次卡、储值卡。此外，还可以按照会员种类，分为团体卡、个人卡；按照会员资格区，分为普通卡和VIP卡。最理想但也最难的一种健身卡设置方式是按照消费者受益不同进行卡的开发，如阳光健身卡系列。

阳光少年健身卡：响应各地提出的"阳光一小时"倡议。"阳光一小时"即青少年必须保证每天一小时的健身时间。

阳光团队健身卡：将阳光健身举一反三，推举到企业。企业员工或行政机关、事业单位的公务员在推行"拉灯计划"的同时，也必须保证必要的锻炼，成为有如阳光般朝气蓬勃的团队。

表 7-2 为部分健身卡的种类及说明，并不能完全概括不同俱乐部的所有卡系列。由于各体育场馆资源不同，社会价值观念也在逐步变化，所以许多新品卡种将会依具体环境而被创意地开发出来。

表 7-2 健身卡的种类及说明

消费者类别	会员类别	卡种名称	备注
散客	个人非会员	游泳次卡	按消费次数计价，也称为次卡
		羽毛球次卡	
		乒乓球次卡	
		年卡	在一定时期内消费存储一定货币，消费次数不限制，也称为储值卡
		半年卡	
		季卡	
		月卡	
		阳光少年卡	根据不同的消费群体设计的促销卡种，为储值卡
		丽人卡	
		SOHO 卡	
		情侣卡	
		单身贵族卡	
散客	个人非会员	银发卡	
		老年高血压保健年卡	
		……	
	团体非会员	游泳团体卡	针对团体，分项目设计的储值卡
		羽毛球团体卡	
		乒乓球团体卡	
		阳光团体卡	

续表

消费者类别	会员类别	卡种名称	备注
会员	商务会员	永久会员卡	拥有会籍的储值卡
		VIP-钻石卡	
	一般会员	VIP-金卡	
		VIP-银卡	
		普通会员卡	

3. 健身卡覆盖的服务项目

体育场馆俱乐部提供的服务项目包括运动项目、保健项目及生活配套项目。俱乐部在试营业阶段,可以通过少数项目的对外开放检验管理流程及各项管理系统,锻炼队伍,收集经验,为后续正式营业打下基础。在正式营业阶段,可根据现有条件最大程度地整合资源,为目标客户群体提供尽量丰富的各项服务产品。随着俱乐部的日益发展与完善,后期可以根据体育场馆的战略规划设置完备的服务项目组合,以满足目标客户群体的需求。

表 7-3 为以体育场、体育馆和游泳馆为主要建筑群体的虚拟体育中心各阶段健身卡覆盖服务项目列表。

表 7-3 健身卡覆盖服务项目

服务项目分类	项目名称	试营业期	正式营业前期	正式营业后期	备注
运动项目	羽毛球	√	√		
	乒乓球	√	√		
运动项目	室内篮球		√		
	器械健身		√		对会员免费
	台球			√	
	保龄球			√	
	沙壶球			√	
	游泳	√	√		
	嬉水			√	
	室外网球		√		
	室外足球		√		

165

续表

服务项目分类	项目名称	试营业期	正式营业前期	正式营业后期	备注
运动项目	室外篮球		√		对所有公众免费
	室外门球			√	
	室外地掷球			√	
	室外拓展			√	
	电子竞技		√		
	健身路径		√		对所有公众免费
保健项目	水疗			√	商务会员
	保健按摩			√	对商务会员免费
	中医理疗			√	商务会员
	体质监测及健康指导			√	对会员免费
配套项目	购物	√	√		
	餐饮			√	
	KTV			√	
	住宿			√	
	商务洽谈			√	商务会员

（二）会籍

会籍是在俱乐部中注册成为会员的身份或资格。通过购买俱乐部会籍，会员通常可以享受俱乐部提供的相应产品和服务，如参与俱乐部组织的活动、使用俱乐部设施、获取俱乐部内部资讯等，为会员提供了实际的使用价值和体验。会籍种类实质上是对目标受众的细分。区分会籍种类的目的是更好地服务目标消费群。会籍分类及解释如表 7-4 所示。

表 7-4　会籍分类及说明

分类依据	会籍分类	说明
自然人或法人	团体会籍	以企业法人，或事业、行政机关部门的名义进行会员注册，凡该单位的员工均可享有会员卡规定的各项服务
	个人会籍	以个人名义进行实名制会员注册，持卡人可以享有会员卡规定的各项服务，会员卡可以过户转让

续表

分类依据	会籍分类	说明
服务项目组合	综合类健身会籍	选择多项运动及服务项目的会员
	普通单项健身会籍	选择单项运动项目的会员
	医疗保健卡会籍	仅选择医疗保健服务的会员
	商务会所会籍	商务会所高端会员

在重复消费中，受消费者审美疲劳周期的影响，会导致消费的衰减。为此，需设计会员激励制度。会籍制可以通过采用多级会籍资格法，激励顾客消费，获得会籍资格的晋升。会籍资格及说明详见二维码。

会籍资格及说明

第五节 体育场馆运营与开发的业务拓展

体育场馆是体育产业发展的物质基础，也是文化娱乐活动开展的空间，更是人们健身、休闲、娱乐必不可少的生活空间。但是，体育场馆位于体育产业价值链的底端，要想获得市场竞争力、形成较高的附加价值，必须走创新之路，探索体育场馆运营与开发的新模式，衍生能满足人们体育与文化需求的更具生命力和竞争力的业务类别。

一、体育场馆业务拓展的方向

体育场馆新业务应沿着价值链的方向进行向上、向下或者跨越价值链的拓展。

（一）价值链

哈佛商学院教授迈克尔·波特（Michael E.Porter）1985年在《竞争优势》一书中提出，"每一个企业都是在设计、生产、销售、发送和输出其产品的过程中进行种种活动的集合体。所有这些活动可以用一个价值链来表明。"价值链不仅存在于单个企业活动中，也存在于不同企业之间。随着产业内部分工不断向纵深发展，其价值创造活动通常由多个企业共同完成，这些企业相互之间构成上下游关系，共同创造价值。故而把围绕服务于某种特定需求或进行特定产品生产或服务提供中所涉及的一系列互为基础、相互依存的上下游链条关系称为产业价值链（Industrial value chain）。

（二）体育产业价值链

从自然资源到形成商品或劳务，直至满足消费需求形成价值的过程。体育产业价值链如图7-6所示。

自然资源提供	设计	经营	销售	服务形成	满足需求，形成利润
体育用品生产；场地建设；体育旅游资源形成	赛事策划；竞赛规则设计；健身方案设计；体育培育方案设计	赛事组织管理；赛事、明星品牌培育；体育节目制作；健身、休闲、娱乐产品组织管理	赛事、球员、球队、健身休闲娱乐产品等体育产品的销售	赛事举办；体育节目播放；提供健身、休闲、娱乐服务	
体育用品公司、体育金融公司、体育博彩公司、体育场馆建筑公司、体育设施公司、体育旅游公司等					

图7-6 体育产业价值链

体育产业价值链活动的最终输出是产品与服务。体育产业组织投入资源经各种作业加工变化后形成目标市场的产品，在产品上凝聚着价值链活动所创造的使用价值。体育产业组织追求的目标是使客户认可的价值或愿意支付的费用大大超过总体运营成本，在这样的条件下从中获取利润。价值是体现买卖双方双赢甚至多赢的概念，只有使产品和服务不断满足客户变化中的价值观，才能持续不断地获取利润。

（三）体育场馆链式发展

体育场馆链式发展，即体育场馆应着眼于各种产业链和自身的供应链及价值链的分析，优化资源配置，控制作业成本，增加场馆附加价值，以提高体育场馆竞争力，如图7-7所示。体育场馆的链式发展方向即业务拓展方向，通过提供多样化的服务和产品，满足消费者的不同需求，实现场馆资源的高效利用和效益最大化。

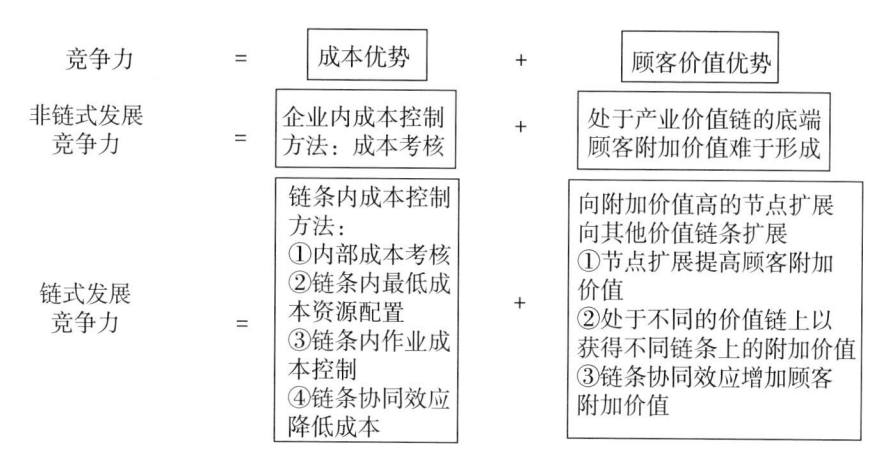

竞争力	=	成本优势	+	顾客价值优势
非链式发展竞争力	=	企业内成本控制方法：成本考核	+	处于产业价值链的底端顾客附加价值难于形成
链式发展竞争力	=	链条内成本控制方法： ①内部成本考核 ②链条内最低成本资源配置 ③链条内作业成本控制 ④链条协同效应降低成本	+	向附加价值高的节点扩展 向其他价值链条扩展 ①节点扩展提高顾客附加价值 ②处于不同的价值链上以获得不同链条上的附加价值 ③链条协同效应增加顾客附加价值

图 7-7 体育场馆链式发展竞争力构成

二、体育场馆链式发展模式

【链式发展的一般模式】

划分模式的标准是看产业链中主要节点之间主要企业间的关系。企业之间有三种主要关系及契约形式，即纯粹的市场交易关系、产权关联式关系（体现为企业通过收购、并购、持股、控股、参股等形式对其他企业进行控制）、准市场式关系（即企业间通过"关系型契约"所建立的较稳固的关系）。根据上述关系和契约形式，链式发展的模式可以分为市场交易式、纵向一体化式、准市场式和混合式四种。具体详见二维码。

链式发展的一般模式

根据体育场馆业自身发展规律，在结合链式发展一般模式的基础上，总结出体育场馆链式发展的模式有业务外包模式、纵向一体化拓展高附加值节点模式、跨价值链多元化拓展模式和战略联盟模式。

（一）业务外包模式

社会经济的发展与技术的进步，使社会分工不断深化，企业许多价值增值环节被分为更长更细的价值增值环节。实行业务外包战略是将所有环节优势叠加与资源优势共享的有效战略。体育场馆业务外包，是指场馆管理部门通过与外部企业签订合约的方式，将非核心业务进行外包，利用外部专业化管理团队为自身提供所需的服务内容，以达到降低运营成本、提高效率、增强自身核心竞争力及环境应变能力的一种管理模式。业务外包模式形成的链式发展如图7-8所示。

（二）纵向一体化拓展高附加值节点模式

该模式指通过对产业价值链上高附加值节点业务的拓展，以及对高附加值企业的横向与纵向兼并、收购，实现企业产业链资源的内部化，以提高对顾客的价值回报，提升企业的竞争力。如图7-9所示，该模式包括两种行为，一是体育场馆业务向体育产品设计研发、经营管理、销售服务等方向延伸；二是兼并、收购具有高附加值的节点企业，即纵向一体化。

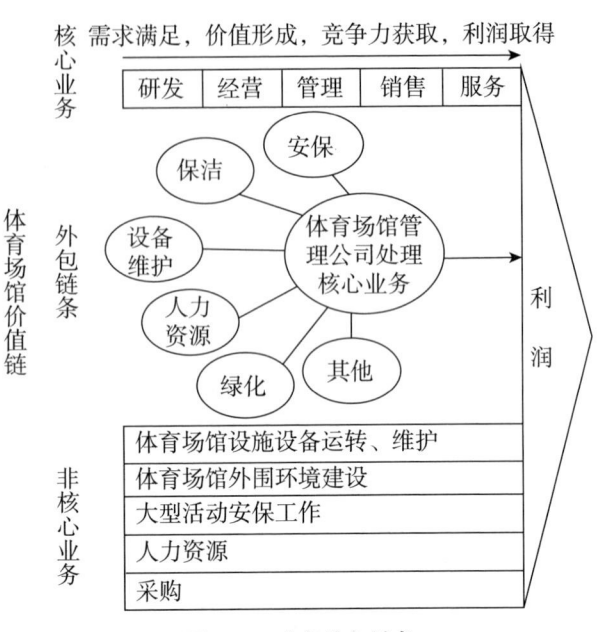

图7-8　业务外包链条

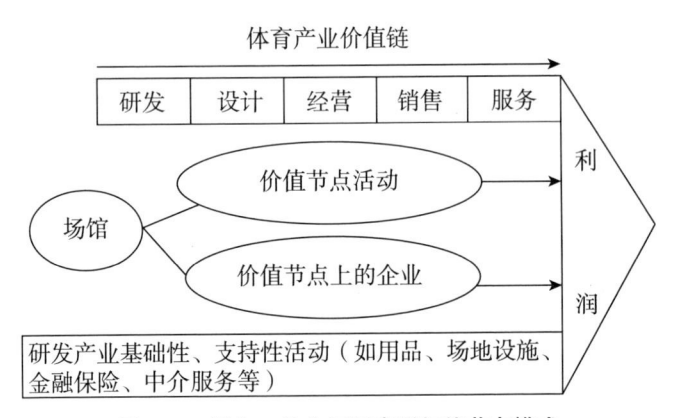

图7-9　纵向一体化拓展高附加值节点模式

（三）跨价值链多元化拓展模式

体育场馆不仅存在于体育产业的价值链条上，也存在于如文化产业、房地产业、零售业、旅游业、餐饮行业、住宿行业，甚至制造业等其他产业的价值链条上。跨价值链多元化拓展模式指体育场馆通过自主开发高附加值节点业务、业务外包、兼并收购、战略联盟、虚拟、OEM、ODM、特许经营连锁、租赁、获得股权等多种方式进入另一个价值链条，为顾客增加价值，获得市场竞争力。

（四）战略联盟模式

该模式指通过与产业链上相关企业建立契约关系，进而实现对其相关资源的利用与支配。由于体育企业之间存在资源的相互依赖性和价值活动的多元化性，这些资源和价值活动在联盟中能够得到新的组合和延伸，使企业降低交易成本，获取更多的潜在利润。与产业价值链的上下游企业建立战略联盟，不仅能提高产业进入壁垒，而且可以使联盟各方共享知识，将自身主要资源集中于产业价值链的核心战略性环节，进行互补或合作性研发、生产，提高研发与生产效率，缩短新产品开发与投放市场的时间，降低成本，提高研发成功率。与替代者建立战略联盟是实现对潜在竞争者积极防守的有效途径，可以优化产品结构，满足消费者的多元化需求，从而提高消费者的满意度。

三、体育场馆业务拓展的形式

（一）创意活动

为弥补大型活动资源的匮乏，体育场馆在加强与外界联系，争取引进各种大型活动的同时，应主动根据区域企业与市场的需要，积极自主筹划各种大型活动，如深受区域政府青睐的趣味运动会、健康家庭节等。此外，还可以借助举办大型体育赛事的机会，自行策划、组织各种相关活动。创意活动既利用了现有场馆资源，又为场馆开发出了新的产品，对体育场馆的发展有重要作用。

（二）体育培训

体育培训市场是体育主体市场的一个重要组成部分，它是以体育运动技术或某一项目的技术指导为商品并提供相关服务的场所。目标对象主要是青少年及儿童，也包括对锻炼身体和运动技术技能的学习有兴趣爱好的成年人。体育培训市场的不断繁荣，不仅能够带动其他体育市场发展，而且有助于增加体育人口数量、推进我国社会体育的发展，成为竞技体育发展的基础。目前，我国的体育培训市场大致分为两大类：体育技术培训市场与体育职业培训市场。体育技术培训主要是指广大体育爱好者为了掌握与提高运动技术技能而参加的体育培训，这类市场主要是为满足不同人群在身体锻炼与掌握运动技术等方面的需求，提供各项运动技术指导等经营服务的行业。体育职业培训是由国家主管部门制定或所属行政单位与学校对社会所需的体育专业及相关人员进行的岗前或上岗培训。

（三）场地租赁

体育场馆租赁经营是指体育场馆出租人将体育场馆交付承租人使用及通过经营获取收益，承租人向体育场馆支付租金的一种场地运营方式。不管是企业还是事业单位，都有一些长期不用或少用的体育场馆。同时，又有许多单位或个人迫切需要使用这些体育场馆。通过租赁方式盘活闲置体育场馆，在解决了供需矛盾的同时，也发展了群众体育事业和体育产业。

（四）建立战略联盟，共同开拓商业机会

一是与运动项目管理中心建立战略联盟关系，获取共同开拓体育赛事市场的机会。二是与演出公司或者文化传播公司建立战略联盟关系，获取共同开拓文化娱乐活动的机会。例如，北京五棵松文化体育中心有限公司与启明迪瑞（北京）文化旅游发展有限公司于2023年签订合作协议，拟立足于冬奥遗产——华熙LIVE冰上中心，以更具可持续性及商业化的方式，打造"希伯瑞亚冰雪世界"等，使场馆、企业、大众等多方受益，有助于巩固及发展中国冰雪的硕果。

📖 本章思考题

1. 简述体育场馆的运营内容。
2. 体育场馆在体育赛事实施时的主要工作内容有哪些？
3. 体育场馆无形资产开发的主要方式有哪些？
4. 谈一谈你知道的体育场馆俱乐部健身卡的创新类别。
5. 谈一谈你对体育场馆链式发展的看法。

第八章 CHAPTER 08

体育场馆公共关系

【本章概要】

本章主要介绍公共关系的概念与内涵、公共关系对于体育场馆经营管理的作用及公共关系在体育场馆经营管理中的应用等内容。体育场馆处理好公共关系是其可持续发展和成功经营管理的重要保障。通过本章的学习，可了解在经营管理的过程中，体育场馆应如何处理好与政府部门、行业协会、消费者、媒介与社区等利益相关者的关系，且避免公关危机的发生。

第一节　体育场馆与公共关系

19世纪末，公共关系学诞生，开始作为一个独立的学科于人类社会的发展历程中崭露头角。20世纪，伴随着我国的改革开放进程迅速在我国生根发芽。深入了解公共关系的概念与内涵，能够洞察公共关系在体育场馆经营管理中所扮演的角色和重要性。

一、公共关系的概念与内涵

公共关系由英文"Public relations"翻译而来，也称公众关系，其本质属性是沟通协调，是存在于社会组织和公众之间的一种状态。公共关系可以概括为一个社会组织为改善与其公众的相互关系采取传播手段而进行的规范性的活动。

公共关系的要素包括公共关系的主体、客体和公共关系的传播。公共关系的主体是社会组织，是公共关系的具体实施者，其内容和性质是多种多样的。公共关系的客体被称为公众，指与主体发生相互作用，面临共同问题，拥有共同利益的社会群体。公共关系的传播活动区别于其他传播活动的特征就是以塑造组织形象为目的。社会组织、公众和传播这三个要素构成了公共关系的基本范畴，公共关系的理论研究、实际操作都是围绕三者的关系层层展开的，这三个要素共存于特定社会环境之中（图8-1）。

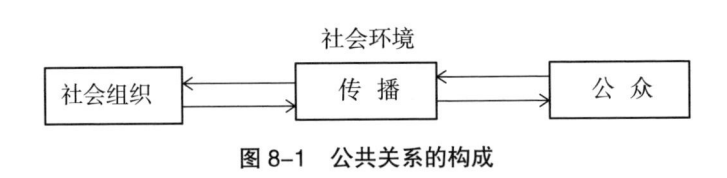

图 8-1　公共关系的构成

二、公共关系在体育场馆经营管理中的作用

体育场馆的公共关系从本质上来说是指体育场馆通过各种传播途径与政府机构、消费者和新闻媒体沟通，从而形成正面舆论，塑造良好的体育场馆公共形象，维系公共关系。体育场馆作为一个社会组织，在公共关系中处于主体的地位，体育场馆在公共关系中面临的对象主要为政府机构、消费者等，他们是体育场馆生存和发展的基础，同时也是公共关系的对象。公共关系在体育场馆经营管理中的作用主要体现在以下五个方面。

一是提升场馆形象和品牌价值。公共关系通过各种传播渠道，如新闻媒体、社交平台等，对体育场馆的形象进行积极的宣传和塑造。通过发布新闻稿件、组织新闻发布会、安排媒体采访等方式，向公众传递信息，展示自身的实力和特色。同时，公共关系还可以有效应对和处理场馆面临的突发事件，维护场馆声誉和形象。

二是建立和维护与利益相关者的合作关系。公共关系可以帮助体育场馆与政府机构、行业协会、企业、媒体等建立良好的合作关系，获得更多的支持和资源，如政府资助、企业赞助等。同时，公共关系还可以帮助体育场馆与相关组织建立长期稳定的合作关系，实现互利共赢的局面。

三是促进与公众的沟通和互动。公共关系可以帮助体育场馆与公众建立有效的沟通渠道，及时回应公众关切，解答疑问。通过组织公开活动、开放日、社区活动等方式，公共关系可以让公众更加了解体育场馆的运营情况、赛事安排、服务项目等，提高公众对体育场馆的认知度和满意度。同时，通过收集和分析公众反馈信息，公共关系还可以帮助体育场馆改进产品和服务，满足公众需求。

四是获取更多的资源和支持。公共关系可以帮助体育场馆与相关组织建立合作关系，争取更多的赞助商和捐赠者。通过公共关系的策划和实施，体育场馆可以获得更多的资金、物资和技术支持，促进自身的可持续发展。同时，公共关系还可以帮助体育场馆拓展市场渠道，开发新的资源。

五是增强社会责任感和公信力。公共关系可以帮助体育场馆传递积极的信息，展示自身的价值和贡献。通过参与公益活动、支持社区发展等方式。同时，公共关系可以帮助体育场馆树立透明、诚信的形象，赢得更多的社会认可和支持。

第二节　公共关系在体育场馆经营管理中的应用

公共关系是体育场馆与公众之间的桥梁，旨在建立和维护与公众之间良好的关系，提升场馆的形象和知名度。

一、体育场馆与政府部门的关系

（一）体育场馆与政府部门关系的分类

1.体育场馆日常运营与政府部门关系

第一，体育主管部门作为公共体育场馆的主要业务管理部门，在公共体育场馆的日常运营中扮演着监管和支持的角色，主要体现在以下方面。

① 体育主管部门发布相关政策、规范、标准和指导意见，为公共体育场馆运营管理提供指导，确保其运营符合国家体育发展方向和相关规范要求。

② 体育主管部门组织或协助举办公共体育场馆经营管理的培训服务，提升场馆管理人员的专业素养和能力。

③ 体育主管部门为公共体育场馆提供财政支持，用于支持公共体育服务的供给。在公共体育场馆财政支持政策中，目前最重要的是公共体育场馆免费低收费开放补助资金。

④ 体育主管部门对公共体育场馆的业态规划、安全设施、服务质量等方面须进行监督和管理。

第二，体育场馆除了受到体育主管部门管理以外，地方各有关行政部门对体育场馆的经营管理也提供监管和相关服务。

① 市场监管部门依法对场馆的安全生产、广告宣传、不正当竞争、食品安全等方面履行监督管理职责。

② 公安、卫生健康等部门和应急管理部门应按照各自职责依法对体育场馆设施及赛事活动的安全、卫生和消防工作等进行监督管理。

③ 税务部门除了征收体育场馆正常的税种以外，同时依法对符合条件的体育场馆减免房产税和土地使用税等。

2. 体育场馆举办大型群众性活动期间与政府关系

依据 2007 年中华人民共和国国务院令第 505 号《大型群众性活动安全管理条例》的规定，大型群众性活动是指法人或者其他组织面向社会公众举办的每场次预计参加人数达到 1000 人以上的活动，如体育比赛、演唱会、会展等。大型群众性活动在准备阶段须向多个政府部门办理报批、备案，通常由活动的主办方具体负责，体育场馆虽然不是第一责任人，但是是场地的提供方，优秀的体育场馆运营团队应在提供场馆出租服务的基础上，尽可能地协助主办方做好与政府的对接工作，其中举办大型体育赛事和演出类活动最具有代表性，两类活动因主管部门不同，需要分别向不同相关政府部门办理审批和备案手续。

举办文艺演出类大型活动，依据中华人民共和国文化部令第 47 号《营业性演出管理条例实施细则》（2022 年修订）的规定，演出日期 3 日前（涉外或者涉港澳台演出为 20 日前）体育场馆可以协助主办方将相关申请材料提交当地的文化和旅游主管部门进行审批。体育赛事方面，通常大型的官方性和国际性体育赛事由体育行政部门及各单项体育协会主办，相关的政府公共关系由主办方和承办方进行协调。其余商业性、群众性体育赛事主要由企业和社会团体发起主办，现阶段已取消了审批程序，取而代之的是鼓励主办方赛前向地方体育行政部门备案的制度。在公共关系的处理过程中，体育场馆可以协助主办方邀请体育主管部门或协会对体育赛事活动的组织进行指导，积极应对体育主管部门对体育赛事的现场检查和监管，同时还要做好公安、工商、城管、环卫、市场监督、应急管理等属地公共关系的支持和协助。

此外，体育主管部门协助公共场馆举办各类体育赛事、活动或推广活动，提供场地、资源支持和宣传合作，以确保体育赛事活动的正常举办。

无论是举办大型赛事还是文体活动都会造成人群聚集，因此安全是最重要的因素。体育场馆举办大型活动在取得相关部门的许可后还需向公安机关进行申报。同时依据《大型群众性活动安全管理条例》的规定，根据参与者数量的不同，向相应层级的公安机关进行登记备案，获得安全许可后方能举办活动。在提交报备申请后，公安机关会对申请材料进行审查和评估，确定是否发放安全许可。同时会根据安全需要组织相应警力，维持活动现场周边的治安、交通秩序，预防和处置突发治安事件，查处违法犯罪活动。总之，体育场馆在举办大型群众性活动期间与政府关系密切，需要遵守相关法规和程序，建立良好的合作关系，这对大型群众性活动的顺利举办具有重要的意义。

（二）体育场馆与政府关系的处理

1.认真贯彻国家关于体育场馆的各项法规、政策

体育政府部门通过各种政策法规来管理和监督体育场馆的经营和发展，体育场馆必须遵守国家的相关政策和法律法规，做到令行禁止。例如，2015年国家体育总局印发的《体育场馆运营管理办法》，详细规定了体育场馆的经营范围、管理责任及政府的监督权。2021年国家体育总局发布的《"十四五"体育发展规划》，对体育场馆的免费低收费开放、绩效评价、资金补助、智能化建设等做出了远景规划。体育场馆在处理与政府的关系时，要全面、准确地学习和收集相关的重要文件、政策、法规、计划和各项规章制度，及时研究这方面的发展动向和变化趋势，向体育行政部门积极咨询，以便在决策、经营管理过程中加以贯彻，使体育场馆的运营始终不偏离国家政策法规的轨道。因此，在公关实践中，体育

场馆应自觉与政府保持一致，这是双方建立良好公共关系的前提保证。

2. 积极承办政府举办的体育赛事

体育场馆要积极承办政府举办的体育赛事，这不仅体现了体育场馆的社会责任，也是一种重要发展机遇。这种合作有助于促进体育场馆基础设施的改善，提升城市和国家的综合形象，例如，国家游泳中心（水立方）承办了北京2022年冬奥会冰壶比赛，水立方将原来的游泳池改成了冰壶场地，同时保留了部分游泳池和水上乐园，是第一个实现了夏季奥运会和冬季奥运会场馆功能转换的建筑。

体育场馆积极参与政府体育赛事的举办，也有助于激发社会各界的体育参与热情，带动体育场馆相关产业的发展。例如，首都体育馆作为承办奥运会排球赛事的比赛场地，在北京2008年奥运会举办前进行了扩建升级，改造后可以用于球类、冰上比赛和大型文体活动等。赛后还作为冬季项目的训练基地和全民健身活动等场所充分发挥了其多功能体育馆的作用。

从公共关系的角度来看，体育场馆积极承接政府举办的体育赛事也在建立良好的公共关系方面发挥了关键作用，这种合作增加了体育场馆的知名度和曝光率，提高了场馆的使用率和服务水平。借助承办大型赛事的机会，政府会加大对于场馆的改造投入，为体育场馆的可持续发展打下坚实的基础。

3. 积极承担政府公共体育服务

公共体育服务是由政府等公共管理部门或准公共管理部门提供的，以满足人们基本体育需求为目的的，着眼于提高人们身体素质、生活质量的相关保障制度等多方面的体育公共产品和服务的总和。2022年中共中央办公厅、国务院办公厅印发的《关于构建更高水平的全民健身公共服务体系的意见》和2021年国家体育总局印发的《公共体育场馆基本公共服务规范》中明确提出"推进健身场地全面开放共享"等要求，规定了公共体育场馆应免费或低收费向广大群众开放，通过举办公益性体育赛事活动、开展公益性体育培训、国民体质测试、展览及文化活动实现体育场馆的公共服务功能。

体育场馆不仅是体育活动的场地，更是承担政府体育公共服务的场所，体育场馆通过公益性服务能够有效提高居民的健康素质，广泛宣传健康体育文化，鼓励群众参与体育运动，培养群众对体育的兴趣和爱好，是实现健康中国战略的关键渠道，同时树立了负责和担当的公众形象。

二、体育场馆与消费者的关系

在体育场馆公共关系中，消费者被视为最关键的对象。因此，体育场馆的管理者在经营过程中务必深刻了解消费者的特征，明确他们的需求，并认识到影响他们消费行为的各种因素。

（一）体育场馆消费者的类别和需求

体育场馆经营的核心资源是时间，即围绕有限的可利用空间，售卖场地的时间，争取最大化的经济和社会效益。由于体育场馆的功能空间和配套设施往往在早期建设时已经固定下来，后期经营期间难以扩充和更改，所以时间管理（也称档期管理）就是体育场馆经营的核心资源。围绕场馆的时间和空间进行开发形成了不同的业务，综合国内场馆各种业务特征，总结下来消费者有以下几种。

1. 直接消费者

体育场馆的直接消费者是直接从场馆方租赁场地档期的客户。通常，体育场馆空间较大，租用价格较高，所以整体租用的消费者往往是体育组织、企业或政府部门。相比而言，周边居民则多以全民健身服务消费为主，单次消费金额不高，但数量较多、频率较高，是体育场馆的次要消费者，体育场馆的经营管理者需要满足不同消费群体的需求，最大程度地利用有限的时间和空间资源，实现经济和社会效益的最大化。

（1）体育组织、政府部门或俱乐部

体育场馆的主要功能之一是承接各类体育赛事。这类公开赛事活动一般由体育组织、政府部门及俱乐部举办。他们作为体育场馆的消费者，消费频率和规模往往比较固定，且区域特色明显，通常会提前安排体育比赛的日程，包括场馆租赁、比赛时间、预期的观众规模等，以确保比赛的顺利举行。所以这类消费者是体育场馆的核心消费者，与这些消费者建立长期合作关系至关重要，有助于确保场馆的持续稳定收入。同时，对于大型或者极具特色的体育场馆，如一万座以上的体育中心、国家跳台滑雪中心，承接高水平体育赛事也有助于提高体育场馆的知名度和影响力，能够进一步吸引其他类型的客户和活动。

这类群体在选择体育场馆时，对场馆的运动场地、体育设施设备和器材有硬性要求，如对足球草坪、篮球地板、座椅数量、通信设施等提出要求。针对普通体育赛事，在场馆功能性上主要看中场馆的结构承重、音响灯光、坐席数量、进出动线等。如果是全国或全球直播的国际顶级赛事，还需要场馆配备有专业的通信设施和网络设备。

（2）演艺主办公司

演艺主办公司作为直接消费者，主要利用体育场馆超大空间和承载能力，承办各类演唱会、音乐节，以及各类文化演出活动。这类消费者群体无明显地域特色，分布较广，活动的举办无明显时间规律，一般根据艺人的演出安排确定。这类消费者主要选择一线城市或省会城市的大型体育场馆，如北京、上海、广州、深圳、杭州、成都、南京等。另外此类消费周期较长，往往提前半年预定场地。由于国内文艺演出活动比体育赛事市场规模更大，且盈利能力更强，演出活动往往是大型体育场馆的主要收入来源。

演艺活动的主要收入来源于门票销售，因此对于场馆的座位数量有着严格的要求。在场馆规模相近的情况下，主办方更倾向于选择能容纳更多观众的场馆。此外，由于演出涉及大型舞台、屏幕和灯光设备等舞美元素，场馆的结构承重能力也是活动重要的考虑因素。现阶段国内室内万人规模体育场馆的顶层吊点数量多达数百个，承重可达百吨以上。但部分老旧场馆在顶层承重方面未进行充分的设计，难以满足复杂舞美设备的搭建需求，较少举办各类演艺活动。

（3）品牌企业

品牌企业租赁体育场馆通常用于举办不同类型的企业活动，主要包括大型会议、品牌营销活动、庆典和展会等。这类消费者数量繁多、种类庞杂，没有明显的地域特征和消费规律。不同类型的企业活动具有多样性的场地需求，筹备周期往往较短，只有一个月、几周甚至几天的时间，因此，体育场馆需要根据客户的具体需求进行场地布置，考验着体育场馆的服务水平。另外，由于租用场馆的企业通常是中大型企业，支付能力较强，消费频率较高，因此企业客户成为体育场馆的重要客户群体之一。

大型企业作为消费者在体育场馆举办活动时主要分为内部活动和外部活动两类。内部活动的参与对象主要是内部员工，这类活动规模较小，对场馆的要求主要集中在空间充足和氛围适宜上。但同时，对于场馆所在地的区位条件和周边的住宿、交通及饮食配套设施也有较高要求。品牌企业通常寻求靠近市区且交通便利的场地，要求附近能提供丰富的住宿和用餐选择。外部活动主要指面向广大观众、媒体和嘉宾的品牌活动。这类活动规模较大，人数较多，对场馆形象和招待能力有更高的要求，包括休息室、VIP区域、媒体中心、餐饮服务和卫生设施等，较高的招待能力可以确保嘉宾和观众在活动期间享受到舒适的服务体验。

（4）周边居民

周边居民是到体育场馆进行全民健身的消费者，通过体育场馆的球场租赁、运动培训等业务来进行消费。对于小型体育场馆，这些业务是其主要的收入来源，虽然这类消费者的规模相对较小，单次消费额相对较低，总体的收入相对有限，但这些消费者通常居住在场馆周边，消费频率较为稳定。因此，体育场馆需积极开展这类业务，以保持持续的客流量，提高场馆的知名度和利用效率，以满足当地社区居民的健康需求，增强场馆在社区中的影响力。

全民健身参与者在体育场馆消费时主要关注价格和体验两个因素。就价格而言，对于健身运动的居民来说，市场上体育场馆提供的运动场地竞争较为激烈，因此价格是他们非常敏感的考虑因素，他们希望通过低廉的价格来租用场地。此外，好的体验感体现在场馆交通的便捷性和配套设施的舒适性，更衣室、存包柜、卫生间及餐饮点等设施的齐全性对优良的锻炼环境至关重要。

（5）游客和学生团体

国内新兴的体育场馆针对游客和学生团体开发了体育旅游研学的业务，利用场馆鲜明的文化内涵，打造体育特色课程及游览线路，满足游客游览参观和学生研学需求，把体育场馆当成景点来打造。目前具有代表性的体育场馆是国家体育场（鸟巢），其以独特的外观造型和双奥故事，吸引了大批游客前往参观。此外，还有成都凤凰山体育公园，作为成都大运会的篮球比赛场地，同时也是中超蓉城俱乐部的主场，浓厚的体育赛事氛围、有趣的场地知识和游戏环节，持续地吸引着中小学生前往研学。这类消费者群体是体育场馆市场上的新兴群体，有较大的消费潜力，并且可以填补场馆的空歇期，提高场地利用效率。

游客和学生团体选择体育场馆作为游览场景，主要是为了从中领略城市特色或赛事文化，一个体育场馆有了精彩的故事和深刻的内涵，才会吸引游客和学生。这类群体对体育场馆的主要需求就是丰富的文化内涵和有趣的课程设置。

2.间接消费者

间接消费者在场馆已引入的活动或项目上进行消费。换言之，间接消费者消费的不是场地空间，而是场馆提供的活动和服务。

（1）场馆赞助商和冠名商

品牌企业对体育场馆进行赞助或冠名主要是因为体育场馆拥有较大的人流量

和独特的体育、演艺资源。这类消费者群体规模不大，但是消费能力较高，并且赞助或冠名都是2～3年起步，消费持续时间长。此外，这种消费几乎不会占据场馆空间，却能给场馆方带来高额的收益，对于顶级体育场馆而言，每年千万级别的赞助和冠名费，成为场馆主要的收入来源之一。目前国内较出名的冠名场馆有上海梅赛德斯-奔驰文化中心、北京凯迪拉克中心（五棵松体育馆）。

赞助商和冠名商希望借助体育场馆庞大的人流量，持续地推广和宣传自身品牌，从而获取更广泛的传播价值。因此，这类消费者对场馆有着连续引入高品质公开活动的要求，以确保稳定的大规模人群流动。这里的公开活动范围涵盖了演出和赛事等，特别是那些高水平赛事和备受关注的艺人演出，更能够提升场馆冠名商和赞助商的品牌形象，并进一步扩大宣传效果。

（2）赛事、演出的观众

观众购票观赛或观看演出的交易对象通常是活动的主办方，所以这类消费者被称为间接消费者。这类群体规模庞大，具有明显的潮汐特点，尤其是高级别的赛事和演出，可以吸引来自全国各地的观众，虽然观众的个人消费能力有限，但总体消费规模十分庞大。观众的消费需求是多元化的，包括视听体验、场馆设施、交通住宿及文化和娱乐等方面。为了吸引和满足不同类型观众的需求，体育场馆和主办方需要综合考虑这些因素，并提供更加全面的服务。

（二）体育场馆与消费者关系的处理

1.塑造消费者的信任和忠诚

（1）提升自身运营的专业能力

通过提供优质的服务和良好的体验来赢得消费者的信任，从而提升消费者的忠诚度。这包括舒适的座位、清晰的视听效果、干净整洁的场馆环境，以及便捷的交通和停车设施。通过确保观众在场馆内拥有愉悦的体验，可以提升消费者对场馆的信任和忠诚度。

（2）建立主动、通畅的沟通机制

体育场馆承接的大型活动往往内部组织结构庞大，需求繁杂，突发情况多。客户通常对场馆内部的实际情况缺乏了解，被动地等待他们发现问题再去解决，往往会延误解决问题的最佳时机。只有同客户建立通畅的沟通机制，辅助客户开展活动，而不是被动地等待询问，才能更快地发现问题、解决问题。

（3）保持消费者黏性

一次活动或者消费结束后，体育场馆既要了解客户的整体意见，也要在后期保持固定频率的问候或者拜访，进一步拉近和客户的关系，以保持用户黏性。另外还可以通过设置积分、折扣、赠品等奖励机制，激励消费者频繁光顾和参与活动。消费者在体育场馆消费后获得实际的回馈，不仅增加他们的满足感，还促进了忠诚度的建立。

2. 建立消费者的反馈渠道

收集消费者的反馈和建议是改进场馆服务，增强竞争力的有效方法。通过收集和分析消费者对场馆服务、设施、活动等方面的意见和建议，体育场馆可以及时了解消费者的需求和期望，不断改进和优化自己的产品和服务，提高消费者的满意度和忠诚度，提高消费者的复购率和推荐率。因此，体育场馆应该采取有效的方法，主动地获取消费者的反馈和建议，并及时地处理和回应。具体来说，体育场馆可以从以下三个方面获取消费者反馈和建议。

（1）利用网络平台

随着互联网技术的发展，网络平台成了收集消费者反馈和建议的重要渠道之一。体育场馆可以利用自己的官网、微信公众号、小程序、App 等平台，向消费者推送满意度调查问卷、评价表单、意见箱等工具，让消费者方便地在线填写和提交自己的反馈和建议。同时，体育场馆也可以关注消费者在微博、知乎、抖音等社交媒体上对场馆的评价和讨论，及时发现并处理消费者的问题和意见。

（2）利用线下渠道

除了网络平台，线下渠道也是收集消费者反馈和建议的重要渠道之一。体育场馆可以在门店内设置反馈收集箱，展示二维码、电话号码，让消费者在现场或离开后可以随时提供自己的反馈和建议。同时，体育场馆也可以通过电话回访、短信邀请、邮件发送等方式主动联系消费者，询问他们对场馆的满意度情况和意见反馈。

（3）利用合作伙伴

除了自己主动获取消费者反馈和建议，体育场馆也可以利用合作伙伴来间接获取消费者反馈和建议。体育场馆可以与其他企业或机构进行合作，获得更多的客户数据和反馈信息，从而更好地了解客户需求。

3. 激发消费者的口碑传播

消费者口碑传播的激发是体育场馆处理消费者关系的重要策略之一。通过激发消费者的口碑传播，体育场馆可以扩大品牌的影响力和知名度，从而促进消费者的复购和推荐行为，发掘更多的新客户和潜在客户。体育场馆可以从以下三个方面提高消费者参与度和激发口碑传播。

（1）利用社交媒体平台

社交媒体平台是提高消费者参与度和激发口碑传播的重要渠道。体育场馆可以利用自己的官网、微信公众号、微博、抖音等平台，在活动举办期间及时发布最新的活动信息，及时吸引消费者的关注和互动。同时，体育场馆还可以关注消费者在社交媒体上对场馆的评价和讨论，发现并处理消费者的问题和意见。

（2）利用游戏化营销

游戏化营销是提高消费者参与度和激发口碑传播的有效方法之一。体育场馆可以利用游戏的设计思维、模式和机制，促使消费者不断前进，积累奖励，沉浸其中。例如，体育场馆可以设置积分系统，让消费者通过购买服务、参加活动、邀请好友等方式获得积分，然后用积分兑换优惠券、礼品、抽奖机会等奖励。

（3）建立品牌社群

品牌社群是提高消费者参与度和激发口碑传播的有效途径之一。体育场馆可以建立自己的品牌社群，让消费者加入并参与品牌建设。品牌社区可以提供一个让消费者交流、分享、学习、互助的平台，增强消费者之间和消费者与品牌之间的联系和信任。同时，品牌社群也可以让消费者成为品牌的代言人和推广者，将自己的使用体验和满意度传播给更多人。

三、体育场馆与媒介的关系

（一）媒介关系的重要性

体育场馆公共关系中的媒介关系指场馆与报纸、杂志、电台、电视台等传统媒体及新媒体平台等大众传播媒介的关系。这些大众传播媒介具有传递信息迅速、传播面广、可信度高等特点，在一定程度上能影响和引导社会舆论。这种关系的重要性在于，媒介作为信息传播的路径，起到了沟通场馆和公众的桥梁作用。维护良好的媒介关系有助于场馆把控在舆论场的主动性，通过维护良好的媒体关系，来传播场馆的正面信息，对提升场馆声誉十分重要。

传播是公共关系的核心过程，它指的是场馆与公众之间的信息交流。而媒介则是这个过程中的路径或者渠道，通过媒介，场馆可以向公众传递其希望传达的信息，同时也可以通过媒体了解到公众的反馈和意见。

在传统大众传媒中，如报纸、杂志、电视等，场馆通常扮演信息的发布者角色，而公众则是被动的信息接收者。然而，随着新媒体技术的出现和发展，这种情况发生了深刻的变化。新媒体技术使得公众同样掌握了信息的传播权，公众与场馆间的信息传播变得更加双向化和互动化。这意味着场馆不再仅是信息的传播者，也需要学会倾听和回应公众的声音。

正因为媒介关系在公共关系中处于核心地位，所以体育场馆有效地利用各种传播媒介，遵循传播沟通活动的基本原则，以及在不同的社会和政治环境中与媒体建立和维护良好的关系，都是影响公共关系的关键因素。

（二）体育场馆的媒介传播目标与内容

1. 体育场馆媒介传播目标

体育场馆媒介传播目标是指体育场馆通过媒介传播活动，希望达到的预期效果和目的。这个目标首先要清晰明确，具有操作性，分为认知目标、态度目标和行为目标。

（1）认知目标

认知目标是媒介传播的基本目标之一，也是其他目标的前提条件。体育场馆希望通过媒介传播，提高公众对自己的知晓度、理解度和记忆度，让公众了解自己的特色、优势、服务、活动等信息，提高自己在市场中的曝光度和认知度，扩大自己的受众群体和覆盖范围，提升自己的品牌形象和声誉。

（2）态度目标

体育场馆通过媒介传播，影响或改变公众对自己的态度、观点和情感，让公众对自己产生好感、信任和认同，增强公众对自己的偏好和忠诚度，促进公众成为自己的代言人和推广者，形成良好的口碑效应。

（3）行为目标

体育场馆希望通过媒介传播，激发或引导公众采取某种行为或行动，让公众来消费或参与活动，提高自己的场馆利用率和经济收益率，实现经济效益和社会效益的双赢。

2. 体育场馆媒介传播内容

体育场馆媒介传播内容是体育场馆通过媒介传播活动，向公众传递的信息和价值。不同的体育场馆可能有不同的媒介传播内容，但一般来说，可以从以下三个方面进行分类。

一是体育场馆的特色和优势。这是吸引公众关注和选择的重要因素之一。通过媒介传播，体育场馆可以展示自己的历史、文化、设计、设施、服务、活动等方面的特色和优势，突出自己的差异和个性，形成自己的品牌形象和风格。

二是体育场馆的产品和服务。这是体育场馆媒介传播的重要内容之一。通过媒介传播体育场馆提供的各种产品和服务，如运动项目、健身课程、培训指导、赛事活动、体质测试等，让公众了解自己可以在场馆享受到什么样的体验和收益。

三是体育场馆的活动和话题。这是提高公众参与度和口碑传播效果的有效方法之一。通过媒介传播，体育场馆可以发布自己举办或参与的各种活动和话题，如赛事直播、主题活动、优惠活动、互动游戏等，吸引公众的关注和互动，加强公众与场馆的情感连接和对场馆的认同感。

（三）体育场馆与媒介关系的处理

体育场馆在经营管理过程中，应注重与媒介关系的处理，可从以下八个方面展开。

一是深入了解媒体需求。不同的媒体有不同的报道风格和关注点，体育场馆需要深入了解不同媒体的需求，针对不同媒体提供新闻素材和报道内容。例如，对于体育类媒体，可以提供赛事预告、比赛结果、运动员专访等方面内容；对于综合类媒体，可以提供体育场馆的建设进展、社会责任项目等方面内容。

二是及时回应媒体请求。当媒体向体育场馆提出采访、报道等请求时，体育场馆应及时回应并给予协助。在回应媒体请求时，体育场馆应保持专业、诚信的态度，提供准确、全面的信息，并尽可能满足媒体的合理需求。

三是建立媒体关系网络。体育场馆可以积极与各类媒体建立联系，建立广泛的媒体关系网络。这可以通过参加媒体活动、主动与媒体记者交流、邀请媒体参观场馆等方式实现。

四是监测舆情和反馈。体育场馆需要密切关注公众对场馆的看法和评价，及时了解舆情和反馈。这可以通过监测社交媒体、新闻网站等渠道实现。当发现负面舆情时，体育场馆应及时采取措施进行应对和解决，避免影响场馆的形象和声誉。

五是培训员工提高媒介素养。体育场馆的员工是直接与媒体接触的代表，他们的媒体素养和沟通能力对处理与媒介的关系至关重要。因此，体育场馆需要定期对员工进行培训，提高他们的媒介素养和沟通能力，以更好地应对媒体采访和报道。

六是利用新媒体平台拓展传播渠道。在社交媒体平台（如微博、微信、抖音等）建立官方账号，发布场馆动态、活动信息等内容。通过直播、短视频等方式，展示场馆内部设施、比赛现场等场景，吸引更多粉丝关注。与意见领袖、网络红人合作，进行赛事推广和品牌传播，提升场馆影响力。

七是提供有价值的新闻素材。提供赛事预告、比赛结果、运动员专访等有价值的新闻素材给媒体。挖掘场馆背后的故事和人物，为媒体提供有趣、感人的素材。针对热点话题或社会事件，提供相关的场馆信息和观点，增加场馆在公众视野中的曝光度。

八是打造数字化传播矩阵。利用数字化技术建立官方网站、App、小程序等平台，提供在线购票、信息查询等服务。通过数据分析了解观众需求和行为习惯，为个性化服务和营销策略提供支持。利用虚拟现实（VR）、增强现实（AR）等技术打造沉浸式体验场景，提升观众观赛体验。关注行业发展趋势和技术创新，将新技术应用于场馆运营和管理中。与其他行业合作伙伴开展跨界合作和创新项目，拓展场馆业务范围和市场空间。

四、体育场馆与社区的关系

（一）体育场馆与社区关系的重要性

体育场馆是周边社区居民开展体育活动的重要场所，体育场馆与周边社区建立良好关系可以改善场馆的生存环境，影响场馆的公众形象，促进社区体育发展，增强社会责任感，提升场馆经济效益等。体育场馆在经营管理过程中搞好与社区关系的重要性主要表现在以下五个方面。

一是提升场馆形象和知名度。与社区建立良好的合作关系，可以提高居民对体育场馆的认知度和好感度。通过与社区合作举办活动、提供优惠措施等方式，可以吸引更多居民参与体育活动，提升场馆的知名度和形象。而良好的形象和知名度可以提高场馆的品牌价值，为场馆带来更多的商业机会和合作伙伴。

二是促进社区体育发展和居民健康。大部分体育场馆作为公共体育场馆，有责任促进其所在社区体育的发展。与社区建立合作关系，可以为社区居民提供更多的健身设施和活动场所，推动社区体育活动的开展，提高居民的身心健康水平。通过与社区合作开展体育培训、健身指导等活动，可以激发居民的健身热情，提高居民的健康水平，同时也可以为社区培养更多的体育人才。

三是增强社会责任感。作为公共场所，体育场馆有责任关注和改善社区居民的生活质量。与社区建立合作关系，可以让场馆更加关注社区居民的需求和利益，通过参与公益活动、提供文化服务等方式，增强社会责任感，提升场馆的社会形象。同时，通过与社区合作开展公益事业，可以扩大场馆的社会影响力，为场馆赢得更多的社会认可和支持。

四是提升场馆的综合效益。与社区建立良好的合作关系，可以为场馆带来更多的客源和经济效益。通过举办社区活动、提供优惠措施等方式，可以吸引更多居民到场馆参与活动，提高场馆的收入和经济效益。同时，与社区建立合作关系也可以为场馆带来更多的社会资源和支持，促进场馆的可持续发展。这种良好的经济效益可以为场馆提供更多的资金支持，为场馆的长期发展打下坚实的基础。

五是建立良好的社区关系网络。与社区建立合作关系，可以为体育场馆建立良好的社区关系网络。这个网络可以包括社区居民、社区组织、商业伙伴等各个方面。通过这个网络，体育场馆可以更好地了解社区的需求和反馈，及时调整自身的服务和运营策略，提高场馆的服务质量和满意度。同时，这个网络也可以为体育场馆提供更多的商业机会和合作伙伴，促进场馆的商业发展。

（二）体育场馆与社区关系的处理

1. 了解社区需求和目标

体育场馆需要深入了解社区的需求和目标。这包括了解社区居民的体育健身需求、喜好和期望，以及社区的发展目标和规划。通过与社区代表、居委会等建立联系，定期交流和沟通，体育场馆可以更好地了解社区的需求和目标，为后续的工作奠定基础。

2. 制订合作计划

基于对社区需求的了解，体育场馆可以制订与社区的合作计划。这个计划应该包括具体的合作项目、合作时间、合作方式及预期的效果和影响。例如，体育场馆可以与社区合作组织定期的体育活动或比赛，为社区居民提供健身场所和指导。

3. 开展合作活动

根据合作计划，体育场馆可以积极开展与社区的合作活动。这些活动可以包括体育比赛、健身课程、文化活动等。在活动过程中，体育场馆需要积极与社区居民互动，了解他们的需求和反馈，不断改进和优化活动内容和形式。

4. 提供优惠措施

为了吸引更多的社区居民参与体育场馆的活动，体育场馆可以提供一些优惠措施。例如，为社区居民提供门票折扣、会员卡优惠等。这些优惠措施可以降低居民参与活动的成本，提高他们的参与意愿和积极性。

5. 参与公益事业

体育场馆可以通过参与公益事业来提升社会形象和公众认可度。例如，支持贫困地区的体育发展项目，为贫困地区提供体育设施和培训。此外，体育场馆还可以开展环保活动，如垃圾分类、节能减排等，以提升场馆的环保形象。

6. 建立反馈机制

为了持续改进和提高服务质量，体育场馆需要建立反馈机制。这个机制应该包括收集社区居民对场馆的意见和建议，定期对反馈进行整理和分析，找出问题和改进方向。同时，针对反馈问题及时采取措施进行改进和优化，提高场馆服务质量。

五、体育场馆与危机事件的处理

（一）公关危机与危机公关

公关危机是由组织内外的某种非常因素所导致的公共关系非常事态和失常事态。从一般意义上来说，公关危机是组织内部或外部的种种因素严重损害了组织的声誉和形象，使组织被强大的社会舆论包围，并处于发展危机之下的一种公共关系状态。这种状态如果不迅速改变，就会影响到组织的生存。而在此背景下，组织为解决此危机而开展的一系列活动称为危机公关。危机公关是在发生或有可能发生危害社会公众安全及组织利益的事件时，相关社会组织、企业和个人为避免、减轻和消除不良影响，通过媒体沟通等方式向大众说明事实真相及处理进展，使事态得到控制和处理的过程。

（二）体育场馆公关危机的预防与处理

1. 体育场馆公关危机的特点和类型

体育场馆公关危机是指体育场馆在运营过程中，受各种原因影响，公众对场馆的信任度下降、场馆的声誉受损，进而影响到场馆的正常运营和品牌形象。其主要特点包括以下五个方面。

（1）突发性

体育场馆公关危机往往是在没有任何预警的情况下突然发生的。例如，一场重要的赛事中突然出现技术故障、安全事故，或场馆设施突然出现故障等。这些事件往往让人措手不及，需要迅速采取应对措施。

（2）严重性

体育场馆公关危机一旦发生，会对场馆的声誉、形象和公众信任度造成严重影响。例如，如果场馆设施出现故障或安全事故，公众可能会对场馆的安全性产生怀疑。同时，如果赛事中出现争议或争议处理不当，也可能会引发公众的不满和投诉。

（3）扩散性

体育场馆公关危机往往会引起媒体和公众的广泛关注。例如，一场重要的赛事如果出现争议或安全事故，相关的报道和评论可能会迅速扩散到社交媒体、新闻网站等。这些报道和评论可能会对场馆的声誉和形象造成长期影响。

（4）复杂性

体育场馆公关危机往往涉及多个方面的问题，如设施安全、赛事组织、服务质量等。这些问题相互交织，使得公关危机的处理变得更为复杂。例如，如果设施出现故障，不仅需要解决技术问题，还需要考虑如何向公众解释原因、如何采取措施避免类似问题再次发生等。

（5）长期性

体育场馆公关危机的处理需要长期的过程。例如，如果场馆出现安全事故或争议事件，需要采取一系列措施来恢复公众的信任和场馆的形象，这包括公开道歉、解释原因、采取措施、解决问题、加强与公众的沟通等。同时，场馆也需要加强内部管理、提高服务质量，以预防和减少危机的发生。

2. 体育场馆公共危机的类型

体育场馆公关危机主要有以下四种类型。

（1）设施故障危机

这类危机主要涉及体育场馆设施的安全问题，如场地、灯光、音响、看台等设施出现故障，可能影响比赛的正常进行和观众的观赏体验，导致观众不满、媒体发出负面报道，进而引发公关危机。

（2）安全事故危机

这类危机主要涉及体育场馆内的安全问题，如火灾、坍塌、拥挤踩踏等事故。这些问题可能会造成严重的人身伤害和财产损失，引发社会的广泛关注和舆论压力。例如，火灾可能由电器设备故障或人为因素引发，坍塌可能由建筑结构问题或人为操作不当导致，拥挤踩踏可能因人员过度拥挤或管理不善引起。这些问题不仅对受害者和其家人造成巨大伤害，也会对场馆的声誉和形象造成严重影响。

（3）服务质量危机

这类危机主要涉及体育场馆提供的服务质量问题，如工作人员态度恶劣、卫生条件差、体育培训质量不高等。这些问题可能导致观众和参赛者不满和投诉，进而引发公关危机。例如，工作人员态度恶劣可能引起观众和参赛者投诉，卫生条件差可能导致出现食物中毒事件，体育培训质量低可能引发社会公众的质疑。

（4）赛事组织危机

这类危机主要涉及体育赛事的组织问题，如比赛安排不合理、比赛结果争议等。这些问题可能导致观众和参赛者的不满和抗议，进而引发公关危机。例如，比赛安排不合理可能导致比赛结果存在争议，影响参赛者的成绩和名次；比赛结果争议可能引发观众和参赛者的抗议和示威活动。这些问题会对场馆的长期发展造成严重影响。

2. 体育场馆公关危机的预防

（1）建立完善的公关危机预防机制

体育场馆需要建立一个专门的公关团队，该团队应具备专业的公关知识和经验，能够全面监测和预警可能出现的公关危机。团队成员应定期进行培训和演练，提高应对公关危机的能力和水平。同时，体育场馆还需要建立完善的危机管理流程，明确危机应对的责任人和流程，确保在危机发生时能够迅速、有效地应对。

（2）加强与公众的沟通

体育场馆需要加强与公众的沟通，及时了解公众的意见和反馈，积极回应公众的关切和诉求。这可以通过各种渠道实现，如官方网站、社交媒体、新闻发布会、调查问卷等。体育场馆还可以定期举办开放日、新闻发布会等活动，加强与公众的互动和沟通，提高公众对体育场馆的信任和支持。

（3）建立良好的媒体关系

体育场馆需要与媒体建立良好的关系，及时向媒体提供准确的信息和数据，避免媒体误解或误报。与媒体建立良好的关系可以提高媒体的信任和支持，减少危机发生时媒体的负面报道。同时，体育场馆还需要及时回应媒体的采访和报道，及时澄清，避免危机扩大。

（4）加强内部管理

体育场馆需要加强内部管理，建立健全规章制度和操作流程，避免内部管理混乱或失误导致的公关危机。这包括财务管理、人力资源管理、设备管理、场地管理等方面。同时，体育场馆还需要加强对员工的管理和培训，提高员工的素质和服务意识，确保员工能够为公众提供优质的服务。

（5）建立危机应对预案

体育场馆需要建立危机应对预案，明确应对危机的流程和责任人，确保在危机发生时能够迅速、有效地应对。预案应包括危机发生时的应对策略、流程和责任人等，同时还需要定期进行演练和更新。在危机发生时，体育场馆需要根据预案迅速采取行动，避免事态扩大。

3. 体育场馆公关危机的处理

（1）确认危机并启动危机管理机制

一旦确认发生了公关危机，体育场馆应立即启动危机管理机制。这包括成立专门的危机管理小组，明确各成员的职责和分工，制定危机管理计划和流程。同时，要确保危机管理小组具备专业的公关知识和经验，能够对网络舆情进行实时监测和分析，及时发现和掌握舆情动态。

（2）深入调查并评估危机影响

危机管理小组应迅速展开深入调查，了解公关危机发生的原因、经过和影响范围。这包括与相关人员沟通、查阅相关文件和资料、收集媒体报道等。同时，要对危机的影响进行评估，包括对体育场馆形象、声誉、业务等方面的影响。在评估过程中，要保持客观公正的态度，避免主观偏见和误判。

第八章 体育场馆公共关系

（3）制订应对策略和措施

根据调查结果和评估结果，危机管理小组应制定相应的应对策略和措施。这可能包括道歉、赔偿、改进服务、加强管理等措施。在制定应对策略和措施时，要充分考虑各种可能出现的舆情危机，制订相应的应对策略和措施。同时，还要根据实际情况不断调整和完善计划，确保其可行性和有效性。

（4）发布官方声明并积极沟通

体育场馆应尽快发布官方声明，向公众和媒体通报情况，解释公关危机发生的原因和采取的措施。声明应诚恳地道歉并承认错误，同时表达对公众和媒体的关注和重视。此外，要积极与公众和媒体进行沟通，及时回应媒体的问询和报道。在沟通过程中，要保持诚实和透明，避免信息传播不准确或产生误导。

（5）采取补救措施并持续跟踪

根据应对策略和措施，体育场馆应采取相应的补救措施。这可能包括赔偿受害者、改进服务、加强管理等措施。同时，要持续跟踪事态的发展，评估公关危机的处理效果。如果存在问题或不足，要及时采取补救措施，确保公关危机得到妥善处理。在补救过程中，要尊重受害者的权益，满足他们的合理诉求，修复危机损害，并得到公众的谅解和支持。

（6）总结经验并改进服务

在公关危机处理后，体育场馆应认真总结经验教训，分析问题产生的原因和不足之处。同时要吸取教训，加强内部管理，改进服务水平，避免类似公关危机再次发生。在总结经验的过程中，要注重细节和流程的优化，提高预防和处理公关危机的能力。

本章思考题

1. 体育场馆在举办大型体育比赛活动时都需要与哪些政府部门发生联系？
2. 体育场馆的消费者群体有哪些？
3. 体育场馆的媒介传播内容有哪些？如何处理与媒介的关系？
4. 体育场馆为何要注重与社区的关系？
5. 体育场馆公关危机的特点和类型主要包括哪些？如何应对公关危机？

第九章 CHAPTER 09

体育场馆营销

【本章概要】

本章主要介绍了体育场馆营销战略规划制定的过程，阐述了体育场馆整合营销内涵、营销策略及在体育场馆营销实践中的具体操作和运用，提出体育场馆营销创新模式和新媒体营销策略。通过本章学习，了解体育场馆营销战略的选择、体育场馆营销创新及体育场馆新媒体营销模式，掌握体育场馆营销战略制定和营销创新的范式，提升体育场馆整合营销传播执行的能力。

第一节　体育场馆营销战略规划

营销战略规划是体育场馆为了实现自己的目标、任务，在综合考虑外部市场机会及内部资源状况等因素的基础上所制定的具有长期性、全局性、方向性，对体育场馆营销具有指导意义的科学合理的计划安排。营销战略规划包含战略分析和战略选择两个部分。

一、体育场馆营销战略分析

营销战略分析内容主要包括：营销状况分析和营销战略优势、劣势、机会与威胁分析。

（一）营销状况分析

营销状况主要从市场、产品、竞争、分销和宏观环境五个方面来分析。①市场现状主要通过消费者需求、观念和购买行为的变化趋势等来分析当前目标市场的规模和增长趋势。②产品现状主要分析体育场馆产品或服务的销量、价格、利润等指标的变化，如广告位的价格和售卖量、门票的价格和销售额、会员卡价格和会员人数、培训课程学费及学员人数等。③竞争现状主要分析同类体育场馆的规模、战略、产品项目及产品特色、定价、分销、促销、与政府的关系，以及市场份额等方面的变化。④分销现状主要分析各个分销渠道上产品的销售量及每个渠道重要性、地位的变化，不仅包括分销商、经销商能力的变化，而且包括激励他们经销热情所需要的价格和条件。⑤宏观环境现状主要分析与营销前景有某种联系的客观环境的主要发展趋势，如体育场馆所在城市及其周边的人口、交通、经济、技术、社会文化等因素的发展趋势。

（二）优势、劣势机会与威胁分析

通过营销状况分析取得大量可靠的数据资料后，再采用SWOT分析法对体育场馆每一个业务单位所面临的优势、劣势、机会与威胁进行分析，并对体育场馆产生不同影响的因素赋予不同的加权值，计算环境状况。按此方法可以把体育场馆分为四类。第一类是发展机会较多，同时具有明显优势的，这类体育场馆应抓住机会，积极开发市场，拓展发展空间。第二类是具有众多的发展机会，但处于明显劣势的，这类体育场馆应充分认识自身的缺陷，扬长避短，弥补不足，以求得生存和发展的空间。第三类是既面对强大的市场威胁，又处于明显的竞争劣势的，这类场馆应及时做出产品调整，改变经营策略，在市场中寻求新的发展机会。第四类是面临强大的市场威胁，但具有较大的竞争优势的，这类场馆应充分分析威胁的根源，发挥自己的优势，审时度势，避免或减少市场威胁以求得发展。

二、体育场馆营销战略选择

体育场馆经过战略分析后，对开展业务的领域进行思考与选择，确立营销目标，即制定总体战略规划。一旦选定了某种类型的经营任务，体育场馆或者场馆下属的某项经营业务单位如何选择目标市场、如何进入该目标市场、如何面对竞争、如何让业务增长，等等，对这些问题的回答即构成体育场馆的经营战略，具体包括目标市场战略、竞争战略及业务（或企业）发展战略。总体战略及经营战略明晰后，生产、销售、财务、人力资源等各职能部门在总体战略、经营战略中的任务、责任和要求，亦即构成了职能战略。

（一）体育场馆总体战略选择

总体战略又称为公司战略，是企业最高层次的战略。体育场馆属于多种经营的企业（或者组织机构），尤其需要根据企业定位选择参与竞争的业务领域，合理配置资源，使各项业务经营相互支持、协调。

1. 认清体育场馆的定位

综合考虑体育场馆的历史和文化、所有者和管理者的意图和项目、市场的发展趋势、企业的资源条件及核心竞争力等参考因素，回答体育场馆能干什么、该干什么的问题。

2. 分析体育场馆战略经营单位，规划投资组合

战略经营单位是一个企业值得专门为其制定经营战略的最小经营管理单位。体育场馆战略经营单位可以是一个部门，如会籍部、体育培训部、文体活动部、商业租赁部；也可以是一个部门中的某类产品，甚至某种产品，如会籍部下属的各类全民健身产品——游泳、羽毛球、篮球等。总体战略的规划必须考虑对有限的资源进行合理配置，以获得效益，提升竞争优势，这就需要对战略经营单位及其业务状况进行评估、分类，确认其前景和潜力，从而决定资源分配方向。

不同企业规划投资组合选用的方法不同，其中波斯顿矩阵法、通用矩阵法是被大多数企业采用的规划投资组合方法。一般选择恰当的指标分别衡量战略经营单位所在行业（或市场）的增长状况，以及本企业战略经营单位的竞争状况。衡量指标可以是单一指标，如波斯顿矩阵法，用整个行业销售增长率来表示行业增长状况，用本企业或战略经营单位的销售量占整个行业的比率反映竞争状况；也可以是复合型指标，如通用矩阵法，用行业历史毛利润率、行业销售增长率等衡量市场增长特性，用企业市场份额、分销能力、产品质量等反映竞争特性。

对于行业增长性强、本企业又具有竞争优势的业务，需要保障并加大资源的投入；反之，对于行业增长性弱、本企业又不具竞争优势的业务，则考虑逐步淘汰并放弃该业务，撤回资源。对于行业增长性不够但企业市场占有率较高、具有竞争优势的业务，采取收获法则，将收获的利润投入增长性业务当中；对于行业增长性强而企业不具竞争优势的业务，则要具体问题具体分析。

3. 规划体育场馆新业务发展战略

投资组合规划对已有的战略经营单位是否该继续加大投入、是否该放弃做出了选择。同时，体育场馆也要不断考虑如何发展新业务，以代替萎缩或正在被淘汰的弱势业务。根据新业务与现有业务之间的关系，可以将新业务发展战略分为密集型发展战略、一体化发展战略和多元化发展战略三大类（表9-1）。

表9-1　新业务发展战略类型

密集型发展战略	一体化发展战略	多元化发展战略
市场渗透	后向一体化	同心多元化
市场开发	前向一体化	水平多元化
新产品开发	水平一体化	综合多元化

（1）密集型发展战略

密集型发展战略是体育场馆利用现有业务的市场机会寻求增长和发展，分为市场渗透、市场开发和新产品开发三种类别。

市场渗透：改进现有市场的营销组合，提高现有消费人群的重复消费率，达到渗透市场、增加销量的目的。例如，会籍部利用会员卡储值赠送金额、充值有礼的办法，激励现有消费者复购或者续卡。

市场开发：选择现有产品的新目标市场群体。例如，会籍部羽毛球项目在工作日的上午 9—11 点经常出现空场现象，可以通过设计银发卡开辟退休人群市场，银发卡只在该时间段享受更大折扣或更多增值服务。

新产品开发：设计新的产品满足现有目标市场的新的需求。例如，增加羽毛球运动护具系列商品的售卖，满足经常到场馆打羽毛球的消费者增强运动损伤防护的需求。

（2）一体化发展战略

一体化发展战略指利用与现有业务有直接联系的市场机会寻求发展，分为后向一体化、前向一体化和水平一体化三类。

后向一体化：兼并、收购生产要素供应商，拥有或控制供应系统。体育场馆生产要素包括土地、资本（资金和机器设备）、人力资源、赛事资源、文化活动资源等。例如，为了避免文化活动的高额中介费用，体育场馆可以兼并、收购文化演出经纪公司，在保障自身演出活动供应的前提下开辟出演出经纪这一新的业务领域。

前向一体化：兼并、收购体育场馆产品和服务价值链下游厂商。体育场馆的下游厂商类别有广告公司、体育场馆专业管理公司、绿化保洁公司、保安公司、餐饮公司、地勤接待公司、体育活动策划咨询公司、体育用品销售企业等。

水平一体化：争取同类企业的所有权或控制权，或者实行各种形式的联合经营。例如，建立体育场馆联盟，一方面可以提高与赛事或演出经纪公司的议价能力，另一方面也获得了联盟场馆的活动、技术、人员等多方面支持。

（3）多元化发展战略

多元化发展战略指利用现有业务范围以外领域出现的市场机会寻求发展，可分为同心多元化、水平多元化和综合多元化三种类别。

同心多元化：利用现有的技术或营销资源开发新的业务。例如，除了引入体育赛事、文化演出活动外，加大引进企业运动会、企业年会、发布会、会展、体育文化旅游节事活动等，充分利用体育场馆在大型活动举办中的物资条件、营销资源及管理经验等方面的优势。

水平多元化：使用新的技术在现有的市场上开发新业务。例如，生产销售体育运动装备、体育场馆纪念品等，这些产品主要在场馆进行销售，场馆会员是主要消费群体。

综合多元化：以新业务进入新的市场，新业务与现有技术、市场及业务没有联系。例如，体育场馆在其他区域购买了土地，准备做房地产开发。综合多元化需要企业投入大量的资源。新的市场的不确定性因素很多，因而该战略存在巨大的经营风险。

（二）体育场馆目标市场战略选择

目标市场战略选择包括市场细分、目标市场选择和市场定位。

1. 市场细分

消费者的需求是多样化的，按照消费者所处地理环境、年龄、婚姻状况、收入状况、民族、受教育状况等人口因素，或按照消费者的心理因素、行为因素及消费受益因素等，依据一定的方法如一元细分法（仅选择一个因素）、多元细分法（选择多个因素）、变量细分法（由粗到细逐步过滤）、完全细分法（每一个消费者就是一个细分市场）等，对市场进行细分并命名，评估每一细分市场的规模、增长率、吸引力及企业的目标和资源，该过程就是市场细分。

2. 目标市场选择

进入目标市场可以采取无差异性营销战略、差异性营销战略和集中式营销战略三种形式。无差异性营销战略即不细分市场，用一种产品、一种营销组合进入目标市场；差异性营销战略即企业采用不同的产品或营销组合分别进入不同的几个目标市场；集中化营销策略即在市场细分的基础上选择一个或少数几个细分市场作为目标市场，开发相应的营销组合，实行集中营销。

3. 市场定位

确定目标市场后，需要了解目标市场上竞争者的产品及营销特色，研究目标顾客对该类产品各种属性的重视程度，然后选择本企业产品的特色和独到形象，完成产品的市场定位。根据市场上竞争态势的不同，可以采取迎头定位、避强定位、重新定位三种方式。差异化是市场定位的根本战略，具体表现为产品差异化、服务差异化、人员差异化和形象差异化四种形式。

（三）体育场馆竞争战略选择

对竞争者进行跟踪和分析是竞争战略选择的开始。竞争者分析的步骤有：识别竞争者—判别竞争者的战略和目标—评估竞争者的实力和反应—做出进攻或者选择回避—选择在市场竞争中的角色。

1. 市场领先者战略

市场领先者在市场中占有最大市场份额，在价格变化、新产品开发、理念提出、营销组合方法上对竞争者起着领导作用。市场领先者必须在三个方面不断努力：扩大市场需求、保护市场份额及扩大市场份额。

2. 市场挑战者战略

市场挑战者积极向行业领先者或者其他竞争者发动进攻来扩大其市场份额以期夺取市场领导地位。根据战略目标可以选择攻击市场领导者，也可以选择攻击其他竞争对手或者规模小、资金匮乏的问题企业。挑战的关键在于遵循"密集战略"，可采取正面进攻、侧面进攻、多面进攻、迂回进攻或者游击进攻等形式。

3. 市场追随者战略

市场追随者在产品、技术、价格、渠道等营销组合上跟随市场领导者。追随者让市场领导者和挑战者承担了新产品开发、信息收集和市场开发的大量经费，以减少支出和开发风险。

4. 市场补缺者战略

市场补缺者也叫作市场利基者。规模较小且大公司不感兴趣的市场被称为利基市场。市场利基者拾遗补缺、见缝插针，虽然在整体市场中所占份额较小，但在利基市场上比其他对手更了解消费需求且更能满足这种需求，能够通过高额的附加值得到较高的利润而快速成长。

市场补缺者战略关键在于专业化，其主要途径如下：一是最终用户专业化，专门为某一类最终消费者提供服务，如减肥服务。二是垂直专业化，专门为处于生产与分销循环周期的某些垂直层次提供服务，如专业草坪服务。三是客户订单专业化，专门按照客户订单特制产品，如为企业量身编排文体活动。四是服务专门化，提供一种或多种其他公司所没有的服务，如游泳馆节能降耗水处理服务。五是销售渠道专业化，只在某类渠道销售产品、提供服务，如只在连锁俱乐部出售运动用品、营养品、运动损伤康复药品及护具。

第二节　体育场馆整合营销

整合营销，也叫整合营销传播。即企业里所有部门都为了顾客利益而共同工作，既整合对外的传播工具与传播信息，以通过"一种声音"提供具有良好清晰度、连贯性的信息，建立对外统一的品牌形象；又整合企业内部营销、生产、研发等部门，协同建立信息源，使消费者在各种信息接触点都能获得良好的感知。

一、体育场馆整合营销的内涵

体育场馆是多业务并存的行业，与消费者接触的渠道繁杂，通过整合营销放大传统营销策略的营销力，提升体育场馆的品牌价值。同时，体育赛事及体育活动也需要通过整合营销放大赛事和活动的价值。以体育场馆举办体育赛事活动为例，体育场馆整合营销体现在以下方面。

（一）媒体的整合

为了在短期内提升大众对体育赛事的关注度，必须综合利用网络、手机、电视、户外广告、报纸杂志等各种传播介质发布信息。聚焦信息内容才能将大众的注意唤醒到一定的水平，分散的内容则会抵消传播效果。

（二）营销策略的整合

设计营业推广活动，或举办针对目标受众的公共关系活动，与整合的宣传策略产生共振，可以放大各类营销手段的影响力。唤醒受众注意，除了引起消费者购买门票的行为外，另一重目的是借此对体育赛事进行招商。如果赛事招商产品设计滞后、定价不合理，也只能是"花钱赚吆喝"。因此，产品策略、定价策略、渠道策略及促销策略应在服务体育赛事活动的目标下进行整合。

（三）企业内各部门的整合

体育场馆通常会成立体育赛事运作项目组，该小组在体育场馆其他部门的配合下完成体育赛事执行及招商工作，同时项目组应捕捉体育赛事中的一切机会，为其他部门增加销售渠道、创造业务机会、提供信息和必要的支持。如体育场馆向会员提供更多的体育赛事信息或内部消息，以加强赛事的宣传；文体活动部利用体育赛事的公众注意力开展与体育赛事项目有关的培训、基层单位比赛、企业趣味文体活动等。

提出体育场馆整合营销策略，并非将之与传统营销中的4P策略（产品策略、价格策略、渠道策略和促销策略）对立。整合营销观念改变了仅仅把营销活动当作企业经营管理的一项职能的观点，它强调把所有活动都整合和协调起来，努力为顾客的利益服务。4P策略依然是体育场馆在整合营销过程中必须认真设计和组合使用的营销手段。4P策略强调满足消费者的需求，增加产品或企业的差异性和可辨识性。4P策略的合理组合即营销组合观念，整合营销与营销组合一脉相承，但整合营销更强调各要素之间的关联性，要求其成为统一的有机体，统一方向，形成合力，共同为企业的营销目标服务。

二、体育场馆营销策略

（一）产品策略

1. 整体产品观

整体产品观认为，产品包括有形产品和无形的服务，涉及核心产品、形式产品和延伸产品三个层次。核心产品是指产品满足消费者的基本效用；形式产品是核心产品得以实现的形式，包括品牌、包装、样式、属性、品质、材质、质量等；延伸产品指消费者在购买前、购买时和购买后获得的附加利益。

2. 产品组合

产品组合即企业供给市场的所有产品线和产品项目的组合和结构，包含产品组合的宽度、长度、深度和关联度。产品线指产品组合中某一大类产品。产品项目指产品线中不同品种规格的产品。产品组合宽度指产品线的数量多少。产品组合长度指一条产品线上不同产品项目的数量。产品组合的深度指产品项目具有产品品种的多少。产品组合的关联度指产品线之间在技术、市场、管理等方面的联系程度。

在现代社会化大生产和市场经济条件下，很多体育场馆生产和销售多种服务产品，但并不是经营的服务产品越多越好。体育场馆必须考虑生产和经营哪些产品才能符合场馆发展的战略目标，即体育场馆应慎重选择自己的产品组合。

（二）价格策略

体育场馆可采取的定价策略包括新产品定价策略、心理定价策略、差别定价策略、折扣定价策略、系列产品定价策略。

1. 新产品定价策略

（1）撇脂定价

撇脂定价是指产品的定价比其成本高出很多，即高定价策略。体育场馆推出新的产品时，可以采取撇脂定价，以快速收回成本。该定价策略应用条件是市场上有足够的购买者，且需求弹性很小，市场上不存在竞争对手或竞争对手没有能力与本体育场馆抗衡。如体育馆新推出的高端体育游学项目可采取该定价策略。

（2）渗透定价

渗透定价是指为了让消费者迅速地接受新的产品，尽快扩大销售量，占领更大的市场份额，将产品的价格定得很低的一种定价策略。渗透定价策略不但可以快速占领市场，而且可以有效地阻止其他竞争对手进入这一市场领域。

（3）适宜定价

适宜定价是介于前两种定价策略之间的一种定价方法，即产品定价处于一种比较合理的水平上。

2. 心理定价策略

心理定价策略是一种根据顾客心理需求确定价格的策略。体育场馆有意识地将产品价格定得高些或低些，以满足顾客生理、心理或者物质、精神等方面的需求，主要包括取整定价、尾数定价和习惯定价。

（1）取整定价

取整定价是指所确定的商品的价格以整数结尾，该定价方式也叫作声望定价，多用在较昂贵商品的定价上，如对体育场馆高端会员卡采取取整定价。

（2）尾数定价

尾数定价是指产品定价不取整数，保留价格零头，让消费者形成便宜、精确等心理联想，如游泳培训日常班（10次）定价999元。

（3）习惯定价

习惯定价是指体育场馆以被消费者习惯性接受的价格来为自己的产品定价，以便消费者接受，如羽毛球等全民健身场地定价即采取习惯定价。

3. 差别定价策略

差别定价也称歧视性定价，是根据地理、消费者、服务产品和时间等因素的差异，对不同消费者群体制定不同的价格。例如羽毛球馆、游泳馆等可以在不同的时间段实行差别定价。

4. 折扣定价策略

体育场馆为了鼓励顾客提前消费或多次消费，会对基本价格进行修订，实行折扣定价策略，以适应消费者的偏好和需求变动。这种策略主要包括如下定价方法。

（1）功能折扣定价

功能折扣定价即对不同业务性质的客户给予不同程度的折扣，如赛事门票销售中，不同性质的票务经纪机构获得的价格折扣不同。

（2）季节折扣定价

季节折扣定价即对于随季节呈现周期波动的商品，在销售淡季给予更高的折扣。

5.系列产品定价策略

系列产品通常指在消费上具有一定替代性或互补性的一组产品。体育场馆可利用产品间的这种相互关系制定相应的价格策略，以达成营销目标，其中包括如下定价方法。

（1）产品线定价

产品线定价首先对产品大类进行定价，确定某种产品为最低价格，充当产品大类中的价格领袖吸引消费者；其次确定最高价格的产品，充当质量和品牌的代言；最后为产品制定相应价格。例如，同一体育场馆在为不同级别的赛事提供比赛场地时，由于客户的需求不同，体育场馆可对提供产品的软件、配套设施及服务内容等采用不同的定价，从而实现体育场馆利益的最大化。

（2）互补品的定价

互补品是指在使用过程中具有互补关系的产品。互补品的定价是指对消费者喜欢的产品进行定位，主产品定低价，附属产品定高价，以便达到整体效益最大化。例如，羽毛球场馆场地使用费定低价，而馆内羽毛球、球拍穿线等产品和服务则定高价。

（3）产品束定价

产品束是指一组产品的组合。产品束定价也叫作捆绑定价，是将消费频率不同的产品捆绑起来确定价格，利用消费者求廉心理带动滞销品的销售。

（三）渠道策略

渠道即连接生产者和消费者、帮助产品所有权转移的组织、机构或个人。渠道策略的内容包括渠道设计和渠道管理。

1.渠道设计

渠道设计过程为：分析消费者的服务需求—确定渠道目标—列出通路备选方案—评估备选方案—确定通路方案。

2.渠道管理

渠道管理的内容包括流程管理、成员管理、关系管理，以及难点管理。流程管理内容有所有权、物流、信息流、资金流、促销流的管理等。成员管理内容有渠道成员选择、培训、激励与评价等。关系管理内容有渠道冲突管理，批发商、零售商间的回款、折扣、激励政策、市场推广等；同级中间商之间价格混乱、窜货、互相侵蚀地盘、促销方式各异等；不同通路间窜货、价格不统一等。难点管理内容有赊销管理、货物分区管理、现场终端管理等。

许多大型体育场馆虽然具备直接营销的财力和能力，但是由于体育场馆从事专业化的营销工作，很难保证实现最广的客户接触面，因此容易错失营销的机会，在这一方面专门从事体育营销的中介机构有较广的客户范围，能够发挥自己的优势，促使体育场馆与潜在客户达成交易。高效的分销渠道是企业快速发展的通道。体育场馆的中间商有票务代理机构、会员卡代销机构、票务与会员卡的零售店铺、活动招商代理机构、广告代理公司等。

（四）促销策略

促销策略指对广告、人员推销、营业推广等促销方式进行选择、搭配及运用。

1. 广告

广告是在有明确的发起者（广告主）付费的基础上，采用非人际传播方式对产品、服务、观念进行的介绍、宣传活动。

2. 人员推销

体育场馆销售人员（会籍顾问）与可能成为购买者的人进行交谈，作口头陈述，以推销产品，促销和扩大销售。

3. 营业推广

营业推广又称为销售促销，是指运用各种短期诱因，鼓励和刺激消费者购买的促销活动。营业推广使用多种短期的促销工具，归纳起来主要有以下几类：一是优惠券，即持有人在购买商品时可凭此券免付一定的金额。如体育场馆在寒暑假可以向学生提供优惠券。二是特价商品，即向消费者提供低于正常价格的商品，并在商品的包装或标签上加以附带说明，这对刺激短期销售非常有效。如在体育场馆正式营业以前以低于正常的定价出售某一特定服务产品。三是附送赠品，以免费的方式赠送给消费者带有标志的小商品或者食品饮料，以作为消费的纪念。四是召开产品推介会，邀约目标消费群体，尤其是大客户，将一年的赛事、活动以及其他经营性项目在推介会上向目标群体进行定向宣传。

三、体育场馆整合营销传播的执行

体育场馆整合营销传播的执行流程具体如下。

（一）确定整合营销传播的目标受众

整合营销传播的一切手段都是围绕着目标受众开展的，只有针对正确的目标受众，传播内容和传播手段才会有效。体育场馆整合营销传播的目标受众有：场馆会员，与场馆有赞助合作关系的赞助企业，与体育赛事或大型文体活动关联度较高的目标赞助企业，赛事或活动的目标观众。

（二）确定整合营销传播的传播目标

传播目标的确定依据目标受众的认知、感情或者行为的反应。设定传播目标时，需要考虑消费者的接受层次的递进变化：由认识，到了解、喜欢、偏爱、说服、购买。大型体育赛事或者活动的招商一般周期较短，而营销传播效果的好坏又直接影响招商的结果，因此在整合营销传播的过程中要根据目标受众的反应分阶段制定传播目标。

（三）设计整合营销传播的传播信息

在明确并了解了目标受众之后，需要进一步研究、设计出有效的传播信息。设计传播信息必须明确：需要说什么（信息内容）、如何有逻辑地说（信息结构）、以何种方式来说（信息格式），以及由谁来说（信息源）。

（四）选择整合营销传播的沟通渠道

要传播产品或服务信息，必须选择有效的沟通渠道。从广义上说，营销策略中任何一个要素都能纳入沟通渠道的范畴；从狭义上说，沟通渠道一般指具有沟通性质的营销工作，如各种形式的广告、竞赛、宣传活动、赠品等。沟通渠道有人员沟通渠道和非人员沟通渠道，是联系产品和消费者的重要通道。

（五）衡量整合营销传播的传播效果

传播效果的精确衡量对于企业正确认识营销传播的作用和效果、提高传播效率、提升品牌形象、拉动销售等具有十分重要的作用。同时，在活动中对赞助企业或其产品的传播效果的衡量，也是体育场馆与赞助商进行交换的重要筹码。在所有沟通渠道中，对于广告的传播效果已经建立了一套比较完整的评价体系。广告效果主要包括传播效果（用各类媒体的曝光时间乘媒体广告价格）、广告的销售效果（广告活动引发的产品销售额或者利润额）、广告的品牌效果（包括品牌意识、品牌联想和品牌态度。品牌意识用达到率、品牌知名度、品牌识别率等指标来衡量；品牌联想用品牌形象评价和品牌理解力等指标来评价；品牌态度用美誉度、偏好度、忠诚度、渗透率等指标来评价）。

第三节　体育场馆营销创新

所谓营销创新就是体育场馆根据营销环境的变化情况，结合场馆自身的资源条件和经营实力，寻求营销要素某一方面或某一系列的突破和变革的过程。

一、二维码营销

（一）内涵

二维码是一种全新的信息储存、传递和识别技术。由于具有信息容量大、便捷性强、制作成本低、进入门槛低、经济效益高等众多特点及优势，二维码成为进入基于手机终端的互动营销与精准营销相结合的移动营销时代的重要媒介之一，并逐渐显现出其营销的增值作用。二维码营销是一种基于二维码技术的营销策略，它允许企业将信息、优惠、产品等以二维码的形式展现在用户面前，用户可以通过扫描二维码快速获取相关信息并进行互动。这种营销方式具有便捷、高效、互动性强等特点，能够有效吸引消费者的注意力，提高品牌形象和知名度。二维码营销在体育场馆中的应用可以帮助场馆提高客流量、增加收入和提升观众体验。

（二）方法与应用

二维码营销在体育场馆中的应用可通过以下场景实现。

1.电子票务

在体育场馆的票务入口，二维码营销可以提高观众的验票速度、实现数据统计分析、提供会员特权及推动无纸化运营，有效提升观众的观赛体验和场馆的运营效率。具体来说，在进入场馆时，观众可通过出示二维码进行验票，无须排队等待纸质票验证。同时，通过收集观众的二维码扫描记录，场馆可以获取观众的行为数据，包括入场时间、观看赛事、消费情况等，从而进行精准营销和观众行为分析。此外，若场馆设有会员制度，可将二维码与会员账户关联，观众扫描二维码后，即可享受会员积分、优先购票、折扣优惠等特权，有助于提高观众的忠诚度。

2.活动海报

在设计活动海报时嵌入二维码，观众可以通过扫描二维码满足自身信息获取、在线购票、赛事直播观看等多种需求，提高观众的参与度和满意度。同时将二维码与社交媒体平台连接，观众扫描后即可分享活动海报至自己的社交平台，扩大活动的影响力，吸引更多人关注和参与。

3.赛事直播

二维码营销在体育场馆的赛事直播方面可以实现便捷观看、多平台直播、互动参与、数据分析等功能，为观众提供更好的观赛体验，同时提高体育场馆的收入和影响力。此外，通过二维码收集赛事直播的观看数据，如观看人数、观看时长、观众地域等，也能够为体育场馆分析赛事直播效果和优化直播内容提供数据支持。

二、品牌营销

（一）内涵

世界著名广告大师大卫·奥格威就品牌曾作过这样的解释："品牌是一种错综复杂的象征，它是产品或服务属性、名称、包装、价格、历史声誉、广告方式的无形总和。品牌同时也因消费者对其使用的印象，以及自身的经验而有所界定。"

当一个体育场馆从卖方市场转变为买方市场，产业增长方式将从数量规模型向质量效益型转变。在这种变革过程中，品牌作为一种重要力量，对市场竞争的输赢起着巨大的作用。一个有影响力的品牌可以征服消费者，获得越来越大的市场份额。品牌竞争就是以品牌形象和价值为核心的竞争，是一种新的竞争态势。

（二）方法与应用

体育场馆品牌的树立可以从以下方面入手。

第一步，分析行业环境。从分析其他体育场馆开始，准确地掌握他们在消费者心中的大概位置，以及他们的优势和弱点，然后寻找一个"新概念"，使自己与其他体育场馆区别开来。

第二步，卓越的品质支持。体育场馆必须以优质的业务质量为根本，树立良好的品牌形象。这里所指的业务质量，是一个综合性的概念，包括体育场馆的交通区位、硬件设施、服务质量，以及对服务过失的补救等。

第三步，进行持续的整合营销传播。体育场馆要靠传播才能将品牌植入消费者心里，并在应用中建立自己的宣传体系。

三、IP 营销

（一）内涵

"IP"原指知识产权，目前 IP 的含义已超越了知识产权的范畴。IP 营销通过把 IP 注入品牌或产品中，赋予产品温度和情感，持续产出优质内容，输出价值观，从而聚拢粉丝。IP 营销首先是粉丝市场营销，IP 带给粉丝情感需求和文化认同感，粉丝带来的流量和热点使产品拥有更高的社会关注度。文化认同感则会在原始的粉丝圈层自行传播，并产生消费人群的裂变和突破，将其传递到更多的社会圈层，从而带来更多的受众和更高的社会关注度。体育场馆背后承载着历史、人文、艺术，将人文品质注入体育场馆，创建场馆自有 IP，不仅能提高场馆人气，还能增加场馆品牌的商业价值。

（二）方法与应用

体育场馆 IP 可以外部引入授权合作，也可以内部自主创建。与自主创建相比较，外部引入和体育场馆的融合度会稍显不足。因此，体育场馆在选择外部引入合作项目时，要注意与场馆深度结合，才能产生期望的营销效果。在实施过程中要注意以下几点。

一是 IP 选择。IP 的核心是人文情感需求，引入的 IP 不但要与体育场馆目标客户群的文化情感匹配，而且要与体育场馆历史人文品质匹配，与体育场馆的产品匹配。

二是目标客户群。IP 营销的目的是增加场馆的曝光度，提高体育场馆的流量与人气，最终使流量变现。要实现这一目标，体育场馆的会员客户、非会员客户及 IP 粉丝同样重要，营销活动开展要平衡好客户群之间的关系。

三是渠道选择。在目前主流新媒体平台上，采取多种方式联动推广，如微博、微信公众号、抖音、小红书等。

四是持续性。IP形象要持续推广输出，尽量增加曝光率。

IP市场种类繁多，带来的热点流量也在不断发生变化，对于体育场馆来说，通过引入授权IP形成持续性营销效果难度较大。因此，体育场馆要打造自己的IP，创造自己的IP文化，形成特色以吸引消费者。例如，体育场馆可以根据自身场馆设施、产品、服务的优势，结合所在城市和场馆的历史文化，打造自己的系列IP赛事。

四、数字营销

（一）内涵

数字营销是以数字网络和多媒体互动终端为载体，以品牌的智能化再造为核心理念，以品牌关系的累积升级为终极目的，以满足任何消费者在任何时间、任何地点，对任何有关品牌、产品和服务的信息需求为目的的营销传播活动及其过程。其本质是以互联网用户流量为依托、以数据智能为驱动的产品和品牌营销新手段，以及由此发展而来的营销服务新业态。数字营销具有成本低、灵活性高、信息丰富等特点，在数字经济时代，作为创新营销手段，可以帮助企业提升流量和转化率、扩大目标市场、提高品牌知名度、提升客户满意度与忠诚度、降低营销成本和提高营销效果。

（二）方法与应用

数字营销策略的制定包括以下几个主要步骤。

① 明晰客户画像，搭建后台数据中心。对于任何营销策略而言，第一步都需要明确营销的目标受众，通过研究、问卷或访谈等方式，尽可能地收集目标客户的数据，目标客户包括潜在客户、已签单客户或线索客户，数据信息包含年龄、收入、职业、兴趣爱好等细化内容，以便建立客户数据库，进行客户行为分析，与分类标签进行匹配，精准实施营销策略。

② 确定营销目标，评估数字营销渠道。基于体育场馆营销战略，确定营销目标，尽量将目标量化。同时，整合评估数字营销渠道，这不仅包括体育场馆自有数字营销平台，如网站、公众号，还包括其他付费投放渠道，如百度SEM，

以达到营销目标,选择适配的营销渠道组合。

③ 制订营销活动计划,重视内容营销。个性化、区别化的营销内容,可以精准定位目标客户,激发受众的兴趣和注意力,有助于客户互动和转化,提升营销推广效果。合理规划营销活动各个环节,包括营销主题、投放频率等,以便后续依据计划准确实施营销活动。

④ 实施营销活动,动态评估与优化。在营销活动实施的过程中,对反馈数据进行实时分析,以便不断优化、调整投放策略,提升数字营销的专业能力与营销效果。

五、文化营销

(一)内涵

文化营销强调体育场馆的理念、宗旨、目标、价值观、职员行为规范、经营管理制度、体育场馆环境、组织力量、品牌个性等文化元素,其核心是理解人、尊重人、以人为本,调动人的积极性与创造性,关注人的社会性。

(二)方法与应用

在文化营销观念下,体育场馆的营销活动一般奉行以下几个原则:第一,给予产品、体育场馆、品牌丰富的文化内涵;第二,强调体育场馆中的社会文化与体育场馆文化;第三,从提高文化内涵、人文关怀的实际出发,考虑和检验体育场馆的经营方针。

在实施文化营销过程中应该注意以下几点。第一,人文化。尽可能地符合、满足顾客的物质需求和精神需求。第二,个性化。体育场馆要有自己的声音,以独特的服务营销理念赢得顾客的青睐。第三,社会性。充分挖掘社会文化资源并回馈社会。第四,公益性。将企业文化有机融入营销,在开展场馆经营的同时注重对社会的回报。

第四节　体育场馆新媒体营销

移动互联网时代,随着新媒体的迅速发展,各行各业普遍意识到新媒体营销的重要性,体育场馆也开始在新媒体平台布局,新媒体营销的应用越来越广泛。

第九章 体育场馆营销

一、体育场馆新媒体营销内涵

（一）新媒体

1.新媒体概念

新媒体主要指数字化时代出现的各种媒体形态，即凡是利用数字技术、网络技术，通过互联网、宽带局域网、无线通信网等渠道，以及计算机、手机、数字电视等数字或智能终端，向用户提供信息和服务的传播形态，都可视为新媒体。

2.新媒体的形式

新媒体按类别可分为数字新媒体、网络新媒体和移动新媒体三种。其中，数字新媒体有数字报纸、数字杂志、数字电视等；网络新媒体有搜索引擎、门户网站等；移动新媒体有微信、直播、音视频等。目前，前两种新媒体又都向移动新媒体延伸，出现了手机版，如手机微博等。新媒体的使用模式与表现形式多种多样，本节主要针对与体育场馆营销相关度高且是目前主流的新媒体形式，如微信、微博、短视频、搜索引擎等进行探讨。

（二）体育场馆新媒体营销

1.体育场馆新媒体营销概念

新媒体营销就是利用新媒体平台进行的一系列营销活动。运用营销理论方法，在充分了解新媒体平台的功能和特点的基础上，借助各种新媒体平台，发布体育场馆各种产品或服务等信息并进行深入传播，同时通过目标受众精准定位，研发产品和服务，实现品牌宣传和产品销售等目的。

2.体育场馆新媒体营销特征

与传统媒体营销相比，体育场馆新媒体营销具有应用载体广泛、呈现形式多样、目标用户精准、营销成本较低等特征。应用载体广泛指所有互联网产品都可以成为新媒体营销的应用载体。呈现形式多样指新媒体营销可以是文字、图片、视频、音频等多种形式。目标用户精准指通过大数据处理，企业可以轻松找到目标用户并进行精准营销。营销成本较低指利用新媒体开展营销活动，宣传推广费用相对低廉。

二、体育场馆新媒体营销思维

在新媒体时代，企业要想实现营销价值最大化，需要具备新媒体营销思维。

新媒体营销思维主要包括数据思维、用户思维、全局思维和发展思维。

（一）数据思维

新媒体营销活动依托新媒体平台终端实现，新媒体终端承载的内容都以数据为基础。数据是企业的重要资产，数据分析可以更精准地进行产品或品牌的营销推广。因此，体育场馆营销管理人员要具备数据思维，并将数据思维理念贯穿于新媒体营销全过程。数据思维的基础是数据，管理者要尤其注重对数据的收集，例如用户基本信息、网站内容浏览量、传播数、消费行为、支付行为等，及时收集用户反馈数据，挖掘和分析用户消费习惯和体验感受，根据需求及时调整新媒体营销内容。监测每一次营销活动数据变化，分析营销活动效果，在实践中不断优化营销策略和手段。

（二）用户思维

用户思维就是一切以用户为中心，依照用户的需求制定体育场馆新媒体营销战略和目标，设置产品和品牌推广活动和销售活动规则。围绕体育场馆用户的新增、留存、活跃情况，建立用户发展机制与策略，运用各种营销手段提升与用户相关的数据，如用户浏览次数、用户停留时间、互动数等。注重对核心用户信息资料的掌握，并采取相应措施激活用户，提高用户的满意度和忠诚度。

（三）全局思维

全局思维就是战略思维，是在整体认知的基础上正确处理整体与局部、未来与现在的关系，目的是促进企业长远发展。新媒体营销战略是体育场馆总体经营战略的组成部分，也是营销战略的组成部分，要考虑新媒体营销工作是否能够实现战略目标，与其他战略规划是否匹配。全局思维要求新媒体营销正确处理好体育场馆总体经营战略和新媒体营销战略规划的关系，以及体育场馆营销战略和新媒体营销战略规划的关系。

用户的网络习惯和接触途径不同，单一的传播途径很难收到预期效果。全局思维要求在进行新媒体营销时整合现有线上资源，如官方网站、微博、微信等，积极与主流合作平台展开联动，吸引目标客户关注，提升影响力，并整合线下资源，进一步提升推广效果。另外，体育场馆一般是有公益属性的，全局思维要求在营销推广中不能只追求经济效益，还要考虑社会效益，经济效益与社会效益相统一。

（四）发展思维

在互联网时代，新媒体平台技术发展迅速，营销领域理论与实践也在持续更新，作为两者的结合体，新媒体营销未来会给企业带来无限可能与变革。这就要求体育场馆营销管理者具有发展思维，对新媒体平台和技术时刻保持关注，分析评估处于或将要处于上升期的新媒体平台，提前布局。关注新媒体传播趋势和变化，推出创新推广方案，不断进行实践，评估营销效果，在新媒体技术和营销策划创新之间寻求平衡点。

三、体育场馆新媒体营销模式

随着信息技术的快速发展，新媒体营销已成为企业宣传推广的新方式。新媒体营销逐渐成熟，针对不同的营销目标和受众群体，可以分为社交媒体营销、短视频营销、直播营销、社群营销、大数据营销、搜索引擎营销等多种模式。

（一）社交媒体营销

社交媒体是采用移动技术和网页技术创建的高度互动平台，个体间和社群间都可以通过该平台分享、共创、讨论和修改原创内容。社交媒体营销是一种通过社交媒体平台传播信息、建立品牌形象和吸引客户的营销方式。社交媒体营销可以采用多种形式，例如，在社交媒体平台上发布有关公司、产品或服务的信息，与潜在客户互动，组织社交媒体活动，以及通过社交媒体平台提供客户服务等。

社交媒体营销的目标是提高品牌知名度、扩大客户群体、促进销售和加强客户关系。它的优点是成本低廉、覆盖面广、效果可量化，能够实现与客户之间的实时互动，并提供更好的客户服务。

社交媒体营销的特点有五点。一是互动性。互动性是社交媒体营销的最大特点，在社交媒体平台上不仅可以发布信息，还可以与潜在客户进行实时互动，这种互动形式可以推进客户与品牌之间的关系，增强客户的忠诚度。二是实时性。社交媒体平台提供的即时消息功能，可以让企业与客户实时交流，及时解决客户的问题。这种实时交流可以增进客户对品牌的信任，提高客户的满意度。三是可量化性。社交媒体平台可以提供精确的数据分析，帮助体育场馆了解客户的兴趣、需求和行为模式，以便体育场馆进行更精确的营销决策。四是多样性。社交媒体平台提供了多种营销形式，如图片、微博、微信等，体育场馆可以根据自己的需要选择最适合的营销形式，吸引更多的潜在客户。五是分享性。社交媒体平台上的内容可以被用户分享，当用户分享场馆内容时，相当于为场馆做免费宣传，进一步推广了场馆的品牌形象，提升了场馆的影响力。

体育场馆要根据自身经营业务范围与特点，抓住用户需求点和兴趣点，设计、定位社交媒体发布的内容，进行有意义的内容输出，吸引目标用户。因此，体育场馆营销管理人员要通过社交媒体管理用户关系，使用户感受到场馆的诚意和态度，从而将用户转化为忠实粉丝，实现持续商业变现。

（二）短视频营销

短视频营销通过视频创作和发布来宣传产品、服务或品牌，这种营销方式以短小精悍的视频为载体，吸引大众关注，具有感染性强、表现形式多样化、内容新奇等特点，同时也具备自主传递性强、成本低廉等传统互联网市场营销的优点。短视频平台营销模式主要有三种，第一是自建账号开展营销活动，第二是借助短视频平台上的"流量红人"账号，直接与之合作销售产品，第三是直接在平台上投放信息流广告。第53次《中国互联网络发展状况统计报告》显示，截至2023年12月，短视频用户规模达10.53亿，占网民整体的96.4%，短视频用户中存在着大量的潜在客户，目前短视频营销已经成为新媒体营销的一个重要领域。

体育场馆提供的产品和服务具有现场体验感较强的特征，无论展现场馆外观、内部设施、场地状况、运动培训还是展现赛事活动，短视频都更能够直观、立体、实时、互动化地满足信息传播需求，实现营销效果。例如，2022年，随着快手拿下了冬奥会的版权资源，以短视频平台为代表的互联网平台也成为北京2022年冬奥会期间一个重要的传播渠道。快手策划"冬奥主会场"活动，从赛事、内容、互动方面全面发力，通过全景追冬奥的形式，全方位强化全民互动参与感，展示冬奥场馆风采。此外，2021年10月，由北京冬奥组委新闻宣传部策划推出的"双奥之城 城市之光"冬奥会主办城市系列宣传短视频在全球主要互联网平台正式发布，系列短视频聚焦北京的城市风光、赛事场馆和四季景色，向世界展示了北京现代、开放、时尚的魅力。

短视频营销要注意以下几点。

一是内容构思。短视频营销是为了获取流量、增加曝光，营销关键是内容，内容的质量直接决定视频的传播和影响力。打造优质的内容可以从以下几方面入手：一是内容要贴近生活，使观众产生情感共鸣；二是内容要幽默有趣，使观众轻松愉快地接受；三是内容要有价值，使观众获得知识。

二是系列化运营。账号发布的内容要保持一致性和持续性。发布的内容要集中在某一领域，切忌杂乱。只有持续输出优质内容才能获取更多的播放量和粉丝。例如，内容可以围绕"运动、健身、健康"这一主题，输出系列视频，使目标用户觉得有用，持续关注账号。

三是平台选择。一个能够得到广泛传播的视频，不仅要有优质的内容，还要选择正确的发布平台。营销管理人员对新媒体平台要保持关注，选择处于流量上升期的平台发布视频，推广销售产品。目前，短视频平台领域内，抖音和快手的市场占有率较高。另外，选择平台还要考虑是否是目标用户出现和活跃的平台，因为营销追求的不是在线人数，而是目标人数。

（三）直播营销

直播是一种实时性、互动性十分显著的信息传播方式，直播营销是指以直播平台为载体进行的营销活动，通常包含场景、人物、产品、创意要素。直播营销可以让用户与现场进行实时连接，具备最真实、最直接的体验，用户更易接受品牌营销信息，实现边看边买。有影响力的主持人可以创造出超高影响力的话题，并能有效辐射到产品销售上。体育场馆直播营销可以选取体育明星、运动达人、体育大咖等能带来较大流量的人进行合作。

直播营销整体思路围绕直播前、直播中、直播后展开，在整体设计上要明确直播的目的，或提升体育场馆品牌形象，或促进产品、服务销售，或引流关注场馆自营媒体平台等，营销目的要融入直播各环节中。直播营销一般流程如下。

① 直播前的策划与筹备。包括营销方案设计、直播宣传与引流方式、直播设备测试、直播平台设置、软件测试。

② 直播中的执行与把控。模型执行与要点、活动开场形式、直播互动方法、收尾的销售转化和引导关注。

③ 直播后的传播与发酵。粉丝维护、直播视频剪辑与传播、软文撰写、直播表情包制作等。

(四)社群营销

社群是基于共同需求、兴趣爱好而聚集在一起的群体。社群营销是基于社群而形成的营销模式,是有相同或相似的兴趣爱好,利用某种载体聚集人气,通过产品或服务满足群体需求而产生的商业形态。社群营销需要利用网络服务载体聚集人气,目前适合社群运营的网络平台主要有QQ、微信、微博、百度贴吧等。社群运营平台的选择要考虑产品目标群体、社群类型等因素。如对于圈子类、地域类、兴趣类的社群,选择QQ平台和微信平台运营相对适宜。

社群营销的开展方式既可以是自建社群,也可以与部分社群领袖合作开展活动。持久保持社群的热度,是社群营销的突破点。这就需要营销人员用心经营社群,提供多种服务或促销,满足社群个体的需求,保持社群活跃度。如为社群成员提供产品咨询服务;提供附加服务,如专家提供运动技巧及身体保护、健身与营养等方面的指导咨询服务;定期发放产品优惠券;打卡签到,定期抽奖赠送体育场馆运动周边产品或免费运动次数等。另外,为了增加体验感,形成对品牌和服务的全面感官认知,场馆还需要定期组织线下活动,增加群友体验感,以便能更好地进行品牌传播。

(五)大数据营销

大数据营销是以海量数据为前提,依托大数据的挖掘、分析、预测等技术,从而获得深入洞察的结果,并以此实现精准营销及优化营销效果目标的营销工具。体育场馆大数据营销主要应用在以下三方面:一是用于个性化产品创新设计,利用大数据技术,分析顾客喜好和需要,量身定制相应的产品和服务;二是用于精准推送产品服务信息,通过大数据技术分析,及时分层推送客户需要的产品信息;三是进行精细化运营,通过大数据技术分析确定优质用户并重点关注,例如,对于活跃度高、消费次数多或消费金额大的重要用户,可设置推送优惠券促销。大数据营销作为一种个性化的营销手段,在体育场馆获取、保留与发展客户的各个阶段都将成为体育场馆不可或缺的竞争利器与有效工具。实施大数据营销需要体育场馆在总体战略、组织架构、服务理念、人员配置和信息技术系统几个方面协同配合,将大数据精准营销战略思维融入整个营销体系中。

（六）搜索引擎营销

搜索引擎营销是场馆网站通过改变自身在搜索结果页面中出现的位置来引起用户关注，进而进行产品推广的营销活动。搜索是网络用户最常用的功能之一，搜索引擎能够帮助人们方便快捷地找到所需信息。用户的主动搜索，反映了对事物的关注，这种用户更有可能转化为客户，这就是搜索引擎营销的价值所在。搜索引擎营销有付费收录、付费排名、搜索引擎优化等模式。在百度等搜索引擎上有好的搜索表现，是自身实力的展示，也能给场馆潜在消费者留下良好的印象，为场馆带来良好的信誉。体育场馆除了承接体育赛事、演出、展览等活动外，日常提供的产品主要是场地使用产品和培训产品，目标消费人群受地域、地理位置因素影响很大，要考虑选择与之匹配的载体进行合作。

四、体育场馆新媒体营销的应用

（一）体育场馆新媒体平台选择的注意事项

1. 人群行为属性

体育场馆新媒体营销依托新媒体平台开展，而人群行为属性，如用户的网络使用习惯和接触渠道等，决定了体育场馆营销要选择适合的平台开展营销活动，体育场馆消费群体与新媒体平台人群有重合部分，营销推广活动才会产生应有的效果。

2. 人群地域属性

体育场馆提供的产品和服务有地域限制，不同新媒体平台人群分布也具有地域差异。体育场馆在做新媒体营销推广时，需充分考虑新媒体平台人群分布与体育场馆产品消费者地域分布的契合度，从而达到营销信息有效传递的目的。

3. 营销目的

体育场馆营销活动目的不同，新媒体平台选择也不尽相同。以品牌宣传推广为主的营销活动，可以选择强媒体属性平台，如微博；以销售为主的营销活动，可以选择商业模式比较完善的平台，如抖音；以会员及社群为主的营销活动，可以选择较为封闭的平台，如微信。

（二）体育场馆新媒体营销流程

1. 营销准备环节

及时维护、更新并完善体育场馆官网、微博、微信、社群、短视频账号等新媒体资源；构建用户体系，精准定位目标人群，分析客户特点和需求，制订运营方案；识别用户活跃渠道，做好渠道布局，设计传播形式，制订媒体方案；把握整体风格和发展方向，采用创意方式吸引用户。

2. 营销过程的有效组织

紧扣营销目的，进行项目推进、进度管理与执行实施。全面接触用户，收集用户反馈意见，根据用户需求及时调整营销内容；与粉丝进行实时互动交流，增加粉丝数量，提升用户关注度和活跃度，实现有效推广；监测运营数据变化，改进策略和手段，持续提升内容浏览量、互动数、传播数；锁定互动群体中的意见领袖，与之展开全方位互动，引导意见领袖分享活动体验，推出相关话题，增加品牌曝光，确保体育场馆活动效果。

3. 营销结束的复盘与提升

体育场馆营销活动结束后，要对整个营销过程进行复盘总结，将营销活动经验、教训及时记录下来，为下一次活动开展提供参考。复盘需要从两方面进行分析。一方面是客观分析。从数据层面统计分析营销活动数据，并与营销目的做比较，包括口碑效果分析和目标用户比例分析等，分析是否精准覆盖用户，吸引目标用户，判断营销效果。另一方面是主观分析。分析各环节执行效果，通过团队讨论，总结经验，思考改善，为后续营销提供参考。

本章思考题

1. 体育场馆营销战略分析的内容有哪些？
2. 体育场馆营销应如何进行战略选择？
3. 试对社区体育场馆的目标市场进行细分。
4. 什么是整合营销？体育场馆如何做好整合营销传播？
5. 查阅资料，结合营销创新谈谈体育场馆营销有哪些创新。
6. 谈谈体育场馆如何进行新媒体营销。

第十章
CHAPTER 10

体育场馆服务

【本章概要】

本章主要介绍体育场馆服务的内涵与特点、服务规范、服务质量及体育场馆的公共服务相关内容。通过本章的学习，了解体育场馆服务特殊性，理解各业务活动的服务流程，熟悉服务质量的构成及其常用测评方法、服务质量管理标准，掌握体育场馆公共服务的内容、规范及实施要求。

第一节　体育场馆服务的内涵与特点

体育场馆向消费者提供的产品主要是以服务的形式体现的，体育场馆服务是体育场馆经营管理的核心内容。

一、体育场馆服务的内涵

体育场馆服务是指体育场馆管理部门及其工作人员，为满足消费群体对体育场馆的多元化需求，而进行的与体育场馆功能、特点相关的服务产品的供给活动。其具体内容主要包括举办大型体育比赛、大型文艺演出、集会及商业会展、体育培训、体育健身娱乐等活动。

由此可见，体育场馆部门所接待的消费群体不仅包括观看比赛、参与健身休闲活动的散客，也包括举办大型商业活动的企业。因此，在基于保证顾客满意度、提升场馆服务质量的同时，场馆服务方须考虑这两大顾客群体的不同需求，并根据不同服务内容的特点提升顾客群体对场馆服务产品质量的感知。

二、体育场馆服务的特点

体育场馆服务作为一种特殊的产品，其与一般的产品既有相同点，也有一定的差异，有其自身的特殊性，主要表现在以下几个方面。

（一）体育场馆服务的非储存性

体育场馆在向社会提供服务时，既不能积压也不能储存服务，只能即时提供，使得体育场馆在提供服务时对市场需求的应对能力相对有限。在体育消费需求不足时，会发生机会损失；在体育消费需求旺盛时，会导致体育场馆服务供给不足。体育场馆在提供服务的过程中存在着业务量不确定性的风险。

（二）体育场馆服务的无形性

体育场馆服务作为服务的一种，不具有实物形态，消费者在消费体育场馆服务时，只能根据对体育场馆服务提供者的认知度或即时感受来评价体育场馆的服务质量。体育场馆服务的无形性，无法像实体产品那样看得见、摸得着，使得消费者在选择体育场馆服务提供者时比较困难，对体育场馆服务的认知更多依赖其他消费者的反映和体育场馆的公关、宣传。

（三）体育场馆服务生产与消费的即时性

由于体育场馆服务不可储存和运输，体育场馆服务生产和消费同时发生，需要同时同地完成服务交易，体育场馆服务提供者与消费者如果不在同一场所、同一时间进入服务程序，则服务交易难以完成，如场馆中举行的体育赛事不会因为某一个观众的晚到而推迟比赛。

（四）体育场馆服务的风险性

体育场馆服务是以体育活动为载体的，而体育活动容易发生各种伤害事故，具有较高的风险性。因此，体育场馆服务的安全性成为体育场馆服务的重点，在提供体育场馆服务的过程中要始终关注消费者的安全问题，为消费者提供安全的体育场馆服务。在部分情况下，体育场馆服务的风险是无法规避的，需要通过风险预案、风险控制与转移等多种途径，将体育场馆服务的风险控制到最低。

（五）体育场馆服务的参与性

体育场馆服务的消费不同于其他产品的消费，需要消费者的亲身参与和互动，消费者的体育意识、行为与消费能力对于体育场馆服务的消费具有重要影响，甚至部分体育场馆服务离开了消费者的参与是无法提供的，如体育健身服务与体育培训服务，它们是以消费者的参与为前提的。即使在消费者参与度较低的体育赛事服务中，也需要消费者的积极参与和互动，以获得良好的观赛体验。

第二节　体育场馆服务规范

体育场馆提供的服务应是规范化的服务，并且应符合国家法律、法规的要求。在此基础上，体育场馆提供的服务能否称为优质服务，还需要一定的标准和方式进行评价。

一、体育场馆服务的规范化要求

体育场馆服务规范由一定的社会团体或部门（如主管部门、行业协会等）制定，在场馆服务供给过程中被服务主体和客体共同认可和遵守。体育场馆服务规范在服务供给过程中起着指导和调节作用，为场馆服务质量评估提供定量和定性标准。体育场馆想要为消费群体提供高质量的服务产品，首先要使该服务产品满足体育服务产品的规范化要求，该要求具体主要体现在两个方面，即产品质量特性要求和法律法规要求。

（一）产品质量特性要求

体育场馆提供的产品以无形的服务产品为主，有一系列与其他服务产品性质不同的，且与体育场馆本体功能相关的服务产品质量特性要求和标准化服务流程，以确保体育场馆服务的质量。体育场馆服务产品的质量特性要求详见表10-1。

表10-1　体育场馆服务产品质量特性要求

健身休闲服务	体育健身活动 企业文体活动 体育游戏、娱乐活动	信息查询方便准确； 健身服务项目设置合理、吸引人； 健身指导人员技术水平高、耐心、热情、礼貌、一视同仁； 服务人员外表健康、服务周到、热情、规范、效率高； 技术服务硬件设施完善； 休息座位、洗浴、更衣、商品销售等辅助服务设施完善； 餐饮、住宿、休闲娱乐等配套设施完善，价格合理； 场地规范、平整舒适；
健身休闲服务		室内空气清新，温度、湿度适宜； 卫生； 安全； 环境氛围良好
相关培训服务	体育资格认证培训 各运动项目培训教学	信息查询方便准确； 培训项目新颖有趣、吸引人； 教练、教师外表健康、专业水平高、示范动作准确、讲解生动、耐心、热情、礼貌、一视同仁； 服务人员外表健康、服务周到、热情、规范、效率高； 技术服务硬件设施完善； 休息座位、洗浴、更衣、商品销售等辅助服务设施完善； 餐饮、住宿、休闲娱乐等配套设施完善，价格合理； 场地平整舒适、教室设施规范、教学器材完备； 室内空气清新，温度、湿度适宜； 卫生； 安全； 环境氛围良好
体育竞赛表演服务	承办国际、国内体育赛事 自发举办省、地市级赛事	信息查询方便准确； 比赛项目吸引人； 比赛裁判员、双方教练员、运动员场上表现好； 服务人员外表健康、服务周到、热情、规范、效率高、专业；

续表

体育竞赛表演服务		电子屏幕、电视转播设施、广播、记分牌、灯光等设施工作正常； 休息座位、洗浴、更衣、餐饮、商品销售等辅助服务设施完善，价格合理； 场地条件适于比赛； 室内空气清新，温度、湿度适宜； 卫生； 安全； 环境氛围良好； 购票方便； 观众入场、退场方便
商业活动服务	商业会展 商业集会 大型文艺活动	信息查询方便准确； 演出节目、参展物品具有吸引力； 灯光、音效、布景条件优异； 服务人员外表健康、服务周到、热情、规范、效率高、专业； 电子屏幕、电视转播设施、广播等设施工作正常； 休息座位、餐饮、商品销售等辅助服务设施完善，价格合理； 展台、空间设置适宜顾客流动参观； 室内空气清新，温度、湿度适宜； 卫生； 安全； 环境氛围优越； 购票方便； 观众入场、退场方便

（二）法律法规要求

在场馆服务产品满足其质量特性要求的基础上，体育场馆服务产品的生产与供给还须遵守相关的法律、法规的要求，符合相应的国家强制性或推荐性标准。与体育场馆服务产品生产与供给相关的法律、法规主要有《中华人民共和国体育法》《中华人民共和国标准化法》《全民健身条例》《公共文化体育设施条例》《游泳场所卫生规范》。与体育场馆服务相关的规范性和制度性文件有《体育场馆运营管理办法》《公共体育场馆基本公共服务规范》《公共体育场馆向社会免费或低收费开放补助资金管理办法》《关于进一步加强和规范国家队训练场馆管理有关事宜的通知》《体育场馆信息化管理服务系统技术规范》等。另有《体育场所开放条件与技术要求》《健身房星级的划分及评定》《保龄球场馆星级的划分及评定》《游泳场所开放条件与技术要求》等由国家或地方政府制定的与体育服务产品生产有关的国家强制性及推荐性标准。

二、体育场馆服务流程管理

服务运营的理论框架包括服务流程与交锋管理、服务质量管理、需求与能力管理、营销与运营的集成和服务生产率管理等。其中，服务流程管理是最终赢得顾客的关键，需要企业精心管控。

（一）体育场馆服务流程

对于提供服务的场馆一方来说，主要产出的是服务，其中的一系列任务包括接待顾客、与顾客沟通、按照顾客的不同要求为顾客本身或顾客的物品提供服务，服务流程主要由提供服务的步骤、顺序和活动构成。

【服务流程】

服务流程是服务企业向顾客提供服务的整个过程（行为事件与步骤）和完成这个过程所需要因素的组合方式，它是服务系统设计的核心和基础。服务流程是企业运营的基本单位，而这些单位组合在一起则构成了整个企业的服务流程网络，在纵横交错的流程网络中，有部分流程属于服务企业的核心流程，能否科学合理地操控核心流程，是决定服务质量优劣的关键。其主要包括以下六个方面。

① 新产品开发流程。市场研究、竞争对手分析、概念设计、服务产品推广、服务过程设计等。

② 赛事运作管理流程。赛事引进、竞赛管理、市场开发、市场营销、后勤保障等。

③ 供应链管理流程。服务供应的物理设计、成本与费用计量、合同管理、合作伙伴管理、资源管理等。

④ 客户服务流程。询价报价处理、服务订单处理、服务订单执行等。

⑤ 财务管理流程。成本和利润管理、资产管理、预算决策、分析预测、财务报表等。

⑥ 人力资源管理流程。人员补充、绩效考核、工资管理、晋升管理等。

如果把服务流程看作一个"投入—变换—产出"的过程，那么服务中最重要的是顾客的身体、精神、资产或信息的变换过程。因此，根据顾客本身及其资产进入服务流程的不同情况及服务主要作用方式，可将体育场馆服务流程划分为四类：

①作用于人体的可触行为。服务的结果使人体（身体状况、外形、地理位置等）发生一定的改变，如健身锻炼、娱乐活动等。②作用于人的精神的不可触行为。服务的结果主要是对顾客的精神发生作用，使顾客感到愉悦、增加知识、得到信息、改变想法等，如大型文艺活动、大型赛事表演等服务。③物品处理。作用于顾客有形资产的可触行为，这些服务要求顾客提供其物品，但不一定要求顾客在场，这些服务处理顾客的钱财、文件、数据等，如健身顾客财物的储存服务等。④作用于顾客无形资产的不可触行为，如赛事期间场馆周围的广告牌、信息宣传栏等服务。

全民健身活动服务是体育场馆提供的重要服务产品之一，是各体育场馆根据国家关于开展全民健身活动的有关政策的要求，结合体育场馆自身设施、设备特点和消费者的需求，所开展的适合公众进行健身活动的服务内容。游泳馆是全民健身活动服务中较为常见的一种服务，游泳馆的服务流程详见图10-1。

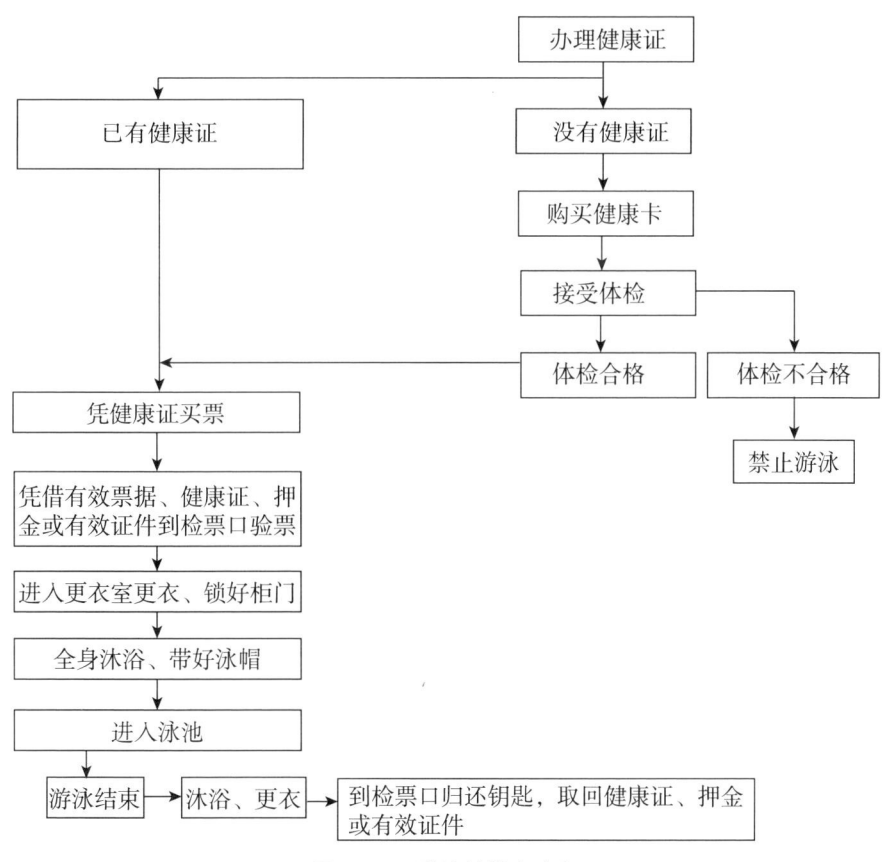

图10-1 游泳馆服务流程

（二）服务流程再造

服务流程再造的概念起源于业务流程再造，强调以服务流程为改造对象和中心，以关心消费者的需求和满意度为目标，对现有的服务流程进行根本的再思考和彻底的再设计，利用先进的生产技术、信息技术及现代的管理手段，最大限度地实现技术上的功能集成和管理上的职能集成，以打破传统的职能型组织结构，建立全新的过程型组织结构，从而实现企业经营在成本、质量、服务和速度等方面的巨大改善。

体育场馆服务流程再造就是重新设计和安排体育场馆的整个生产、服务过程，使之合理化。通过对体育场馆原来服务过程的各个方面、每个环节进行全面的调查研究和细致分析，对其中不合理、不必要的环节进行彻底的变革。在具体实施过程中，可以按以下四个程序进行。

① 对原有服务流程进行全面的功能和效率分析，发现其存在问题。根据体育场馆现行的服务程序，绘制细致、明了的服务流程图。

② 设计新的服务流程改进方案，进行评估。为了设计更加科学、合理的服务流程，必须群策群力、集思广益、鼓励创新。在设计新的服务流程改进方案时，应注意考虑消费者的感受，吸纳部分消费者参与服务流程的设计。

③ 制定与服务流程改进方案相配套的组织结构、人力资源配置和业务规范等方面的改进规划，形成系统的企业再造方案。体育场馆流程的实施，是以相应组织结构、人力资源配置方式、业务规范、沟通渠道作为保证的，所以，只有以流程改进为核心，形成系统的体育服务流程再造方案，才能达到预期目标。

④ 组织实施与持续改善。体育场馆服务流程再造方案的实施并不意味着体育场馆服务流程再造的终结。在体育产业和体育场馆服务快速发展的今天，体育场馆总是不断面临新的挑战，这就需要不断地对体育场馆再造方案进行改进，以适应新形势下体育场馆服务业发展的需要。

第三节　体育场馆服务质量

体育场馆服务质量是体育场馆提供的服务满足消费者需求的程度。体育场馆服务质量的高低是反映体育场馆经营管理水平的重要标志。

一、体育场馆服务质量的内容

根据服务质量阶层结构模型理论（Brady & Cronin，2001），可将体育场馆服务质量的构成要素分为互动质量、物理环境质量和结果质量三个部分。如图 10-2 所示。

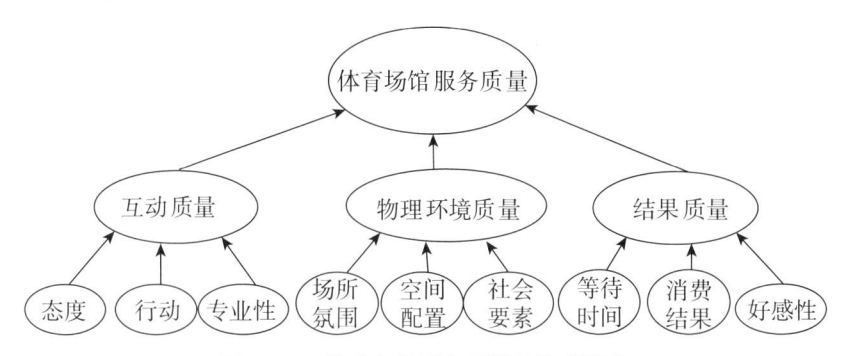

图 10-2 体育场馆服务质量的构成要素

（一）互动变量

互动质量指服务传递过程中从业人员与顾客之间的接待关系质量，该质量主要通过从业人员态度、行动和专业性来测定。其中，从业人员的态度不仅包括接待员、教练员对健身娱乐、体育培训顾客的友善态度，同时也包括体育中心管理层对其他合作企业主动配合、实现共赢的积极态度。场馆服务方及其从业人员行动的快慢，能够反映场馆的服务体系质量，进而反映场馆的综合绩效、体现场馆的综合实力与品牌效益。专业性主要反映场馆服务人员、教练员、管理层在为顾客提供培训服务或合作服务时的专业技能。

（二）物理环境质量

物理环境质量指作为服务传递背景的体育场馆服务环境，该质量因素主要通过场馆服务内部提供的物理设施，如场所氛围、空间配置、社会要素来测定，其中场所氛围指场馆服务部门为举办各种竞赛表演或文娱演出等大型活动所布置的各种场景、配套设施等是否科学合理，是否能够激发活动参与者及观众的观看热情，是否能够创造适宜的观赏氛围等。空间配置要求场馆内部空间布置合理、宽敞、整洁，以使顾客产生良好的参与场馆消费的初始印象，并为顾客进出体育场馆提供便捷条件与安全保障；社会性质量因素要求场馆本身或场馆周边需具有相应的住宿、餐饮、购物、娱乐场所，齐全的场馆社会性配套场所能够有效地提高场馆的消费吸引力。

（三）结果质量

结果质量是服务传递过程结束后作为结果留给顾客的服务产品。该质量要素主要通过与服务传递后的相关等待时间、消费结果和好感性来测定。其中，等待时间也就是顾客参与场馆消费的非货币成本，等待时间越短，顾客的非货币成本越低，顾客对场馆服务质量的评价越高；消费结果是顾客参与场馆消费后得到的各种收益，如功能收益、社会收益、品牌收益和情感收益等，如表 10-2 所示。好感性与情感收益相同，在此不做描述。

表 10-2　场馆消费收益类别与解析

消费收益类别	解析
功能收益	顾客在接受场馆服务过程中所获得的各种体育本体功能效益（如得到健身效果、良好的健身体验、获得体育知识与技能）和场馆使用需求的满足（如企业得到良好的商品展示与宣传效果）
社会收益	顾客（尤指大型企业顾客）因接受场馆的服务而提高了社会自我概念和社会地位，并由此满足了自身的社会需求
品牌收益	不仅包括顾客在购买产品后所获得的产品功能之外的心理需求满足，还包括顾客选择体育服务产品之前，高信度的品牌为其提供的简化购买决策、提高购买信心等方面的收益
情感收益	场馆服务方通过尊重顾客并关心顾客的需求等人性化服务，使顾客产生愉悦、归属感等积极情感方面的情绪收益

二、体育场馆优质服务的维度

根据服务质量中优质服务的维度理论，对体育场馆优质服务的维度进行分析，对于进一步明确体育场馆服务质量的提升目标具有一定的促进作用。

（一）快速为顾客提供回应

顾客回应一般表现在顾客获得帮助、答案或关注之前的等待时间及为满足顾客需求所提供服务的柔性和能力等方面。场馆服务方能否及时地满足顾客需求，不仅能反映场馆的服务导向，即是否把顾客利益放在第一位，同时也可在服务传递的效率方面反映场馆的服务质量。此外，在服务传递过程中，顾客等候时间的长短关系到顾客对服务体系的印象及满意度，并直接影响顾客对场馆服务体系及服务质量的评价。

因此，场馆部门须快捷地关注并处理顾客的请求、询问及投诉等问题，以提升顾客对服务质量的感知与评价。例如，北京2008年奥运会期间，北区奥运场馆群管理部门为提高服务绩效及服务质量，要求服务人员在第一时间帮助顾客或记者解决询问、投诉等问题，以及时处理场馆服务受众所遇到的各种困难，若该服务人员不能解决此问题，则必须将顾客或记者带领至能够解决问题的人员面前。

（二）展示服务的安全性

体育场馆服务的安全性是由服务人员的专业知识、赢得顾客信任的能力、谦恭态度及场馆服务部门的信誉度所决定的。场馆服务的安全性可增强顾客对场馆服务质量的信心和安全感，尤其是当顾客感知到服务内容含有较高的风险或感觉无能力评价服务消费产出时，安全性决定因素显得更为重要，如当场馆部门依托场馆附属设施开展健身培训活动时，在此类业务关系形成的早期阶段，教练员、服务员的学位、奖励、特别证书等有形证据及他们的自信和谦诚态度，对赢得顾客的消费信心和信任起着决定性的作用，并有助于提高顾客参与活动的安全感。

（三）体现服务的移情性

体现服务的移情性的目的是让顾客及潜在顾客均感觉自身的重要和特殊，这就要求体育场馆给予各种顾客群体尊重、关心和体贴，及时了解其需求并给予满足，以使整个服务过程都充满人性化特色。如我国中体集团在对体育场馆健身俱乐部进行经营管理时，就将体现服务的移情性列为自身的主要服务宗旨之一，并在其服务供给过程中给予潜在顾客一定的尊重与关心。此外，体育场馆服务项目具有顾客参与性强等特点，在服务供给过程中，场馆服务部门不仅要考虑健身娱乐型消费散客的服务参与程度，使其体验参与消费的乐趣，还须考虑为举办商业活动的大型企业客户提供便捷性强的服务，协助大型企业开展商业活动，以实现体育中心与企业的双赢，并借此体现中心的综合服务质量水平。

（四）提供可靠的服务

准确可靠地执行并提供所承诺的服务，意味着场馆部门必须按照其服务标准或事先的承诺履行自身的职责。可靠性服务的提供，实质上是要求场馆部门避免在服务供给过程中出现服务失误，服务失误一旦发生，不仅会导致体育中心直接的经济损失及服务补救等一系列烦琐事务的发生，甚至会影响体育中心自身的品牌效益，导致其失去相当多的潜在消费群体。须注意的是，可靠性服务会出现在场馆服务的每一个环节上，如提供服务、解决问题、产品定价等，这就要求场馆服务部门要严格履行自身的服务承诺，并制定系统内部的标准化服务流程与管理制度，以此为消费者提供高信度、高标准的服务。

（五）服务的有形性展示

体育场馆服务产品是一种无形产品，消费群体在购买此类产品之前很难对其质量进行系统的评价，因此，消费者只能事先借助场馆有形的、可感知的部分对体育场馆提供的服务产品进行初步评价。场馆服务的有形部分可直接影响消费者对服务质量的初步感知，如宽敞、整洁且布局合理的场馆结构能为顾客创造良好的初始印象，并能提高对大客户举办大型商业活动及散客参与场馆服务消费的吸引力；而设计新颖、风格独特的建筑设施，甚至会吸引消费者驻足观看并合影留念。为此，场馆部门应加强对场馆设施布局的建设与规划，并在服务产品宣传过程中提供与部门优质服务相关的宣传照片、证书等有形证明，以增强服务产品的吸引力及顾客的消费决心。

三、体育场馆服务质量的测评

（一）体育场馆服务质量测评的意义

体育场馆提供的服务产品质量是否达到了顾客的需求程度，是由顾客的满意程度决定的，因此对体育场馆服务质量的测评是通过对顾客的满意度调查实现的。

首先，通过对顾客满意度的检测、分析和评价可以得出顾客对组织的满意程度，而通过对该指标的进一步分析则可找出顾客对体育场馆服务质量不满的原因。实施顾客满意度测评，有助于场馆服务部门服务质量的持续改进，有助于提高顾客的满意程度,进而使场馆服务质量的发展进入良性循环阶段。

其次,根据顾客满意度测评结果改进服务质量,实质是站在顾客的角度分析顾客参与场馆消费时的需求与实际感知价值,通过满足顾客对服务的要求,来实现留住现有顾客、吸引潜在顾客的发展要求,并以此向顾客提供优于其他竞争对手(如其他健身企业、大型展馆等)的高质量服务产品,进而提高体育场馆的市场竞争能力。

(二)体育场馆服务质量测评的实施

1. 顾客满意度测量流程

顾客满意度测量的工作流程,如图10-3所示。

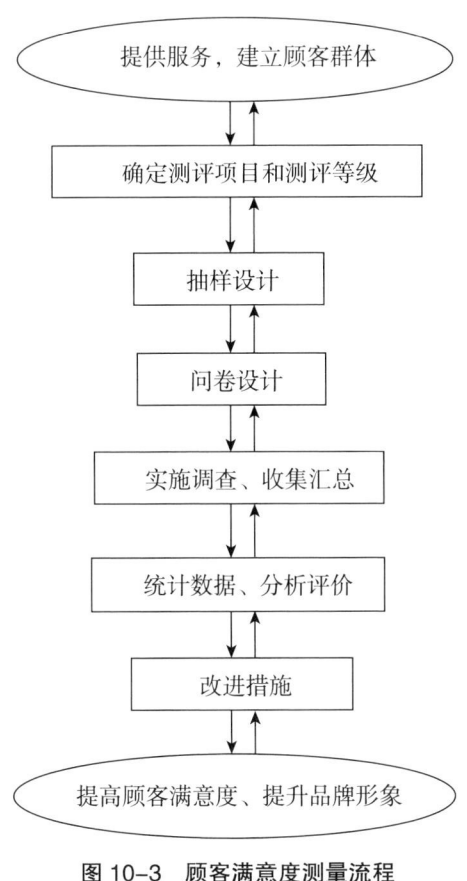

```
提供服务,建立顾客群体
        ↕
确定测评项目和测评等级
        ↕
      抽样设计
        ↕
      问卷设计
        ↕
  实施调查、收集汇总
        ↕
  统计数据、分析评价
        ↕
      改进措施
        ↕
提高顾客满意度、提升品牌形象
```

图10-3 顾客满意度测量流程

2. 确定测评项目和测评等级

(1) 影响因素

影响顾客满意度的因素是多样的，包括服务种类、服务的适用性、教练的专业性、用户期望值、可靠性、安全性、舒适性、消费环境、广告宣传、企业形象、品牌声誉、用户忠诚度等，但体育场馆部门不可能对每一种影响因素都进行测评，这就要求场馆部门根据不同调查对象的不同要求确定调查范围，即在分析判定影响某类顾客满意度的主要、决定因素后，对这些因素进行测评。

(2) 顾客满意的测评等级

顾客的满意等级是根据顾客的满意与不满意程度来划分的，该程度一般可划分为很满意、满意、一般满意、不满意、很不满意多个等级，也可以将等级换成分数，如表10-3所示。

表10-3 顾客满意度测评分数

分数等级	很满意	满意	不满意	很不满意
10分制	10	8	4	2

(3) 顾客满意度调查的抽样设计

进行抽样设计时，首先须针对调查的顾客满意度项目，确定要调查的顾客范围；其次，还要对可能参与测评的顾客进行定性、定量研究，尽可能明确识别顾客的属性、类别、分布和变动状况，以便准确选择满意度调查对象，评测各类顾客的满意水平。具体可参考如下几个方面：

① 顾客的属性。可以分为消费散客（参与健身娱乐服务等项目）和大型团体客户（租借场地开展商业及文艺演出活动）。

② 顾客的分布情况。包括地理分布、职业分布等。

③ 顾客与服务部门的关系。如服务的直接购买者、购买决定者、使用者等最终顾客。

(4) 设计问卷

顾客是接受服务产品的组织或个人，可将其分为内部顾客和外部顾客，内部顾客是指向外部顾客提供服务的员工，外部顾客又可分为最终顾客和中间顾客。内部顾客的满意是外部顾客满意的保证，因此对于顾客满意度的问卷调查不仅包括对外部顾客的调查，同时也应包括对场馆内部顾客即场馆员工的调查。

问卷的设计须本着尊重顾客的原则完成，即内容要避免使顾客为难，同时也不能占用顾客太多的时间，一般情况下其内容主要包括：服务项目名称、测量方法模型表、顾客的具体或其他意见、顾客姓名、表示感谢、联系人、联系方式、顾客满意度调查表等内容。

（5）收集汇总

① 内部员工满意度调查收集方法：

问卷调查；

不记名意见箱；

面谈询问。

② 外部顾客满意度调查收集方法：

问卷调查；

上门（街头）访问（当场取回/寄回）；

座谈会；

电话调查（边问边填）；

网上征询；

顾客投诉；

消费者组织报告；

各种媒体报告；

行业研究结果。

（6）统计数据、分析测评

调查问卷回收后，场馆部门还须应用相应的数理统计等研究方法，对调查结果进行分析研究。

在计算各项服务内容顾客满意度的基础上，对满意度低于80%的服务内容要找出存在的问题，并分析原因，制定持续改进措施，并落实到相关责任部门。

四、体育场馆服务质量的标准化

（一）体育场馆服务的标准及标准化

标准化的概念是人们对标准有关范畴本质特征的概括。标准化是一个活动过程，包括制定标准、贯彻实施标准和监督标准等过程。这个过程是不断循环、螺旋式上升的运动过程。标准是标准化的活动产物，标准化活动不能脱离计划、制定（修订）、审查、批准颁布和贯彻实施标准。

标准是体育服务产品质量的基础，标准化是国际服务贸易和各国服务贸易的行为准则。服务贸易总协定的重点之一是服务贸易和各国服务贸易标准化问题，所谓服务贸易标准化，就是服务贸易自由化要建立在符合标准的基础上，即要对服务提供者和服务产品建立质量标准规范，以此约束服务贸易行为。服务是特殊商品，服务产品很难用类似产品检验的方式予以控制和把握。

无论是生产消费，还是生活消费，消费者和用户有权利买到符合质量标准的服务，所以建立体育服务产品质量标准体系，对拟进入国际市场的体育服务提供者进行资格认证，或对体育服务产品的质量更新规范，是WTO（World Trade Organization，世界贸易组织）提出的体育服务贸易标准化的重要内容。

目前ISO（International Organization for Standardization，国际标准化组织）已有体育服务方面的国际标准超过50个，大部分是与体育设施、器材和用品相关的标准。

国家体育总局为提高体育服务业组织的管理水平，研究制定了《体育场所开放条件与技术要求》和体育场所等级划分国家标准《保龄球馆星级的划分及评定》《健身房星级的划分及评定》。体育服务产品质量的标准化应按体育服务产品的种类，建立体育服务产品质量标准体系。

目前世界各国的体育活动的宣传和组织服务、运动队服务和有关体育的支助服务等组织的市场行为，都由体育行业协会的章程和规定来约束，只有体育服务产品质量由政府监管。根据国际体育惯例，结合我国实际情况，可优先制定体育服务产品质量标准体系。

（二）体育场馆服务质量标准的制定与实施

1.体育场馆服务标准的制定

目前，我国体育标准的制定主要由国家体育总局和国家标准化管理委员会共同负责，为加快体育标准的制定，国家体育总局成立了全国体育标准化技术委员会，具体负责体育标准的起草与制定工作。在体育场馆服务领域，国家已出台《体育场所服务质量管理通用要求》等相关标准。

2.体育场馆服务标准的实施

体育场馆的设计、建设和使用等均有相应的国家标准予以规范和约束，体育场馆运营与使用也要遵循相应的国家标准，以确保体育场馆提供的服务符合相应的国家标准。如体育场馆在竣工后要接受有资质的机构对体育场馆进行检测和验收。体育场馆在运营过程中也要接受国家有关部门的监管，如体育场馆的运营要符合《体育馆卫生标准》《游泳场所卫生标准》等一系列国家强制性标准。

五、体育服务质量认证

（一）质量认证及其表示

质量认证是产品或服务在进入市场前，依据国际通行标准或国家规定的标准和质量管理条例，由第三方认证机构进行质量检查合格后发给合格证书，以提高企业及其产品、服务的信誉和市场竞争力的行为。

质量认证有两种表示方法，分别是认证证书和认证标志。具体详见二维码。

质量认证及其表示

（二）ISO9000质量标准体系认证

ISO于1970年成立了认证委员会（CERTICO）理事会，1985年CERTICO更名为CASCO（Committee on Conformity Assessment）即合格评定委员会。经ISO理事会批准，CASCO的主要任务是：研究关于产品、加工服务和质量体系符合适用标准或其他技术规范的评定方法；制定相关的产品认证、试验和检查的国际指南，制定有关质量体系、检验机构、检查机构和认证机构的评定和认可的国际指南；促进国家和区域合格评定制度的相互承认和认可；并在试验、检查、认证、评定和有关工作中，促进采用适用的国际标准。

ISO9000国际标准问世以来，在全球范围内得到广泛的采用，对推动组织的质量管理工作和促进国际贸易的发展发挥了积极作用，是适用于所有行业的通用国际标准，而且，质量体系认证的国际互认制度也在全球范围内得以建立与实施。目前，国内已有成都体育中心、武汉体育中心等多家场馆通过了ISO9000质量标准体系认证。此外，国内还有部分体育场馆通过了ISO14001环境管理体系认证和OHSAS18000职业健康安全认证。

（三）我国体育体育场馆服务认证

为规范体育服务认证活动，提高体育服务质量，促进体育服务业的发展，国家认证认可监督管理委员会和国家体育总局于 2005 年联合制定了《体育服务认证管理办法》。体育服务认证是由专门的认证机构证明体育场所、体育活动的组织与推广等服务，符合相关标准和技术规范要求的合格评定活动。体育服务认证的内容包括服务流程管理文件、行为规范、设施和设备、健康和卫生、安全保障和环境保护、服务承诺等内容的初次审查（包括文件审查和现场审查），以及获证后的监督审查。

目前，我国的体育服务认证包括两个方面，即体育场所开放条件认证和体育场所等级评定认证。前者侧重服务安全合格评定，后者侧重服务质量的评价和等级划分。开放条件认证的依据包括两个部分：一是 GB 19079《体育场所开放条件与技术要求》；二是《体育场所服务保证能力要求》（开放条件认证）。等级评定认证的依据包括三个部分：一是 GB/T 18266《体育场所等级的划分》，二是《体育场所服务保证能力要求》（等级评定认证）；三是《顾客满意度测评方法》。

（四）体育场所等级评定标准与 ISO9000 标准

体育场所等级评定标注与 ISO9000 标注的联系与区别具体详见二维码。

体育场所等级评定标准与 ISO9000 标准的联系与区别

第四节　体育场馆公共服务

体育场馆公共服务是构建更高水平全民健身公共服务体系的重要内容。在体育场馆的经营管理中，体育场馆公共服务的规范化管理是场馆高效运营的重要体现和促进全民健身公共服务均等化的必然要求，也是持续增进人民群众获得感、幸福感和安全感的务实举措。

一、体育场馆公共服务概述

体育场馆公共服务是体育场馆运营与管理的核心内容，具有公益性、无形性等特点，基于体育场馆的公共属性，本教材重点介绍体育场馆公共服务的内涵与特征、目标与原则、内容与分类等。

第十章 体育场馆服务

（一）体育场馆公共服务的内涵与特征

1. 体育场馆公共服务的内涵

公共体育服务是建立在一定体育需求认识基础上，政府及相关部门依法为满足社会对体育的公共需求而向整个社会和特定社会群体提供的所有体育产品和服务。体育场馆公共服务作为公共体育服务体系的重要组成部分，指的是政府及相关公共部门，为满足运动训练、运动竞赛及群众对体育多元化的需求，依托体育场馆直接或间接供给的公共体育服务，具体包括供给场地设施、举办赛事活动、开展体育培训及文化讲座等内容。由于体育场馆资源的特殊性和稀缺性，体育场馆不仅是体育事业发展的物质基础，也是进行文化演艺活动的重要场所，因此举办文艺演出、大型会展等内容也是体育场馆公共服务的重要内容。

2. 体育场馆公共服务的特征

（1）公益性

我国体育场馆基本属于国有资产，这就决定了体育场馆公共服务不以营利为目的，把维护和满足社会公众的利益需求，尤其是社会公众日益多元化的体育需求作为唯一的目标价值。因此，不论体育场馆公共服务的供给主体及供给方式如何变革，都要坚持体育场馆公共服务公益属性的第一要位。

（2）均等化

体育场馆公共服务均等化指的是全体公民都能公平可及地获得大致均等的基本公共体育服务，其核心是促进机会均等，重点是保障人民群众得到基本公共体育服务的机会，而不是简单的平均化。均等化是我国体育场馆公共服务应该具备且不断完善的特征之一。体育场馆公共服务均等化包含三个方面内容：一是公民享有体育场馆公共服务的机会应是均等的；二是公民享有体育场馆公共服务的结果大体上应是相等的；三是在提供大体相等的公共服务的过程中，关注对特定群体需求的满足。

（3）动态性

体育场馆公共服务的供给呈现动态性的特点。地区间的资源禀赋、财政支持力度、经济社会发展水平和群众需求等方面存在差异性，体育场馆的运营水平和发展程度也并不是一致的，城乡、区域、群体的体育场馆公共服务水平之间存在较大差距，并且随着体育场馆的发展呈现一定的动态性。

(4) 发展性

目前，我国呈现群众日益增长的体育需求与不平衡不充分的体育资源之间的矛盾，与发展初期较为单一的体育需求大有不同。群众对体育场馆公共服务的期待也并不是一成不变的，而是随着时间的推移，经济社会发展水平的不断提高而不断发展的，这就要求体育场馆公共服务具有发展性，在能力范围内不断推动公共服务高质量发展。

(5) 参与性

体育场馆公共服务具有服务的一般特性，即生产和消费同时进行，不可存储和运输，这就要求群众必须亲身参加才能享受体育场馆公共服务。此外，体育场馆公共服务的参与性还包含参与治理的含义，积极倡导群众参与体育场馆公共服务的供给和评价环节，以提高体育场馆公共服务供给质量。

(二) 体育场馆公共服务的目标与原则

1. 体育场馆公共服务的目标

体育场馆公共服务是全民健身公共服务体系中的重要内容。中共中央办公厅、国务院办公厅在印发的《关于构建更高水平的全民健身公共服务体系的意见》中提出了到 2025 年"政府提供的全民健身基本公共服务体系更加完善、标准更加健全、品质明显提升，社会力量提供的普惠性公共服务实现付费可享有、价格可承受、质量有保障、安全有监管，群众健身热情进一步提高"的主要目标。该主要目标为体育场馆公共服务的目标构建提供了重要依据。体育场馆公共服务的目标是依据相关政策法规和制度性文件，依托体育场馆供给公共体育服务和产品，加大开放力度，丰富服务数量，提升服务质量，政府提供的体育场馆基本公共服务体系更加完善、标准更加健全、品质明显提升，社会力量提供的普惠性公共服务实现付费可享有、价格可承受、质量有保障、安全有监管，不断满足群众日益发展的体育需求，促进体育场馆公共服务均等化发展。

2. 体育场馆公共服务的原则

(1) 多方参与，共建共享

深化场馆改革，强化政府引导职能，鼓励社会力量参与体育场馆公共服务。发挥好各类企事业单位、协会等市场主体和社会组织的作用，激发社会力量积极性，形成政府、社会、个人协同发力、共建共享的长效供给机制。

（2）界定科学，权责清晰

坚持社会效益优先，突出政府在体育场馆公共服务保障中的主体地位和兜底责任。科学界定基本和非基本公共服务范围，明确政府和社会、个人的权责边界，充分发挥市场机制作用，合理增加公共消费，保障体育场馆公共服务高质量发展的稳定性和可持续性。

（3）需求引领，坚持以人民为中心

把优先满足人民群众健康需求、促进人的全面发展作为体育场馆公共服务的出发点和落脚点。将满意度等主观评价指标作为评估的重要内容，完善体育场馆公共服务评价及反馈机制，落实全民健身国家战略，满足人民日益增长的美好生活需要。

（4）创新驱动，绿色发展

坚持创新、协调、绿色、开放、共享的新发展理念，推动体育场馆公共服务供给更高质量、更有效率、更加公平、更可持续、更为安全地发展。强化资源集约利用和科技支撑，推动供给方式创新和智慧化发展，促进体育场馆公共服务与生态文明建设相结合。

（三）体育场馆公共服务的内容与分类

1. 体育场馆公共服务的内容

体育场馆公共服务包含基础设施建设、基本管理制度、场馆开放服务、赛事活动及体育培训服务、体质测试及体育文化服务等内容。

（1）基础设施建设

包含能基本满足多样化体育健身及其他活动需要的场地和健身器材，程序合法、结构安全可靠的消防、安保、应急设施和疏散系统等安全设施，清晰便捷、合理完备的交通设施和环卫设施。

（2）基本管理制度

包括架构清晰、职责分工明确的组织结构，明确正规的文本规范和制度健全的管理机制，完善的应对突发事件的应急预案及风险管控机制。

（3）场馆开放服务

包括体育场馆和区域内的公共体育场地、设施对外开放的面积和时间，体育场馆所属户外公共区域及户外健身器材开放面积和时间，特定时间或针对特定人群开展的免费、低收费开放活动，对外开放相关政策和配套服务。

（4）赛事活动及体育培训服务

包括在体育场馆举办的公益性体育赛事活动，与企事业单位等合作开展的相关活动，在体育场馆开展的运动技能、科学健身等公益性体育培训活动，运动队、俱乐部等提供的日常竞技训练服务。

（5）体质测试及体育文化服务

包括体质测试、健身指导等相关配套服务，在体育场馆开展的公益性体育讲座、展览及文化活动。

2. 体育场馆公共服务的分类

我国体育场馆公共服务可分为基本公共服务、非基本公共服务两大类。

基本公共服务以政府供给为主，由政府承担保障供给数量和质量的主要责任，强调公共服务的均等化，关注偏远地区、农村地区和弱势群体的公共体育服务供给，保障全体人民生存和发展基本需要，起到"补短板"的作用。根据《国家基本公共服务标准（2023 年版）》，体育场馆基本公共服务包括有条件的公共体育设施免费或低收费开放，提供科学健身指导、群众健身活动和比赛、科学健身知识等服务，免费提供公园、绿地等公共场所全民健身器材。此外，承接各级公益性的体育竞赛，为青少年、残疾人等提供运动训练的服务，以及省市运动队的训练服务也属于基本公共服务范畴。

非基本公共服务是除基本公共服务外，中央财政和地方财政共同承担支出责任的其他服务，是为满足公民更高层次需求、保障社会整体福利水平所必须供给但市场自发供给不足的公共服务。政府通过支持公益性社会机构或市场主体，促进供给主体更加多元化，增加服务供给、丰富服务内容、提升服务质量，推动重点领域非基本公共服务普惠化发展，实现大多数公民以可承受的价格付费享有，获取更加便捷。体育场馆非基本公共服务包括在场馆中进行的赛事表演、文艺演出、健身俱乐部会所服务等活动内容。

此外，为满足公民多样化、个性化、高品质服务需求，一些完全由市场供给、居民付费享有的生活服务，可以作为公共服务体系的有益补充，政府主要负责营造公平竞争的市场环境，引导相关行业规范可持续发展，做好生活服务与公共服务衔接配合。如完全由市场主体供给、居民付费的、在体育场馆中进行的服务内容，租赁场馆场地开展的青少年培训、休闲旅游等活动。

随着我国社会经济的发展，基本公共服务、非基本公共服务和生活服务的边界也将发生变化，其范围将不断扩大，内容将更加丰富，质量将不断提升，不断满足着群众日益增长的美好生活的需求。

二、体育场馆公共服务规范

（一）体育场馆公共服务规范化要求

1. 体育场馆基本公共服务的规范化要求

根据《国家基本公共服务标准（2023年版）》，公共体育服务是国家基本公共服务的重要内容之一，包括公共体育设施开放和全民健身服务两大类。其中，公共体育设施开放包括有条件的公共体育设施免费或低收费开放；全民健身服务包括提供科学健身指导、群众健身活动和比赛、科学健身知识等服务，免费提供公园、绿地等公共场所全民健身器材。这一标准的提出为我国体育场馆基本公共服务的供给划定了底线。

为更好地服务广大群众健身锻炼需求，加强对公共体育场馆开放使用的评估督导，2021年12月国家体育总局印发《公共体育场馆基本公共服务规范》，对体育场馆公共服务从基础设施、基本管理、基本服务和满意度4个方面共10个指标进行了规范化的具体要求（表10-4）。

表10-4 公共体育场馆基本公共服务规范内容及指标

内容	指标
基础设施	场地设施
	安全设施
	环卫设施
	交通设施
基本管理	组织机构
	管理制度
	风险控制
基本服务	开放要求
	服务内容
满意度	群众满意度

《公共体育场馆基本公共服务规范》从软硬件设施方面对体育场馆公共服务的供给提出了硬性要求，有助于促进体育场馆公共服务标准化、规范化、科学化

发展，保障群众享有公共体育服务的权利。

2. 体育场馆非基本公共服务的规范化要求

非基本公共服务是为满足公民更高层次需求、保障社会整体福利水平的普惠性公共服务，这一部分公共服务存在一定的市场竞争性，通过一定的国际性、全国性、行业性标准认证，有利于提高其市场认可度，增加其市场竞争力。与体育场馆公共服务相关的国家及地方性标准有 ISO9000 国际标准、《国家基本公共服务标准》《体育场所开放条件与技术要求》《健身房星级的划分及评定》《保龄球场馆星级的划分及评定》等。在体育场馆领域，国家已出台《体育场所服务质量管理通用要求》《体育场馆 LED 显示屏使用要求及检验方法》《体育馆卫生标准》《游泳场所卫生标准》等一系列强制性标准。

（二）体育场馆公共服务规范化管理

1. 规范化管理的重要性

（1）促进公共体育服务均等化的现实需要

习近平总书记在党的二十大报告中明确提出，"要实现好、维护好、发展好最广大人民根本利益，紧紧抓住人民最关心最直接最现实的利益问题……健全基本公共服务体系，提高公共服务水平，增强均衡性和可及性，扎实推进共同富裕"。体育场馆公共服务的规范化、标准化发展是增进人民福祉、提高人民生活品质，持续增进人民群众获得感、幸福感和安全感的务实举措。以体育场馆公共服务标准化、规范化促进公共体育服务均等化、普惠化、便捷化，有助于缩小基本公共体育服务区域差距和城乡差距，扎实推进共同富裕。

（2）构建更高水平的全民健身公共服务体系的必然要求

中共中央办公厅、国务院办公厅印发的《关于构建更高水平的全民健身公共服务体系的意见》中提出，要提高全民健身标准化科学化水平；完善全民健身公共服务标准体系；制定全民健身基本公共服务国家标准并动态更新；健全关于全民健身场地设施、器材装备等的标准；修订镇域、城市公共体育设施规划标准；研究制定城市公共体育场、体育馆、游泳馆建设标准；加强运动技能、赛事活动、体育教育培训等体育服务领域标准制定修订；建立健全全民健身公共服务统计监测制度。体育场馆公共服务是全民健身公共服务体系的重要组成部分，体育场馆公共服务的标准化、规范化、科学化发展是构建更高水平的全民健身公共服务体系的必然要求。

（3）保障群众基本公共体育服务权利的重要举措

我国体育场馆公共服务存在着发展不平衡不充分、质量参差不齐等问题，建立健全基本公共服务标准体系，促进体育场馆公共服务标准化、规范化发展，对体育场馆公共服务的设施建设、设备配备、人员配备和服务管理等软硬件标准作出硬性要求，可达到补短板、强弱项、提质量的目标。明确国家和地方提供体育场馆公共服务的质量水平和支出责任，推进国家治理体系和治理能力现代化发展，使体育场馆公共服务的供给做到有据可依，保障群众享有公共体育服务的权利。

2. 规范化管理的基本流程

（1）服务质量管理

在体育场馆"功能改造、机制改革"（即"两改"）工作不断推进的过程中，体育场馆的运营主体及经营方式不断多元化，运营管理过程中尝试了引进一般企业的质量管理理论和方法，以期提高运营效率，提升服务质量。

质量管理是企业管理的重要内容，质量管理理论的发展往往伴随着企业的成长。20世纪60年代以后，质量管理理论进入全面质量管理阶段，并且在20世纪80年代后期逐步走向国际化。1961年，美国费根堡姆出版《全面质量管理》，首先提出了较为系统的全面质量管理（TQM）概念。全面质量管理强调将数理统计方法和组织中的部门、人员、领导等要素联系起来，全员参与，在管理思想、质量目标、管理体系和科学技术四个领域谋求长期的经济效益和社会效益。这一阶段具有代表性的质量管理理论还有朱兰的质量管理三部曲，即质量计划、质量控制、质量改进；戴明的PDCA循环，即Plan（计划）、Do（执行）、Check（检查）和Act（处理）；比尔·史密斯的6σ管理法中所遵循的DMAIC模型，即对过程进行定义（Define）、测量（Measure）、分析（Analyze）、改进（Improve）、控制（Control）的流程。20世纪80年代后期，为了使产品质量在国际间得到一定程度的统一，国际标准化组织成立了"质量管理与质量保证技术委员会"，陆续颁布了面向质量管理和质量保证的ISO9000系列国际标准，其质量管理主要包括管理活动，资源提供，产品实现，测量、分析和改进4个部分。

相关法律法规、制度规范的要求并不是体育场馆公共服务供给的终点，而应作为条件约束、结果反馈在整个体育场馆公共服务质量管理体系中发挥作用，相关质量管理理论为体育场馆公共服务的质量提升提供了很好的理论模型。

（2）服务流程管理

随着业务流程再造（BPR）、供应链管理（SCM）、顾客关系管理（CRM）和企业资源计划（ERP）等管理方法的应用，我国各行各业开始构建并完善自己的质量管理体系。公共服务是体育场馆服务中的一部分，其供给流程管理与一般服务流程管理基本在同一套制度框架里，这里通过介绍相关理论基础，对体育场馆公共服务的流程管理进行阐述。体育场馆公共服务流程是指把一定投入变换为一定产出的一系列任务，这些任务由物流、人流、信息流有机地连接在一起。对于提供场馆公共服务的一方来说，主要产出的是公共服务，其中的一系列任务包括接待顾客、与顾客沟通、为顾客提供公共服务，其服务流程主要由提供公共服务所经历的步骤、顺序和活动构成。公共服务流程是体育场馆向顾客提供公共服务的整个过程（行为事件与步骤）和完成这个过程所需要因素的组合方式，它是服务系统设计的核心和基础。

三、体育场馆公共服务的实施

体育场馆公共服务实施包含体育场馆公共服务的供给、政府购买体育场馆公共服务及体育场馆公共服务升级等内容。保障体育场馆公共服务的实施是全面推进全民健身国家战略的重要内容，是构建更高水平的全民健身公共服务体系的内在要求，有利于从供给侧丰富体育场馆公共服务内容，均衡服务资源，提升群众获得感、幸福感和安全感。

（一）体育场馆公共服务供给

体育场馆主要通过直接供给、委托供给、政府采购三种方式供给公共服务。

1. 直接供给

政府部门是我国体育场馆公共服务供给的重要主体，政府直接供给一直以来是我国体育场馆公共服务供给的主要形式，其指的是政府依靠公共财政支出，直接生产体育场馆公共服务的方式。

2. 委托供给

在体育场馆公共服务供给过程中，由政府发出邀约，将体育场馆委托给符合资质、专业性强的企业或社会团体来运营，通过财政补贴或直接支付资金的方式进行付费。

3. 政府采购

政府采购是各级政府部门依据采购法的相关规定，为满足公共服务的供给需求，通过公开招标、邀请招标、竞争性谈判、单一来源采购等政府采购的方式购买体育场馆公共服务。

(二)体育场馆公共服务购买

1. 体育场馆公共服务生产者核算

政府部门通过购买的形式供给公共服务,企业、社会团体等社会组织通过公开招标等形式成为体育场馆的运营商,承担体育场馆公共服务的生产者职责。对其公共服务的核算方式主要有基本项目核算、特色项目核算、年终绩效核算三种。

(1) 基本项目核算

基本项目核算主要包括五点:一是对体育场馆免费或低收费开放的时间、场次、数量、人次等数据记录和台账信息进行核查;二是统计针对群众举办的体育活动和体育竞赛情况,包括时间、类型、规模等数据;三是核查体育场馆是否在特定节日针对特定群体和弱势群体有相应优惠政策;四是对到体育场馆中健身的群众展开满意度调查,结合公众的投诉率给予核算;五是评估运营企业规章制度的完善情况、组织架构和员工结构的合理程度。根据以上基本项目的不同情况分级分类,参照评价指标体系赋予权重。

(2) 特色项目核算

特色项目核算基本包括四点:一是将媒体报道的质量和数量按照不同级别分别赋予一定的权重;二是将运营主体获得的荣誉、标准化认证等按照不同级别分别赋予一定的权重;三是将运营主体引进的大型赛事或自主培育的赛事活动自有品牌,按其赛事活动规模和所产生的社会影响力分为不同级别,分别赋予一定的权重;四是评价运营主体对当地群众社会文化生活和全民健身工作产生的促进作用,以及对当地经济社会发展和体育事业发展的带动程度,按其贡献度进行核算。

(3) 年度绩效核算

年度绩效核算基本包括两点:一是对运营主体财务状况进行审计核算,按照不同级别赋予权重;二是对公共服务目标年度完成率进行核算,按照不同级别赋予权重。

对体育场馆运营主体进行的公共服务生产核算,是政府部门进行财政补贴的依据。在我国监督管理和评估体系不断健全的背景下,引入第三方主体对体育场馆公共服务进行核算和评估逐渐成为主要方式。

2. 体育场馆公共服务购买者支付

在对体育场馆公共服务生产者进行核算后,对基本项目、年度绩效核算情况按照评价指标体系分级分类赋予一定的权重，这两部分一般属于硬性要求，即在完成的情况下最高能得到满分，然后依据完成情况向下赋予权重；对特色项目核算情况按照评价指标体系分级分类赋予一定的权重，这一部分一般属于加分项，即如有的情况下会有利于总体分值的提高。在对评价指标体系中的各指标进行加权汇总后，根据最后的总体评价结果，政府部门对生产者进行支付，考虑是否给予一定的精神奖励，是否在对体育场馆运营权的下一轮招标过程中优先考虑。

（三）体育场馆公共服务升级

1. 体育场馆公共服务升级的内容

为加快推动解决群众"健身去哪儿"难题，2021年7月国务院印发的《全民健身计划（2021—2025年）》和2023年5月国家体育总局办公厅等五部门印发的《全民健身场地设施提升行动工作方案（2023—2025）》提出开展公共体育场馆开放服务提升行动和全民健身场地设施提升行动。实施全民健身场地设施提升行动是发展以人民为中心的体育，促进群众体育实现高质量发展，构建更高水平的全民健身公共服务体系的内在要求，有利于从供给侧角度拓宽全民健身服务类型、丰富服务内容、均衡服务资源，提升人民群众的获得感、幸福感和安全感。体育场馆公共服务升级的内容主要包括以下几个方面。

（1）强基础，保障全民健身场地设施供给数量充足

主要从夯实城乡健身设施基础，加强适老化、适儿化健身设施配置，拓展居住区健身设施供给等方面，保障全民健身场地设施供给数量充足。具体内容有：提升县（市、区）、乡镇（街道）、行政村（社区）三级公共健身设施覆盖率，提升健身设施按人口要素、群众需求均衡布局水平；落实好健身设施建设补短板五年行动计划；制定发布公共场所适老化健身器材配置指南，大力推行《青少年体育锻炼器材配置指南》；公共体育场馆应100%提供老年人和儿童青少年健身活动场所；按照《完整居住社区建设标准（试行）》要求，在居住区公共活动场地、社区公园、闲置空地建设中因地制宜，补齐健身设施。

（2）提质量，提高全民健身场地设施使用效能和便利性

主要从打造群众身边的体育生态圈、提升基层公共健身设施效能、推进智慧化健身设施建设、扩大可全天候使用健身设施数量等方面，提高全民健身场地设施使用效能和便利性。具体内容有：引导具备条件的公共体育场馆、市（县）体校建设完善1000个左右示范性非标准公共足球场并向社会高质量开放；加强基

层老旧损毁公共健身设施维修、改造和更新力度；推动3000个左右的公共体育场馆在2025年底前完成数字化升级改造；以具备条件的大中城市为重点，引导支持建设智慧健身中心、装配式社区智能健身房；鼓励有条件的室外露天健身场地加装可伸缩式顶棚等。

（3）优服务，提高全民健身场地设施开放水平和智慧化程度

主要从促进公共体育场馆开放提质增效、提升健身设施开放服务水平、推进全民健身公共服务智慧化等方面，提高全民健身场地设施开放水平和智慧化程度。具体内容有：推动3000个左右体育部门所属公共体育场馆提升免费或低收费开放服务水平，覆盖2000个以上的县（市、区）；督促指导公共体育场馆全面落实《公共体育场馆基本公共服务规范》；编制公共体育设施开放服务评估行业标准，推进公共体育设施管理单位公开场地设施向社会开放方案，为儿童青少年、老年人、残疾人等提供优惠便利服务；鼓励公共体育场馆配备自动体外除颤器（AED）等设备设施，保障群众健身安全；完善国家全民健身信息服务平台，因地制宜推进省、市两级全民健身信息服务平台建设，鼓励企业开发全民健身场地App、微信小程序等，实现场地资源线上查询、场地预定、赛事报名等服务。

（4）增效益，提高全民健身场地设施的多元价值和设施利用率

主要从深入推进开放融合发展、全面提高健身设施利用率多元价值等方面提高全民健身场地设施的多元价值和设施利用率。主要内容有：依托具备条件的公共体育场馆建设"新时代文明实践中心（所、站）"；探索在公共体育场馆推行个人运动码和科学运动积分；将健身设施打造成有场地服务、有健身组织、有赛事活动、有健身指导、有传播推广的"五有阵地"；依托各类公共体育场馆开展社区运动会、国家体育锻炼标准达标测验、国民体质监测、全民健身志愿服务、青少年体育夏（冬）令营等；鼓励在公共体育场馆建设全民健身志愿服务站点、国家体育锻炼标准达标站；单个公共体育场馆原则上每年承接的运动技能、科学健身等公益性体育培训服务应不少于1000人次，社区运动会等公益性体育赛事活动应不少于4场次，公益性体育讲座、展览及文化活动应不少于4场次，全民健身志愿服务活动应不少于4场次。

2.体育场馆公共服务升级的手段

体育场馆公共服务升级主要从加大财政补贴力度、完善配套措施、信息化技术赋能、完善监督机制等方面展开。

（1）加大财政补贴力度

充分利用财政资金引导作用。按规定将公共健身设施的建设、维修、管理资金，列入本级人民政府基本建设投资计划和财政预算，综合运用自有财力和中央对地方转移支付资金，推进本地区全民健身事业发展。

补助资金向中小体育场馆倾斜。充分利用公共体育场馆向社会免费或低收费开放补助资金，根据新的《公共体育场馆向社会免费或低收费开放补助资金管理办法》，将补助范围调整为"向社会免费或低收费开放、达到《公共体育场馆基本公共服务规范》要求的县级及以上体育场馆和全民健身中心，其中全民健身中心要达到体育建筑面积1200平方米以上且室内健身场地面积1000平方米以上"的场馆，大大增加了中小型体育场馆享受中央财政补助的比例。

（2）完善配套措施

配套政策为提升行动保驾护航。为了推动体育场馆更好地向社会开放，国家体育总局制定印发了《公共体育场馆基本公共服务规范》《政府委托社会力量运营公共体育场馆示范合同（参考文本）》《公共体育场馆免费低收费开放服务评价指引（试行）》《关于进一步加强群众体育工作安全风险防控的通知》等配套政策文件。在总结试点经验的同时，不断完善其他督导场馆开放的相关配套政策。

（3）信息化技术赋能

一是规范引领。体育总局编制印发了《体育场馆信息化管理服务系统技术规范》《全民健身信息服务平台数据接口规范》《体育场馆直播系统布设指南（试行）》等标准规范，以指导推动场馆开展数字化、信息化、智能化、智慧化建设。二是平台建设。构建了国家全民健身信息服务平台，通过信息平台，群众可查询所有获得中央财政资金补助的场馆信息，体育部门可实时掌握场馆接待人次等情况，加强了对场馆开放服务的监管和数字化精细管理。

（4）完善监督管理机制

国家体育总局制定印发了《公共体育场馆基本公共服务规范》《公共体育场馆免费低收费开放服务评价指引（试行）》等配套文件，指导体育场馆公共服务评价工作。通过开展第三方评估、公众满意度调查等手段，加强对体育场馆公共服务供给情况的跟踪与检查。同时，加强对全民体育场馆场地设施的安全检查，发现问题及时整改，确保各类公共健身设施开放使用安全。会同有关部门建立信息交流分享和反馈通报制度，推广先进典型案例，通报问题突出案例。

第十章 体育场馆服务

案例分析，请扫描二维码阅读。

📖 本章思考题

1. 试述体育场馆服务的特性及其与一般产品的异同点。
2. 简述体育场馆不同服务产品质量的特性要求。
3. 简述体育场馆服务质量的内容。
4. 举例说明体育场馆服务的全过程。
5. 简述体育场馆公共服务的主要内容及分类。

开展公共
体育场馆
开放服务
提升行动

第十一章

CHAPTER 11

体育场馆风险管理

【本章概要】

　　风险是各类组织面临的重要问题之一。体育场馆通常是人群集聚的地方，器材故障、场地故障、民众情绪等均隐藏着对人的伤害。体育场馆的巨额投资及大型赛事活动商务开发的不确定性等，也让其经营管理存在巨大风险。因此，风险管理是体育场馆运营的重要内容。本章从风险概念及风险管理的内容入手，按照风险管理的流程，分析体育场馆风险识别、风险评估和风险应对相关内容。

第一节　体育场馆风险管理概述

风险普遍存在、形式多样、破坏性大。更好地理解风险的本质、更有效地管理风险，可以避免潜在威胁，提高利润率，节约开支，甚至还能变"危"为"机"。

一、体育场馆与风险

（一）风险

风险是在特定时期发生一些意想不到的不利结果的可能性。事件预期结果与实际结果发生变动的程度越大，风险越大；反之亦然。风险由三个维度构成，即不利事件的发生、事件发生的可能性、事件确实发生时的结果，这三部分构成了风险评估模型的基础。风险可以描述为事件发生可能性（发生概率）和影响的联合函数，即风险$=F$（事件发生的可能性；影响）。风险与体育场馆的运行活动密切相关，它潜藏于体育场馆运营的各项活动中，并具有不同的表现形式。

（二）体育场馆风险

体育场馆风险指在体育场馆向消费者提供产品或服务的过程中，影响活动参与者进行正常活动，或导致参与者伤亡、权益受到侵害，以及经营场所、经营者受到损失等事件发生的可能性。

体育场馆通过生产和销售体育场馆服务产品获取相应的收益，因而面临与一般企业相同的风险，如信用风险、流动性风险、破产风险等。此外，公益性体育场馆作为政府向市民提供公共服务的一种手段，在运营过程中还面临巨大的政策风险。由于体育场馆提供产品的特殊性，体育场馆风险也具有如下特征。

第一，高事故、高伤害风险。体育场馆运营风险的特点就在于其行业特征所决定的高事故发生率、高人身伤害发生率，以及由此造成的各种过失性人身伤害责任赔偿，这些风险给场馆运营者造成的损失远远高于其他风险。这同其他企业主要面临的财务风险有所不同。

第二，较高的闲置风险。体育场馆的主营产品是体育竞赛、文艺演出和场地租赁服务，其产品特点是一边生产一边消费，因此它不能储存，也不能运输，同时还会受季节影响。当求大于供时，场馆资源不能被重复使用；当供大于求时，场馆资源就会出现闲置浪费，从而造成体育场馆处于较高的闲置风险中。

第三，较高的质量风险。体育场馆的业务活动是对客人的招揽与接待，经营的产品是一种无形的服务。无形性是指顾客购买体育场馆产品时得到的只是一定时空内对体育场馆服务和设施器材的使用权，所获得的是一种主观感受。由于是无形的产品，体育场馆无法预留时间来检验提供给消费者的产品是否合格，也不能像有形产品那样，由下一道工序的员工检验上一道工序的质量。体育场馆产品最主要的检验者是消费者，而不同的消费者对同样的服务会有不同的主观感受，即使是同一顾客的主观感受也会因其心情、兴趣、性格等的影响而发生变化。这种特性就使体育场馆产品质量很难控制，具有较高的质量风险。

二、体育场馆风险管理的概念与特征

（一）体育场馆风险管理的概念

风险管理包括识别风险、预测风险发生的可能性和严重程度、制定并执行应对风险的决策，以及对风险进行持续监测。

体育场馆风险管理是指对体育场馆及其经营管理活动中可能遇到的各种风险进行识别、评估、妥善应对和监测的过程。体育场馆的风险管理，旨在减少或消除可能对场馆及其经营产生不利影响的因素，确保场馆安全及经营活动的顺利开展。

（二）体育场馆风险管理的特征

1. 体育场馆风险管理的全程性

体育场馆的风险管理不是一个简单的事项或环节，而是渗透体育场馆经营管理的全过程。

2. 体育场馆风险管理的全员性

体育场馆风险管理是一个全面风险管理的过程，是由体育场馆管理层和所有员工参与的管理活动。

3. 体育场馆风险管理的专业性

体育场馆风险的风险识别、风险评估、风险监测、风险控制等需要运动项目、风险管理等多方面的专业知识，具有很强的专业性。

三、体育场馆风险管理的分类

按风险来源分类,可以将体育场馆风险分为外部风险和内部风险。外部风险是指源于体育场馆外部环境的一类风险,包括政治、经济、社会等宏观外部环境风险,以及由顾客、供应商、竞争对手等微观外部环境风险变化引起的不利影响;内部风险是指源于体育场馆自身的风险,包括产品、技术、营销、财务组织与管理、人事等风险。以下简要介绍五种常见的内外部风险类别。

(一)政治风险

大型体育场馆的政治风险是指由政局变化、政权更迭、罢工、战争、政策多变、政府管理部门的腐败和专制等引起的社会动荡,导致大型体育场馆项目受到不利影响,造成经济损失乃至人员伤亡的风险。常见的政治风险包括政府或主管部门过度干预工程项目,指挥不当;政策透明度差,权力机构腐败;工程建设体制、工程建设政策法规发生变化或不合理;法制不健全,法律不公正;政策多变、社会动荡等。

(二)经济风险

大型体育场馆的经济风险是指经济实力、经济形势及解决经济问题的能力等方面潜在的不确定因素,导致大型体育场馆项目遭逢厄运的风险。有些经济风险是社会性的,也有些是行业性的。经济风险包括宏观经济形势不利,如整个国家的经济不景气或不断滑坡;投资环境差[工程投资环境包括硬环境(如交通、电力供应、通信等)和软环境(如地方政府对工程开发建设的态度等)],资金不到位,延期付款,信用缺失;利率调整幅度大,原材料价格无规律上涨,如建筑钢材价格不断攀升、原材料短缺等;通货膨胀幅度过大,税收提高过多等。

(三)社会风险

大型体育场馆的社会风险是指由不断变化的道德信仰、价值观、人们的行为方式、社会结构等社会因素造成的风险。社会风险影响面极广,它涉及各个领域、各个阶层和各个行业。大型体育场馆项目所在地的宗教信仰、社会治安、风土人情、社会和谐度、公众对项目建设行动的认知程度和态度、工作人员文化素质、土地问题、物价问题、就业问题、生活习俗等都是构成社会风险的因素。

（四）技术风险

大型体育场馆的技术风险是指由技术条件的不确定引起的风险。主要表现为在工程方案选择、设计、施工等过程中，由于技术标准选择、分析计算模型采用、安全系数确定等问题出现偏差而形成的风险。另外，如技术目标过高、技术标准发生变化等也会造成技术风险。在施工中，采取的施工方案不能满足施工要求也会带来较大的技术风险。例如，滨州某体育馆在建设过程中，由于脚手架失稳，楼板混凝土在浇筑过程中坍塌，造成重大安全、质量事故。

（五）管理风险

管理风险是指由于项目管理组织、制度、管理技术等因素，导致项目没有达到项目目标的风险。管理风险主要包括以下几项。

① 组织机构设置风险。组织机构健全，配合密切，效率高，则风险低；反之风险高。

② 成本控制风险。由规划、建设、经营过程中风险的发生造成的成本升高。

③ 质量风险。由管理不当造成的质量风险，影响项目顺利开展。

④ 项目完工风险。项目完工风险也是影响大型体育场馆项目建设达到预期目标的重要管理风险。

此外，项目管理人员管理能力不强、经验不足，工人素质低等也是管理风险的重要组成因素。

不同规模、不同类型、不同区域的体育场馆，甚至不同管理团队下的同一体育场馆，其面临的风险源均有差异。体育场馆应根据行业特征及场馆面临的特殊环境对风险进行识别。二维码内容为某大型体育中心体育场馆部门的危险源清单。

大型体育场馆危险源清单

第二节　体育场馆的风险识别

体育场馆的风险识别是体育场馆风险管理的第一步，也是体育场馆风险管理的基础。只有正确识别体育场馆面临的风险，体育场馆的管理者才能选择适当有效的方法进行风险管控和风险处理。

一、体育场馆风险识别的内涵

风险识别是风险管理的重要环节。风险管理是一个正规有序的过程,它通过系统地对项目生命周期内的风险进行识别、分析及应对,从而消除风险或将风险控制到最佳或可接受的程度。风险识别要先弄清楚项目的组成、各变数的性质及其相互关系、项目与环境的关系等,在此基础上利用系统、有章可循的方法查明对项目可能造成影响的诸多因素。

体育场馆风险识别是指查找体育场馆及其各项经营活动、业务流程中有无风险、有哪些风险。

二、体育场馆风险识别的原则

体育场馆风险识别应该遵循全面性、实效性、可操作性、预见性和系统性的原则,以便更好地预防和控制体育场馆风险。

(一)全面性原则

由于体育场馆在经营管理过程中既有面对人员的服务,又有设施设备运行的维护,其风险无处不在,所以对风险的识别应该是全面的,不应该忽略任何一个细节。在进行体育场馆的风险识别时,应该尽量考虑所有的因素,包括内部和外部的因素,以及各种可能的情况和事件。只有全面地识别风险,才能更好地进行风险管理。

(二)实效性原则

体育场馆风险随时可能发生,因此在全面识别风险的基础上,还要兼具实效性。既要随时进行风险识别,也要真正起到预防和控制风险的作用。在识别风险时,应考虑体育场馆风险的可能性和严重性,及时采取相应的措施进行风险管控和应对。只有随时保持风险意识,进而有效地识别场馆风险,才能更好地保障消费者权益及体育场馆的有序开放和运行。

(三)可操作性原则

对体育场馆进行风险识别的目的是能够采取相应的措施进行风险管理和控

制，为此应全面系统地考察、了解各种体育场馆风险事件存在和发生的概率，以及风险造成损失的严重程度，判断风险因素及因风险出现而导致的其他问题。体育场馆风险发生的概率及其后果的严重程度，最终决定风险应对措施的选择和风险管理效果的好坏。

（四）预见性原则

由于体育场馆的运行有其内在的规律性，所以体育场馆的风险识别应该是可预见的，即能预测潜在的风险及出现风险的概率。在识别体育场馆风险时，应该考虑体育场馆风险的发展趋势和场馆风险可能的变化，只有预见性地识别体育场馆风险，才能更好地应对潜在风险和面对场馆风险挑战。

（五）系统性原则

为了提高体育场馆风险分析的准确程度，应该对体育场馆的风险因素进行全面、系统的分析，将风险进行综合归类，揭示其性质、类型及后果。运用科学、系统的方法来识别和衡量风险，对体育场馆的风险形成总体的综合认识，预判哪种风险是可能发生的，进而较合理地选择控制和处置的方法。

三、体育场馆风险识别的方法

风险识别的方法有定性分析法和定量分析法。定性分析法试图以风险的发生对项目结果影响的大小来比较风险的相对重要性；定量分析法试图确定项目结果的绝对值范围和概率分布。

（一）定性分析法

常用的定性分析法有头脑风暴法、德尔菲法、访谈法、清单法、风险地图法、风险矩阵图法、现场调查法等。

1. 头脑风暴法

头脑风暴法指多人面对面对问题进行无限制性讨论，以寻找尽量多的指向问题的答案。头脑风暴会议最佳人数为12人，最理想的时长为15～45分钟。基本规则有：清晰地阐述手头问题；突破固有观念的束缚，围绕问题形成发散性思维；畅所欲言，交流、碰撞想法等。

2.德尔菲法

德尔菲法指由一组专家先各自独立地作出预测,然后排除极端观点,达成一致意见的方法。

3.访谈法

访谈法指在无条件开展小组工作的情况下,通过访谈向个人获取信息的方法。

4.清单法

清单法分为核对清单法和提示清单法。核对清单法是一种根据以前遇到的风险进行推导的演绎技术,为管理提供了一种快速识别可能风险的便利方法。核对清单法采取一系列问题的方式,或者采用将考察的问题列表的方式。组织者可以自行设计核对清单,也可以采用其所在行业或部门适用的清单。提示清单法是指按照风险种类或领域分组,如按金融、技术、环境来分组;或按与风险相关的任务来分组,如按设计、建造、启用等来分组,采取演绎技术设计风险清单的方法。

5.风险地图法

风险地图法指用二维图来描述风险,X轴表示风险发生的潜在严重程度,Y轴表示风险发生的概率,依次考察风险并绘制于图上。图上的等风险曲线表示具有不同概率的等价风险,可引导分析者确定风险的相对重要性。

6.风险矩阵图法

风险矩阵图法指通过在矩阵图中描述风险发生的概率和影响,将影响大小不同的风险区分开来。

7.现场调查法

现场调查法主要用于体育竞赛、教育培训、健身休闲等业务活动的过程中。对体育场馆内的设施设备、空间布局、人员安排等进行现场调查,并分析、排查风险源,从而达到风险控制的目的。一般步骤为:首先,调查前准备,根据业务活动的内容,设计并拟定调查表,确定调查对象和调查时间;其次,进行现场访谈和调查,根据实地观察和访谈的结果填写调查表;最后,分析调查结果,并反馈风险因素。

(二)定量分析法

定量分析方法包括决策树法、蒙特卡罗模拟法、敏感性分析法等。

1.决策树法

决策树法端于决策点,随后按照决策制定过程自上而下依次有序地提出机会事件和决策。决策树的目的是为每一个方案确定期望值。

2.蒙特卡罗模拟法

蒙特卡罗模拟法是使用随机数字模拟不同情形的结果。这种模拟模型可以用来测定系统对不同输入的反应。

3.敏感性分析法

敏感性分析法用于测定某一风险变量的改变对整个项目的影响。

第三节 体育场馆的风险评估

风险评估是量化测评由某一事件或事物带来的影响或损失的可能程度,是在风险事件发生之前或之后(但还没有结束),对其造成的影响和损失的可能性进行量化评价的工作的总称。

一、体育场馆风险评估的概念与内容

(一)体育场馆风险评估的概念

体育场馆的风险评估指在风险识别和风险分析的基础上衡量风险出现的可能性及后果严重程度。体育场馆风险评估的目标是促使风险评估的预期损失接近实际发生的现实损失,以减小体育场馆评估的偏差。

(二)体育场馆风险评估的内容

1.收集体育场馆风险数据

体育场馆风险评估的第一步是收集与风险因素相关的数据和资料。这些数据和资料既可以从过去类似风险管理项目的经验总结或记录中及相关研究或试验中取得,又可以在风险识别实施过程中或场馆历史资料中获得。

2.体育场馆风险后果评估

体育场馆风险模型建立后,就可以用适当的方法去估计每个风险因素发生的概率和可能造成的损失。通常用概率表示风险事件发生的可能性,可能的后果则用费用的损失等表示。

3. 体育场馆风险因素评估

体育场馆风险估计是对单个风险因素分别进行估计和量化，而体育场馆风险评估则考虑场馆所有阶段的整体风险、各个风险之间的相互影响、相互作用，以及风险对场馆管理者的影响、场馆管理者对风险的承受能力等。体育场馆综合评估实施的程序为：收集指标体系数据、确定风险评估基准、确定项目整体风险水平、进行风险等级判别、评估结果的检验、审查结果分析与报告。

通过风险评估，场馆管理者可以确定体育场馆风险的等级和先后顺序，厘清各风险事件之间确切的因果关系，考虑各种风险相互转化的条件，明确风险的发生概率和后果。

二、体育场馆风险评估的分类

体育场馆风险评估一般根据体育场馆的业务活动所包含的风险特征进行评估。由于评估的深度和广度、时间和空间都受体育场馆的业务内容影响，所以评估人员需要根据体育场馆不同的业务特征选择合适的风险评估内容。体育场馆风险评估工作是一项复杂的系统性工作，常见的体育场馆风险评估有基线评估、详细评估和组合式评估三种。

（一）体育场馆风险基线评估

体育场馆风险基线评估是根据体育场馆提供公共体育服务、举办体育赛事活动及大型群众性活动的内容，对体育场馆各种功能系统进行安全基准检查，要求体育场馆的设施配备、工作环境等能够满足基本的安全需求，达到安全基线标准。所谓安全基线，是系列标准规范中规定的安全控制措施或者惯例，这些措施和惯例适用于特定环境下的所有系统，可以满足基本的安全需求，使系统达到一定的安全防护水平。体育场馆一般按照相关法律法规、政策文件、国家标准、行业标准、业务活动惯例、行为规范中涉及体育场馆安全的管理措施等要求构成安全防护基准线。

（二）体育场馆风险详细评估

风险详细评估一般是要求对风险事件进行详细风险识别和评估，并根据识别和评估结果对可能产生的风险事故损失进行评估，给出风险决策建议。体育场馆平时承接和开展的业务内容较多，既有日常对外开放经营的体育服务项目，也有不定期的大型体育赛事活动，还会承接和举办展览会、演唱会等大型群众性活动。按照当前国内举办大型体育赛事活动、大型文艺演出和会展业务的要求，均需根据具体活动的开展情况做出具体详细的安全风险评估方案和应急预案。因此，从体育场馆风险管控视角来看，体育场馆承接的体育赛事活动、文艺演出和会展等大型群众性活动所做的体育场馆风险详细评估是具体活动安全的风险评估方案和应急预案。

（三）体育场馆风险组合式评估

基线评估简单易行，具有用时短、成本低的特点，但也存在风险识别精准度不高的缺点；而详细评估通常要求一案一评，用时长。对于部分具有稳定状态且安全要求较高的风险事件，可以将基线评估和详细评估结合起来，采取组合式评估。这种风险评估形式既节省了评估所耗费的资源，又能确保获得一个全面系统的评估结果，还能够精准识别高风险事件。因此，采取体育场馆风险组合式评估，既是符合现实的选择，又是体育场馆安全风险管理的现实要求。

三、体育场馆风险评估的方法

（一）历史资料法

在条件基本相同的情况下，可以通过观察各个潜在的体育场馆风险在长期历史中已经发生的次数，估计每个可能事件在各时间段内发生风险的频率。但是，由于人们缺乏足够的经验，所以不能用这种方法建立可靠的概率分布。

（二）专家打分法

体育场馆风险发生的概率是要进行预测的，一般由本专业领域内的资深专家对此概率进行打分。专家打分法是专家依据自身的专业素质及丰富的实践经验，依照项目的具体情况作出的合理判断，所得到的专家主观概率可以近似地看成客观概率。专家打分法是一种较常用的分析方法。这种方法分两步进行。第一步，识别出体育场馆某一特定项目可能遇到的所有重要风险，列出风险调查表。第二步利用专家经验，对可能的风险因素的重要性进行评估，综合成整个项目风险。具体的步骤如下：①确定体育场馆每个风险因素的权重，以表征其对项目风险的影响程度；②确定每个风险的等级值，按可能性很大、较大、中等、较小、很小这五个等级分别打分；③将每项风险因素的权数与等级值相乘，求出该项风险因素的得分，最终求出此体育场馆风险因素的总分。

（三）蒙特卡罗分析法

蒙特卡罗分析法又称随机抽样技巧或统计表试验方法，它是一种模拟技术，即通过对每个随机自变量进行抽样，并将其代入数据模型，确定函数值。这样的独立模型试验多次，得到函数的一组抽样数据，由此便可以确定函数的概率分布和特征。在当前的体育场馆风险评估中，蒙特卡罗分析法是一种应用广泛、相对精确的方法。应用该方法分析项目风险的基本过程包括以下四步。第一步，编制风险清单。通过结构化方式，把已识别出来的影响体育场馆的重要风险指标编制成一份标准化的风险清单，该清单能充分反映出风险分类的结构和层次。第二步，采用专家调查法确定体育场馆风险因素的影响程度和发生概率，制定体育场馆风险表。第三步，采用模拟技术，确定风险组合。对上一步专家的评估结果进行定量化，即采用模拟技术评估专家调查中获得的主观数据，并将其在风险组合中表现出来。第四步，分析与总结。通过模拟技术，可以得到体育场馆风险的概率分布曲线，从曲线中可以看出体育场馆风险的变化规律。

（四）敏感性分析法

体育场馆的诸多风险指标的未来状况处于不确定的变化之中，出于场馆风险评估的需要，测定并量化分析其中一个或几个风险因素的变化对目标的影响程度，以判定各个风险因素的变化对目标的重要性就是敏感性分析。如果体育场馆相关风险因素稍有变化就使风险目标和风险管控发生很大变化，则这类风险因素对场馆风险就有高度的敏感性。敏感性强的风险因素将给体育场馆经营带来更大的风险。因此，了解特定情况下体育场馆风险中不确定的风险因素，并明确这些风险因素对该体育场馆风险管理的影响程度之后，就能在合理的基础上进行体育场馆的风险评估。

（五）决策树法

决策树法是一种直观运用概率分析的图解方法，描述了各种决策方案，以及相关的偶然事件之间的相互影响。决策树的各个分支可以代表决策方案或偶然事件，具有层次清晰、不遗漏、不易错的优点。大型体育场馆的开放经营过程可能会发生各种各样的风险情况，在已知各种情况发生概率的条件下，通过构成决策树来评估和判断体育场馆风险是十分有效的。利用决策树将体育场馆不同的风险因素分解开来，逐项计算其概率和期望值，就可以较容易地进行体育场馆风险评估和不同方案的比较。

第四节　体育场馆的风险应对

体育场馆风险应对是在风险识别的基础上，通过风险计划的制订来减少威胁、增加机会的管理过程。体育场馆风险应对方法主要包括风险规避、风险缓解、风险转移和风险自留。

一、体育场馆的风险规避

风险规避指对项目风险进行识别、评价后，通过变更计划、消除风险或风险产生的条件，或者是保护经营目标不受风险的影响。对于项目早期出现的某些风险征兆，可以通过明确需求、广泛获取信息进行合理的规避。此外，对于风险较高的项目，采取缩减项目范围、增加项目资源、增加项目风险储备金、运用成熟的方案等方法，都可以有效地规避项目风险。

风险规避的方式一般有规避风险事件发生的概率和规避风险事件发生后可能产生的损失。

二、体育场馆的风险缓解

风险缓解是一种具有积极意义的风险应对手段。它通过事先控制或制订并实施应急方案，使风险不发生或尽量使损失最小化。

风险缓解方案可分为以下三种。

（一）预控方案

经过风险识别后，就每个风险进行详细说明，包括风险产生的原因、条件、环境、后果与控制发生的要领等。

（二）应急方案

应急方案的目的是使项目风险损失最小化，是在损失发生时起作用的。制订体育场馆突发事件应急预案，可以及时、有效地处理大型体育赛事或群众体育活动中可能出现的突发公共事件，最大限度地减少给场馆带来的经济损失和社会负面影响。

（三）挽救方案

挽救方案的目的是将风险发生后造成的损失修复到最高的可使用程度。

三、体育场馆的风险转移

风险转移是设法将某风险的结果连同对风险应对的权利和责任转移给对方。风险转移方法有很多，比较常见的有保险、担保、合同转移等。

（一）保险

保险是分散风险、补偿损失的一种有效手段，是人们在与灾害风险斗争中总结出来的一种处置风险的方法。保险有利于体育场馆对各类突发事件带来的财务支出提供经费保障，有利于体育场馆对自身不能承受的风险进行转移。由于体育场馆具有高事故、高伤害风险的特点，所以购买人身意外伤害险和公众责任险对体育消费者和体育场馆经营方都是最基本的保障。

（二）担保

担保是为他人的债务、违约或失误履行间接责任的一种承诺。通常的工程担保类型主要有履约保证、银行信用保证、现金保证、财产保证、留置权等。例如，体育场馆管理者与某项体育活动的参与者签署免除责任协议，能够使受害者放弃追究责任。

（三）合同转移

合同转移是通过业主与设计方、承包商等分别签订的合同来明确规定双方的风险责任，以此转移项目风险的一种风险处置方式。例如，体育场馆管理者同有关责任人员（教练、教师、裁判、体能专家和医务人员等）签署合同，由他们对自己的过失行为所造成的损失负责。体育场馆管理者通过与租用设备者签订维持无害协议转移部分风险，即在活动举办期间如果设备发生任何损坏，由租用设备者赔偿。

四、体育场馆的风险自留

在工程项目风险管理中，对于一些不是很严重的风险，或者不适合用其他措施应对及采用其他应对措施后残余的一些风险，风险管理者常采用自留的方式处置。风险自留意味着在不改变组织计划的前提下去应对某一风险，或项目主体不能找到其他适当的风险应对策略而采取的一种应对风险的方式。

风险自留和风险转移是风险处理的主要技术手段。在实际操作中，有时会选择风险自留，有时会选择风险转移，有时会两者兼用。当损失的严重性低、损失频率高时，风险自留是最佳选择；当损失的严重性高、损失频率低时，风险转移是最佳选择；当损失的严重性高、损失频率高时，"风险自留+风险转移+损失控制"等组合是最佳选择。

第五节 体育场馆的常见风险

体育场馆通常常年开放，其潜在和显性的风险也随时存在，因此需要体育场馆经营方对体育场馆的常见风险进行归纳分析，以便提高体育场馆风险管理的水平。

一、体育场馆自然灾害风险

（一）场馆地震风险

地震是自然界灾害中的不可抗力，一旦发生，损失惨重且无法挽回。由于体育场馆建筑空间大，人员密集，所以地震疏散工作会比较困难。除此之外，由于体育场馆的建筑面积大、建筑材料复杂，所以如果体育场馆在地震来临时发生倒塌，将会造成人员伤亡，给体育场馆带来不可挽回的损失。

（二）场馆雪灾风险

在有严寒天气的地区，可能会出现暴风雪。暴风雪会引起严重的雪灾，严重威胁体育场馆的安全，有可能导致体育场馆顶棚坍塌。暴风雪导致的低能见度，可能会造成体育场馆无法正常运转。除此之外，大的暴风雪能摧毁场馆内通信设施的信号，并阻断体育场馆附近的交通。

(三）场馆水灾风险

暴风、台风或飓风会带来暴雨，从而带来洪水、泥石流等水灾。体育场馆如遇水灾，会使电线进水，有触电的危险，使体育场馆内电线短路、网络无信号、室外的设施遭到毁坏等；还会使体育场馆内各种器械设施浸水生锈，造成重大损失。

二、体育场馆建筑风险

（一）场馆建筑材料风险

近年来，部分新建的体育场馆为突出体现"大、新、奇、特"，采用了大量新型复合材料，如果发生火灾，必然伴随着大量有毒有害的烟气的生成，由于可燃物质的不同，可能会生成一氧化碳、二氧化碳、二氧化硫、氨、硫化氢、氮氧化物等成分复杂的有毒气体。另外，建筑结构大多是钢结构，耐火性差，发生火灾时容易坍塌，造成人员伤亡。

（二）场馆建筑维护风险

体育场馆建成以后，如果监管不到位，后期没有进行定期维护检修，就会出现一些不必要的风险。例如，齐齐哈尔体育馆坍塌事故就是由于墙体早有裂纹而没有及时进行修复，后期又监管不到位，而屋顶平台堆积了大量珍珠岩，受降雨影响，珍珠岩浸水增重，导致屋顶荷载增大引发坍塌，造成重大人员伤亡事故。

（三）场馆临时建筑风险

体育场馆内大型活动临时搭建设施施工通常工期紧、任务重，施工过程通常会涉及高处作业、起重吊装、动火作业、临时用电等多种高危作业，作业风险高。此外，施工现场往往为多方人员交叉施工，有时在活动彩排过程中还伴随施工。如果施工现场缺乏有效监管，不能及时制止违章作业、违章指挥等行为，稍有不慎即可能造成事故。

三、体育场馆设施风险

（一）场馆专用设施风险

LED（Light Emitting Diode，发光二极管）是体育场馆举办各种活动及体育赛事必不可少的设备。LED屏幕模块或电源出现问题、主办方（组委会）连接现场信号的机器设备出现问题、技术人员操作失误等都会影响活动效果，从而导致主办方追责、活动受干扰、观众体验感下降。

急救设施如自动体外除颤器，对于在体育场馆内突发心脏疾病的人员是急救措施的重中之重，自动体外除颤器一旦发生损坏或者因为长期搁置没有进行检查维修，就会在事发时耽误伤员的及时救治，造成人员伤害事故。

通风通湿系统发生故障不能正常运转，会使体育场馆内污浊的空气得不到及时排放，体育场馆内空气安全标准达不到固定值，影响体育场馆内人员的正常呼吸，以及体育场馆内活动的正常开展。

（二）场馆通用设施风险

消防设备是体育场馆内重要的安全防御设施，在体育场馆遭遇失火之际，能够及时灭火消除隐患。消防设备如果在体育场馆内长期闲置、工作人员检修不到位、遭遇人为损坏等，可能会导致火灾警报失灵、消防应急程序失效，从而使火情扩大，火灾救治延误，造成体育场馆内财产损失及人员伤害事故。

通信设施对于体育场馆内的活动主要起到信息传送、传达、实时转播等作用，包括无线网络、无线避雷器等。通信设备抗干扰较弱，传输速率较慢，带宽有限，传输距离也有限制，如果体育场馆内的通信设备在举办活动中出现故障，会影响活动的顺利开展，造成现场混乱。

四、体育场馆财务风险

体育场馆在开展财务管理的过程中，资金支出主要包括管理人员薪资报酬、场馆器材管理与维护费用、能源费用等。体育场馆的器材使用维护、能源消耗、市场开发、人员支出等运行费用较高，因此，体育场馆的资金需求量较大，财务管理工作的风险较高。在体育场馆的开放经营过程中，常规的市场行为是合同签约和执行。而在合同执行过程中，有时会因与场馆运营方达成商务协议的主办方、赞助商破产、违约或不履行义务等原因使合同被取消或部分执行，从而使体育场馆面临市场经营的不确定性和财务风险等。

五、体育场馆人员风险

体育场馆管理人员负责大型体育赛事的组织，保障赛事的正常运行，服务赛事的客户群体，营造赛事的安全环境，他们的风险意识、专业水平、个人能力等对场馆运行工作至关重要。高层管理人员如果不具备良好的组织、领导、决策能力，就无法迅速解决场馆出现的问题；业务经理如果知识结构不合理、专业技能不突出、不具备一定的领导能力和工作经验，就难以及时处理场馆运行中遇到的技术难题；重点领域和关键岗位人员或者一般工作人员心理素质不合格、责任意识淡薄、缺乏与工作相匹配的能力、无法坚守自己的岗位、敷衍职责范围内的工作，这些都容易引发场馆运行风险。

六、体育场馆高危项目风险管理

体育场馆在经营过程中，也会针对市场需求，开展高危险性体育项目或赛事活动。由于高危险性体育项目和赛事活动一般具有较强的专业技术性，所以从体育场馆风险管理的角度来看，必须配备具有相应资格或者资质的专业技术人员。国家体育总局专门制定的《经营高危险性体育项目许可管理办法》（国家体育总局令第17号），将游泳、攀岩、潜水、滑雪等纳入高危险性体育项目。游泳为常见的高危险性体育项目，在游泳场馆经营中要高度重视溺水风险，建立健全游泳场所溺水应急预案，并加强演练，配备符合数量要求的救生员，避免溺水事故发生。国家体育总局等七部门联合发布的《高危险性体育赛事活动目录（第一批）》，将潜水、攀岩、滑雪等6大类18个小项的赛事活动列入高危险性体育赛事活动。因此，在体育场馆日常经营管理活动中，应当按照相关标准和要求配置场地、器材和设施。同时，制定通信、安全、交通、卫生健康、食品、应急救援等相关保障措施，并按照《体育赛事活动管理办法》规定，制定高危运动项目活动赛事风险评估报告、风险防范及应急处置预案、安全工作方案、医疗保障及救援方案、赛事活动"熔断"机制等，确保体育场馆高危险性赛事活动安全有序开展。

户外运动

七、体育场馆赛事常见风险

(一) 赛事证件管理风险

围绕体育赛事开展的证件管理,基本可以分为三部分,即赛事临时工作证件、赛事相关专业证件(裁判员证等)和赛事配套服务许可作业证件(特种机械操作证、电工证等)。在证件设计阶段,若没有细致考虑场馆功能区域划分及人员职责权限,会导致现场管控混乱;在人员信息收集阶段,若未有效采取信息保密措施,会导致人员信息泄露;在证件发放阶段,若未做好安全保护措施,会导致证件错发或失窃现象;在证件使用阶段,若管控措施不利、查验不严,会导致传证、假证、认证不符等现象;在证件补救阶段,若对于证件遗失、损坏等问题注销、补发处置不及时,会导致赛事安全管理进一步失控。

(二) 体育赛事舆情风险

当体育突发事件出现时,主流权威媒体大多做官方立场的澄清或者回应。而体育自媒体作为狂热的体育爱好者和体育迷的传播载体,在很大程度上会影响体育突发事件的报道。同时,体育场馆在举办体育赛事过程中,随着体育赛事举办时间日益临近、线上线下氛围日渐浓厚,随之而来的负面舆论风险势必大幅增加,如果不加以防范,很容易在话题争论、情绪对抗、干预介入等复杂情况下诱发议题偏离,造成一些较为严重的社会影响。

(三) 赛事人身伤害风险

高强度、超负荷的运动,激烈的身体碰撞,充满冒险的运动项目,狂热的球迷和数以万计的观众,以及人潮伴随而来的高风险事故,是体育场馆运营风险的一个显著特点。发生频次较多的足球场看台坍塌造成的大量人身伤亡,观众拥挤、球迷不理智引起的人身伤害事故,场馆被破坏等事件均使体育场馆的运营带有高风险性。因此,体育场馆运营风险特点就在于其行业特征所决定的高事故发生率、高人身伤害发生率和由此造成的各种过失性人身伤害责任赔偿,这些风险给场馆运营者造成的损失远远高于其他风险,这同其他企业主要面临的财务风险有所不同。

(四)赛事食品安全风险

面对多样化的食物种类,人们对食物质量安全的关注度越来越高,与一般食物安全相比,体育赛事食品安全问题较为复杂,不仅要保障运动员的饮食安全,还要注重饮食的营养。由于体育赛事人流量大、用餐时间紧张,加上体育赛事多在春夏举办,所以在赛事之前除了要准备大量的食品原材料外,还需要特别注意食品的防腐、防污染、赛事中运动员饮食标准等问题。

八、游泳馆常见的风险管理

(一)水质风险

游泳池的水质是确保游泳健康和安全的重要因素。导致水质问题的原因可能包括不适当的消毒方法、清洁不当、水循环系统故障、消毒处理设备未被定期检修、未设置专人定时对水进行净化处理等。如果水质不合格,可能会造成水质浊度、尿素等指标超标,水中的余氯浓度过高或过低,水中细菌等微生物的指标异常等不符合相关卫生要求的水质问题,从而导致游泳者感染疾病,如皮肤病、红眼病、中耳炎、病毒性上呼吸道感染、泳池水肺炎等。因此,必须对游泳池的水进行定时消毒,以防止疾病传播,保障游泳者的健康。

(二)滑跌风险

游泳池边缘和房间通常存在较多水渍,尤其是对于儿童和年长者来说,地面湿滑会增加跌倒和滑倒的风险。另外,放置杂物或未清理湿滑区域也可能导致游泳者意外摔倒。因此,容易引发危险的因素,如泳池岸边、更衣室、淋浴室、卫生间通道地面静摩擦系数应当符合要求,可以采用铺设防滑垫、使用防滑地胶和防滑剂、设置醒目的安全提醒和警示标语等相应措施来保障游泳者的身体安全,同时对于未成年人及老年人群的人身安全应当给予更高的重视。

(三)触电风险

游泳池触电往往是一个容易被人忽视的风险要素。触电的原因主要有游泳池安装的灯具、水下摄像、戏水电动控制等电气装置因防护措施不足或老化,泳池边未做均压带处理,电压在水的传导下不降反增。对于游泳场所的管理者来说,要想有效地规避触电风险，应对保护系统进行特殊处理，加强等电位措施，使用漏电保护开关和安全隔离变压器。此外，还应该加强对救生人员的培训，在触电事故发生后，第一时间关掉电闸，切断电源后实施抢救，切忌用手去拉触电者或跳入水中施救。

（四）溺水风险

溺水是游泳场馆最严重的安全隐患之一，尤其是对于不会游泳或游泳技能较差的人来说。如果游泳场馆没有足够的救生设备和救生员，或者没有明确的安全警示标志，都可能导致溺水事故的发生。救生员的配置在溺水事件中占据举足轻重的地位。在水下救援时，应从被救者后方靠近，从侧面托住其腋窝或下巴，使被救者的头露出水面，用仰泳的方式将其救上岸。作为管理者来说，合理地鉴别游泳者的实际身体状况也是降低溺水风险的重要举措之一。

（五）设施风险

游泳场馆的游泳设施也可能存在一些安全隐患。例如，设施的设计和建造可能不符合安全标准、游泳池的水深可能不均匀、水下障碍物没有被正确标记，都可能对游泳者的安全造成威胁。游泳池的除湿设备是保证游泳池室内空气适宜的重要设备，室内恒温泳池如果不除湿，不仅会产生大量的细菌、病毒和霉菌，危害人体健康，也会导致建筑物被腐蚀。此外，管理者还应对游泳池的照明设备、池岸设施、水质检测设备等进行定期检修及更换。

📖 本章思考题

1. 体育场馆风险管理有哪些特征？
2. 体育场馆风险按产生的原因可以分为哪几类？
3. 体育场馆风险识别的原则有哪些？
4. 体育场馆风险识别的方法有哪些？
5. 体育场馆风险评估有哪些内容？

第十二章 CHAPTER 12

智慧体育场馆

【本章概要】

本章主要阐述了智慧体育场馆的基本内涵与主要特征，从建设目标、建设框架、支撑系统等方面系统地分析了智慧体育场馆建设的基本构成，并简要介绍了智慧体育场馆常见的一体化平台内容和数据开发采集、利用的方式。通过本章的学习，了解智慧体育场馆的时代背景，掌握建设智慧体育场馆的基本框架，把握智慧体育场馆的一体化平台管理体系，了解如何利用和开发大数据，服务体育场馆运营。

第一节　智慧体育场馆概述

党的二十大报告作出加快建设数字中国、体育强国的战略部署，明确提出要加快发展数字经济，促进数字经济和实体经济深度融合。当前，随着科技的进步，体育行业的发展受到了虚拟现实、云计算、大数据、物联网、人工智能等各类新技术的巨大影响，智慧体育场馆打破了传统体育场馆的局限，智能化的管理模式在一定程度上优化了体育场馆的利用率，使场馆的运营更加绿色，并实现其价值最大化。

一、智慧场馆建设的时代要求

数字化时代背景下，各行各业都在利用大数据、互联网进行数字化、智慧化升级，传统体育场馆也必须进行数字化升级。当前，在政策利好、高质量发展、技术创新的引领和支持下，建设智慧体育场馆成为我国体育场馆运营管理转型升级和体育产业发展的时代要求。

（一）产业政策引导和支持智慧体育场馆建设

建设数字中国是数字时代推进中国式现代化的重要引擎，建设体育强国是中国人民实现"两个一百年"奋斗目标的重要组成部分，推动智慧体育场馆建设是贯彻落实数字中国、体育强国等国家战略的重要举措。

近年来，国家相继颁布了一系列文件，有效地推动了智慧体育场馆建设。2018年国家体育总局颁布《大型体育场馆信息化监管系统建设试点工作方案》等文件，指出要探索利用信息技术手段构建体育场馆服务管理新模式，完善硬件和软件设施设备，建立软件信息管理服务平台，探索搭建大型体育场馆交流互鉴平台，通过信息平台促进体育场馆开放工作，实现扁平化管理。2019年国务院办公厅印发的《关于促进全民健身和体育消费推动体育产业高质量发展的意见》和《体育强国建设纲要》均指出要深化场馆运营管理改革，运用物联网、云计算等新信息技术，促进体育场馆智慧化发展，加快推动互联网、大数据、人工智能与体育实体经济的深度融合发展。2020年国务院办公厅印发的《关于加强全民健身场地设施建设发展群众体育的意见》指出，要加强体育场馆信息化建设，公共体育场馆管理运营方要积极执行场馆信息化建设标准规范，提高全民健身公共服务智能化、信息化、数字化水平。2021年国家发展改革委、中央网信办、教育部等部门联合印发《加快培育新型消费实施方案》，明确提出大力发展智能体育，加快新一代信息技术和高端智能制造利用，打造体育赛事活动、健身指导、技能培训、服务咨询等融合互通的体育产业新业态，推动体育设施智能化、信息化建设。

从地方层面来看，北京、上海、浙江、广东等地区出台相关文件，大力推动智慧体育场馆建设。《北京市国民经济和社会发展第十四个五年规划和二〇三五年远景目标纲要》中明确提出要积极布局在线新服务，支持数字场馆、数字体育等新业态的发展，建设智慧体育馆等一批数字孪生示范区。此外，北京市利用冬奥会的契机，实现了云转播、沉浸式观赛等技术在场馆运营中的应用，并打造了奥林匹克中心区、延庆赛区、首钢园区三大智慧示范园区，使科技创新成为北京2022年冬奥会的鲜明亮点。2021年，浙江省率先在国内发布《大中型体育场馆智慧化建设和管理规范》。该标准的颁布，有效地推动了浙江省体育场馆智慧化改造提升的步伐，为国内智慧体育场馆建设内容及方向提供了理论依据和成功经验。上海市将智慧体育场馆建设作为打造世界著名体育城市的重要举措。2020年上海市颁布《上海全球著名体育城市建设纲要》，提出推进体育场馆智慧互联，加快全民健身场地设施智能化改造升级，推进物联网、数据中心等新技术在健身场地的深度应用。为加快体育场地升级，2022年广东省颁布《关于加强广东省全民健身场地设施建设　发展群众体育的实施意见》，明确提出要加强体育场馆信息化建设，依托已有资源，提升智慧化全民健身公共服务能力，推进智慧化全民健身设施建设。

（二）体育产业的高质量发展推动智慧体育场馆建设

党的二十大报告指出，高质量发展是全面建设社会主义现代化国家的首要任务，要坚持以推动高质量发展为主题，加快建设现代化经济体系，着力提高全要素生产率，着力提升产业链供应链韧性和安全水平，推动经济实现质的有效提升和量的合理增长。伴随着经济社会发展，我国体育产业呈现出快速增长态势，尤其是2014年国务院印发《关于加快发展体育产业促进体育消费的若干意见》以来，体育产业规模屡创新高。2014—2020年，体育产业成为我国增速较快的新兴产业之一，其平均增速为17.68%，年均增长率是同期旅游产业的2.6倍、文化产业的1.5倍。

体育产业作为新经济的重要内容，承担着成为国民经济支柱性产业的重要使命，并在推动高质量发展、创造高品质生活、发挥体育多元功能等方面承担更多重任。当前，我国体育产业发展不平衡不充分的问题长期存在，对传统体育运动进行数字化、智慧化升级，成为解决这一问题的关键所在。体育场馆是体育产业高质量发展的物质保障，是体育用品消费、体育竞赛、职业体育、健身休闲、体育融合发展的重要平台，是构建社会体育公共服务体系、满足人民群众日益增长的体育文化需求的主要载体和物质基础。在体育产业高质量发展的驱动下，体育场馆智慧化升级将推动场馆服务业创新服务模式，并向更广的维度拓展市场空间，成为我国体育场馆运营管理创新的重要内生动力。

（三）新一代信息技术赋能智慧体育场馆建设

新一代信息技术是以物联网、云计算、大数据、人工智能为代表的新兴技术。现有研究认为，新一代信息技术应用范围广、与传统行业结合的空间大，在经济发展和产业结构调整中具有较强的带动作用。因此，新一代信息技术被国务院确定为我国战略性新兴产业。近年来，越来越多的城市开始探索将先进的移动互联网、云计算、大数据、物联网、人工智能等新一代信息技术应用融入场馆运营中，以信息化、智慧化升级为核心，满足消费者在大型体育场馆内赏、玩、动、享等多方面的需求，助力提升人们实现对高水平体育竞技和演艺的体验。智慧体育场馆的出现，颠覆了越来越多的消费者体验，也转变了体育场馆运营管理的方式。例如，北京2022年冬奥会借助8K超高清、云技术、云转播、数字孪生、全息虚拟影像等技术创新，推动了赛事成绩、赛事转播、信息发布等几十个核心信息系统全面优化，极大地提高了运行和协作效率，降低了运营成本，成就了北京2022年冬奥会的独特风采与魅力，展示了新时代体育场馆运营管理的新价值，也向世界展现了非凡而卓越的中国智慧。

二、智慧体育场馆的基本内涵与主要特征

（一）智慧体育场馆的基本内涵

一般认为，智慧体育场馆是指以体育场馆建筑为平台，充分利用5G、人工智能、物联网、大数据、云计算等新一代信息技术，将消费者、服务人员与场馆资源进行有效整合与充分利用，构建以全面感知、泛在互联、智能服务、以人为

本为特征,并具有感知、传输、存储、学习、推理、预测和决策等智慧能力的新型体育场馆形态。

综合来看,依靠大数据、互联网等新一代技术推动智慧体育场馆建设,可以有效促进体育场馆经营管理升级和服务流程优化。首先,智慧体育场馆可以借助现代信息技术对场馆服务的进场流程、在线预订、运动过程、场景打造等进行全面智慧化升级,有利于提升群众的体验感;其次,智慧化系统可以优化场馆运营管理的人力、能源、管理等要素,有利于降低体育场馆的人工服务成本、经营成本等;最后,借助信息、数据采集系统或工具,场馆运营可以有效收集用户信息,如运动喜好、时长、频率等,从而针对性制订运动处方或体育营销策略等,助力场馆实现高效运营管理。

(二)智慧体育场馆的主要特征

1. 以人为本的服务理念

以人为本是以场馆内各类人群的需求为根本出发点,包括直接参与的运动员和场馆管理人员、间接体验的观看场馆内比赛的观众,以及场馆的冠名赞助商和活动赞助商等。保障各类人群的人身安全与财产安全、提供舒适便捷的体验、实现社交和价值等各方面的诉求是智慧体育场馆的基本服务理念。

2. 泛在互联的运营模式

传统体育场馆围绕人和物等要素进行自主运营管理的模式,收入水平及管理效率不高,已落后于信息的快速发展。智慧体育场馆普及 4G、5G 及 WiFi 网络,可以保证场馆内各信息端联网且网速流畅,运用信息化手段方便快捷地布局管理系统、显示系统,开展赛事直播与娱乐游戏等业务。随着服务模式的多元化和服务场景的数据化,体育场馆逐步实现从传统阵地服务到新型延伸服务的泛在化转变,形成多层级的立体化服务。智慧体育场馆一方面通过数字技术平台,增加场馆与用户的互动,提高场馆管理效率;另一方面降低场馆物力、人力等运营成本,避免资源浪费。

3. 主动感知与数据利用

区别于智能体育场馆从技术层面强调更加快捷、便利的服务,智慧体育场馆强调主动感知与数据利用。场馆设备的智能化是建设智慧体育场馆的基础,从综合管理到训练辅助,从赛事转播到体育表演,包括售票、照明、温湿度、停车场、安全消防等,处处以智能化设备为前提构建。通过体育场馆智能设备和软件技术的深度融合,实现用户与场馆之间的信息实时感知和互动,最大限度地解决信息不对称问题。将各类相关要素与场馆消费体验连接起来,采用用户信息建模,清晰描画和对接用户的运动项目爱好、场馆信息寻求及文化娱乐活动诉求等,挖掘用户画像,并进一步利用用户行程和运动场景的消费行为轨迹、运动习惯偏好、身体健康指标等大数据,加强用户黏性与互动体验。

4. 多元业态与应用场景

体育场馆不仅是建筑空间、结构的组合,还需要具有服务社会的多元功能和服务内容,智慧体育场馆的建设升级是满足群众多元消费的关键。随着信息技术的不断发展,智慧体育场馆建设主战场已经不是基础设施智能化,而是围绕智能终端及软件升级而衍生的各种智慧化服务模式。场馆为球迷与合作伙伴提供技术服务,打造全新的消费场景,将 VR 技术应用于智慧体育场馆之中,也帮助传统的体育场馆创造全新的服务品类。

创新"体育+"服务场景,具体表现为大型体育场馆除了可以作为国内国际大型赛事的举办地,还可以用来进行文化表演与举办各类演唱会等娱乐活动、成为"网红打卡地"等,结合不同特色主题,创新"体育+娱乐""体育+旅游"等发展模式;场馆通过对健身行为数据的分析,挖掘出消费者偏好,并为其提供个性化健身服务;智慧体育场馆结合更专业的穿戴设备,收集精准运动数据分析,可以从"体育+医疗"层面通过对健身数据的监控,提供合理的锻炼、保健、餐饮建议,并提供餐饮、康复理疗、按摩以及美容等一系列服务;在赛事服务方面,实现交通导航、在线购票选座、区域无线定位、购买餐饮和 VR 体验等多种功能,多方位提升消费者的观赛体验。

三、我国智慧体育场馆建设的现状

当前,国内各地普遍开始主动将大数据、人工智能和云计算等智慧科技运用到体育场馆建设和改造过程中,体育场馆的智慧化升级已从概念阶段全面进入组织规划乃至落地实施阶段。例如,北京 2022 年冬奥会将场馆"水立方"改为"冰立方",新建智慧"冰丝带";杭州第 19 届亚运会场馆建设智慧交通、智慧物流和智慧社区;西安奥体中心推广 5G 全覆盖,并集成 30 多项智能系统;黄龙体育中心实现公共服务平台与智慧场馆系统连接;东方体育中心拓展线上和线下融合,构建智慧服务平台;阿里体育中心则实现了人脸识别、"花呗"支付和智慧安保等。

从场馆地域分布来看,率先实行智慧化升级的场馆大多位于互联网科技行业发达的地区，且当地民众对互联网等新事物的接受能力较强。从场馆类型来看，既有政府投资兴建用于举办世界性综合体育大赛的大型场馆，也有社会力量投资专注解决身边群众健身需求的小型健身房。从转型原因来看，提高资源利用率和服务管理水平是极为重要的原因，当然也有部分是助力当地智慧城市建设。从转型手段来看，既有智慧硬件设施的新建，也有软件技术平台的应用，更多是依靠两者有机融合来实现智慧化转型升级。总体而言，国内智慧体育场馆建设具有以下特征。

（一）偏重智慧场馆建筑与布线

目前，国内智慧体育场馆主要以硬件设施智能化为建设方向，对场馆建筑结构、形态、材料、设施等进行优化，借助计算机技术、通信技术及控制技术等进行改造，包括添加智能设备、产品及系统，进而打造人性化、舒适且具有较高便利性的环境。另外，智慧体育场馆更加关注布线系统的结构化，通过合理布局光纤和铜缆，确保场馆中数据、语音、图像等信息的传输。总体而言，现阶段我国智慧体育场馆涉及的智能化建设大多处于基础层面，更加偏重建筑与布线，主要以建设安全、经济、环保、高效的场馆为目标。

（二）智慧化建设处于起步阶段

当前体育产业正在融合"互联网+"技术，推动产业的发展转型，为我国体育产业飞速发展带来新机遇，而基于移动互联网技术的智慧体育场馆信息化建设成为这一阶段工作的重点。在现代体育场馆的发展过程中，诸如视频、网络通信等现代信息技术为其提供了强大的发展动力，同时也促进了体育场馆相关管理工作逐渐朝着电子化、网络化、数字化、集成化方向发展。然而，现阶段智慧体育场馆试点工作正处于起步阶段，智慧化技术与体育场馆运营管理深度融合的效益尚未显现，还需要进一步推进与优化。

（三）服务水平有待提高

智慧体育场馆建设除了需要满足不同类型体育赛事的举办要求以外，还需要满足人们日益增长的多元化需求。北京2022年冬奥会、杭州第19届亚运会场馆建设的实践证明，智慧体育场馆依托新一代信息技术和智慧设施，旨在提高场馆运营管理的服务理念和服务水平，为运动员提供更科学的训练体验，为举办方提供更便利的服务体验，为消费者提供沉浸式的消费体验。然而，部分智慧体育场馆在建设过程中,由于智慧技术与运营需求脱节,未能体现以顾客为中心的理念,导致智慧场馆服务水平不高。

第二节　智慧体育场馆的建设构成

当前,科技创新不断加快,新一轮科技革命突飞猛进,人工智能、大数据、5G 等技术在体育领域的参与度不断加强,智慧体育场馆的建设和应用也随之快速发展。智慧体育场馆的建设不仅提升了消费者在体育场馆的体验,也为体育场馆运动竞赛、全民健身、体育培训等活动的举办和消费场景的打造提供了新的产业机会。可以认为,智慧体育场馆是未来体育产业发展的重要方向,可以为城市的发展和人民的健康生活作出积极贡献。

一、智慧场馆建设的目标

2018 年国家体育总局办公厅颁布《关于在全国开展公共体育场馆"改造功能、改革机制"试点工作的通知》,明确把智能化场馆作为全国公共体育场馆转型升级的方向和要求。2019 年国务院办公厅颁布《体育强国建设纲要》,明确提出运用物联网、云计算等新信息技术,促进体育场馆活动预订、赛事信息发布、经营服务统计等整合应用,推进智慧场馆建设。

(一)智慧体育场馆建设的基本原则

为实现智慧体育场馆建设的目标,在智慧体育场馆建设过程中应遵循以下原则。

1. 坚持公益属性

通过智慧化建设和升级,确保体育场馆公益性,整体提升体育场馆服务水平,优化体育场馆运营模式,实现体育事业与体育产业协调发展、社会效益与经济效益有机统一。

2. 坚持改革创新

通过智慧化建设,促进体育场馆运营管理体制机制创新,拓宽体育场馆与社会资源衔接的渠道,盘活体育场馆存量资源,创新场馆发展模式。

3. 坚持激发活力

通过智慧化建设,充分激发体育场馆的发展活力和创新能力。坚持以体为主、多元发展，促进体育核心产业和相关产业融合发展，增强发展活力。

4.坚持分类推进

充分考虑各地经济社会发展和体育场馆的差异性，周密制订体育场馆智慧化建设方案，把握好时机、节奏和力度，分类型、有步骤，积极稳妥地推进智慧场馆建设。

（二）智慧体育场馆建设的总体目标

1.运用智慧系统，提升场馆运营水平

智慧系统是智慧体育场馆运营管理的重要保障，一般涉及多方面内容，根据用途可以分为两大类。一是智能监控类系统，主要包含建筑设施集成管理系统、消防安全系统、火灾报警系统，以及消防联动系统等；二是场馆智慧服务系统，包括满足赛事举办、体育培训、商业租赁等运营服务需要的服务系统。此类系统能够在很大程度上节省体育场馆资源，为提升场馆运营服务水平和效率奠定基础。特别是5G技术的出现，可在原有硬件系统的基础上，进一步降低效能、提升效率。

2.强化智慧化管理，提高场馆管理水平

随着体育场馆及其消费人数的增多，传统的场馆预订服务方式已经无法满足人们的需求，而凸显以用户为中心的理念，提高体育场馆管理水平和利用率正逐渐成为体育场馆管理中应解决的主要问题。智慧体育场馆可以将运营管理与各种信息化应用程序连接起来，场馆管理人员通过运营管理系统可实现体育场馆的信息化管理，降低工作成本、提高效率。梳理目前智慧体育场馆信息化管理的案例，发现智慧化管理主要应用于三大系统。第一，经营管理系统，承担会员管理、场地预订、门票售卖及系统设置等诸多业务，辅助场馆的管理者及工作人员处理日常事务；第二，场馆信息发布平台，主要发布场馆内活动信息、场馆基本信息、场馆常驻俱乐部信息等；第三，培训系统，包括教练员管理系统和教练员培训平台。

3.采用数据化管理，保障场馆精准服务

数据化管理是在信息化管理的基础上，为顾客提供更加精准、个性化服务的一种管理方式。目前，场馆数据主要包括业务数据和客户数据，其中业务数据，如客流量、高峰时间、收入等数据，可被用来进行场馆业务等方面的分析研究，有助于体育场馆的规划、合理定价和产品推广。通过对客户数据进行分析，可以更好地了解客户的个人信息和一般情况,如个人购买力和参与运动项目的热情,据此可做出更具针对性的推广活动,如定向推广会员卡、更新网站或产品介绍;场馆还可以根据客户整体资料,策划更多受欢迎的项目及活动。5G 技术给大数据分析提供了技术支持。当举行各类大型体育比赛时,体育场馆实际上变成了一个临时性的"城市",突发性的事件随时有可能发生,5G 技术的大宽带、低时延能够提升馆内信息的收集及处理的效率,并保障数据的安全可靠。

4. 优化交互性服务,提升场馆用户体验

关注人性化服务和观众互动体验已成为智慧体育场馆的建设目标。在 5G 时代,多感官沉浸式产品正逐渐成为智慧体育场馆发展的新亮点,观众可以通过可穿戴式 VR 设备观看体育赛事直播,自选视角,身临其境地体验 5G 网络下的互动娱乐。除了视觉效果,球迷还可以通过场馆微信公众平台,就赛事与运动员进行实时互动、与其他球迷在线交流、采取赛事有奖竞猜等方式实现人与人的互动。此外,在体育场馆观看赛事的过程中,观众可通过场馆 App 掌握球队和运动员的数据,预测赛事结果,实现观众与赛事的互动。

二、智慧场馆建设的基本框架

目前,国内外智慧体育场馆主要借助互联网、大数据、云计算、人工智能等现代数字技术,构建智慧运营感知层、核心智慧技术层、智慧运营平台层、智慧运营业务层、智慧运营数字展示层等。

(一)智慧运营感知层

智慧运营感知层位于智慧体育场馆架构的最底层,主要功能是通过感知设备和传感技术对场馆内的基础设施、软硬件设备、人员等要素进行物理感知,实现对人员位置、身份、行为、状态,以及场所环境、客流、能耗、照明、网络等信息和数据的采集,并具备时间同步、安防保障等功能。

(二)核心智慧技术层

核心智慧技术层是智慧体育场馆整套应用体系运转的基础保障,能够向智慧体育场馆各系统提供最基础的计算、存储、传输、学习、推理、决策等保障和服务。核心技术层可应用 BIM、云计算、物联网、5G、人工智能、VR、边缘计算、数字孪生等现代数字技术。

（三）智慧运营平台层

场馆数字平台是实现场馆智慧化的核心，可助力体育场馆的可视、可管、可控，打造安全、舒适、高效的场馆运营和体验环境。智慧运营平台层是智慧体育场馆建设的主要内容，体育场馆可以根据自身情况，自建场馆服务平台，也可以购买第三方场馆服务平台。运行平台体系包括场馆业务中台、运行数据中台、AI 中台三个部分。智慧体育场馆数字平台以云为基础，以数据分析和管理为核心，以数字服务为接口，通过网络联接终端，为体育场馆智慧应用提供支持，实现场馆数字化转型。

（四）智慧运营业务层

智慧运营业务层是体育场馆面向用户提供具体服务的输出平台，是智慧体育场馆管理与服务的内容体现。业务应用体系包括沉浸化场景业务、日常化经营服务、智慧化运维管理、数字化设备监控。

（五）智慧运营数字展示层

智慧运营展示层是通过计算机、移动设备及展示终端（大屏），运用数据可视化技术和方法，对场馆运营数据进行统计、分析和信息展示，实现集中化、综合化、全局性的数据展示管理。

三、智慧体育场馆的支撑系统

支撑系统是智慧体育场馆运营的重要保障，利用先进的技术和系统能较好地提高体育场馆管理效率、提升场馆服务消费体验、创造更多的商业价值。围绕体育场馆赛事运营、日常运营、运维管理、设施管理等领域，主要可以运用以下支撑系统。

（一）智慧观赛服务系统

从国内外大型体育场馆收入结构看，举办大型体育赛事，尤其是引进高水平职业俱乐部主场，是场馆的主要收入来源。频繁举办大型体育赛事将会吸引大量球迷入场，不仅可增加门票、餐饮、停车、纪念品收入，还可以促进开发场馆冠名权、带动包厢出售、场地广告销售等。当前，为观赛、赛事及场馆运营提供安全可靠的网络服务及丰富多彩的智慧应用，提升观众观赛体验，是智慧体育场馆支撑系统重要的应用内容之一。智慧观赛服务系统不仅提升观众在观赛中的体验,也在技术层面为裁判员的准确判罚助力。在赛事中出现争议性犯规等情况时,多角度的 VR 直播也可以为赛事裁判及观众提供更加清晰、明确的实时回放,增强赛事判罚的公平性及公开性。此外,智慧观赛服务系统也可应用于大型演艺及相关活动,提升观众体验感。

(二) 日常运营服务系统

日常运营服务系统主要为场馆日常经营管理和活动赛事运营管理提供保障和服务,主要包括场地预订管理、票务管理、会员管理、培训管理、活动赛事管理、体育赛事活动直播、营销管理、健身管理、智能健身设备互联管理、商品管理、体育用品租赁管理、闸机管理、远程客流核验、客流监测管理、人工智能视频识别、地理位置客流信息统计、二维码签到、场馆大数据中心、财务管理、客户服务中心、舆情管理等服务内容。

(三) 场馆运维系统

体育场馆运维系统主要包括建筑、水电气、声光电、赛事场地等保障体育场馆运营所需的设备设施及系统,是支撑重大赛事、演艺、全民健身、培训、商业服务等场馆运营的基础保障。场馆运维系统的应用可对场馆内设施、设备、能效、环境等进行监控和管理,提供运维保障,主要包括综合态势、实时能耗、资产管理、智能应急管理、智慧物业管理、数字化办公、大屏可视化管理、知识管理、事件日志管理、权限管理等功能。

(四) 场馆建筑设施及能效智慧管理系统

1. 建筑设备监控系统

建筑设备监控系统(BAS)可对体育场馆内的变配电系统、空调系统、通风系统、给排水系统、电梯交通系统、智能照明系统等进行自动化监视及有效节能控制,并在冷冻机房、变配电所等处设控制分站,分别对冷水系统、空调设备及供配电设备进行监视和控制,以实现系统集成,从而以最低的运作成本取得最高的经济效益。

2. 建筑能效管理系统

在体育场馆各单体内设置综合能效管理系统,如电力监控系统、冷机群控系统、建筑设备监控系统以及远程抄表系统,运用物联网技术,具有对底层水、电、气、冷/暖等的采集功能,并能依据采集数据对底层设备运行状态、故障原因进行分析,提出节能解决方案,对冷热源、输配系统和照明等各部分能耗进行独立分项计量,准确记录各类负荷运行参数及耗能数据,方便运行管理。建筑能效管理系统由管理应用层、通信设备层、设备采集层组成。根据体育场馆不同活动区域建立用能模型,达到清楚计量日常及大型活动的能耗,为场馆的经营提供收费依据,并为物业的日常管理提供有效的工具。

3. 公共环境监测系统

体育场馆是人员聚集、活动量较大的公共场所,舒适度对消费者来说十分重要,因此设置公共环境监测系统有助于提升消费者的体验。其中空气质量监测管理系统可有效对体育场馆环境进行监测,并具备实时监测显示、统计、存储、分析、报警等功能,帮助场馆人员对环境情况进行管理分析;在地下车库有固定人员的区域及其他人群聚集位置设置CO传感器并接入空气质量控制器;空气质量控制器实时接收各传感器检测的浓度信号,并依据CO_2浓度和CO浓度的变化,自动控制通风设备,使空气质量达到绿色环境的要求。室内空气质量检测系统可自成体系,也可通过OPC(OLE for Process Contral,用于过程控制的OLE)等方式与楼宇自控系统互联。通过环境数据的实时监控与分析,并结合冷机群控系统和能源管理系统实现舒适节能的运行目标。

4. 公共安全系统

公共安全系统主要包括视频监控系统,入侵报警系统、电子巡查系统、出入口控制系统、安全检查系统、停车场管理系统、一卡通系统、残疾人求助系统等子系统。该系统重点对体育场馆的公共区域和主席台、贵宾室、各系统用房、裁判员区、运动员区、竞赛管理区、新闻媒体区、供电设施、信息处理设备、主进风口等区域进行安全监控。

第三节 一体化管理平台

随着场馆运营机构的规模和业务范围逐渐壮大,场馆运营管理难免会出现管理混乱、效率不足等问题,构建一体化管理体系是现代体育场馆经营管理提高管理效益的重要途径之一。

一、一体化管理的重要性

体育场馆要想在体育产业高质量发展的背景下和激烈的市场竞争时代有效运作，就必须积极利用最好的、最先进的管理方式提高运营效益和效率。传统体育场馆运营单位依靠单一的管理系统来控制和监测其运营要素的方式面临诸多的挑战，借助新一代信息技术和智慧化手段，构建一体化服务管理平台，创新一体化管理体系，成为新时代体育场馆智慧化建设的重要内容。一体化管理平台是指借助新一代信息技术，将体育场馆运营过程中的各种系统、标准和流程专门集成，形成一个统一的智能管理系统，促使体育场馆运营单位有效地精简管理，从而节省管理成本，并显著提高效率。

（一）建立一体化管理平台是提高场馆管理水平的需要

当前，科学运用智慧化手段，提升管理效率是体育场馆智慧化升级的重要方面，也是国内智慧体育场馆建设关注的焦点问题。长期以来，以传统的人和物为中心的要素管理，未能从根本上最大限度地提高场馆的管理效率，体育场馆要素管理和流程管理目前还未达到最优利用状态。通过融合物联网、大数据和云计算等智慧科技，实现票务管理系统、订场管理系统、场馆资源租售系统和后勤管理系统等一体化管理，能有效解决传统场馆在预算管理、分配管理、服务管理和人事管理等方面流程长、时效慢、成本高的弊端。同时，体育场馆的一体化管理平台将拓宽信息数据的获取渠道，改变场馆服务内容的存在形式，实现对场馆资源的进一步开发。体育场馆管理将更加高效，运营将更加科学，进而有效降低损耗和提升盈利能力。构建一体化管理平台，可以促进体育场馆改变传统要素管理方式，主动向以数据为中心的精细化系统管理方式转变。

（二）建立一体化管理平台是提高场馆效益的重要途径

体育场馆运营管理既涉及体育赛事、全民健身、文艺演出、会议会展、体育培训、商业服务等多元领域，又涉及项目管理、合同管理、人事管理、行政管理、资源管理、设施管理等多个系统。借助新一代信息技术，构建一体化管理平台实现场馆运营统筹管理，一方面，可以使场馆运营的活动和过程更加规范化、制度化，提高场馆运营效率；另一方面，通过一体化管理平台可以促进场馆服务方式改变、服务内容增多和服务品质提升，实现场馆运营由资源驱动型向服务主导型转变。具体来说，体育场馆一体化管理平台可以利用大数据、物联网和云计算等智慧科技对消费者数据进行采集、存储和分析，从而获得和预测消费者的消费习惯和未来偏好，做到提前组织服务，将服务后置转变为服务前置，实现场馆运营从被动等待服务到主动寻求服务的转变，从而有效提高场馆运营的效益。

（三）建立一体化管理平台是增强场馆竞争力的重要手段

当前，我国体育产业正处于从高速发展向高质量发展转型的关键时期，体育场馆也处于从传统事业管理向现代企业运营转型的关键时期，体育场馆运营单位既面临运营机制改革的风险，又面临严酷的市场竞争。在快节奏的体育市场竞争中，传统封闭管理的方式已不能适应体育产业高质量发展的时代需求，体育场馆运营管理亟待创新生产关系，从而适应现代市场的变化。一体化管理平台可以通过提高效率、增强生产力、节省时间和金钱，为体育场馆适应现代市场资源配置方式提供保障，否则体育场馆运营单位有可能在生产力、质量和其他方面落后于竞争对手。

二、智慧场馆一体化管理平台的主要内容

互联网及各种信息技术的逐渐普及，为现代体育场馆运营管理构建一体化管理平台带来了极大的便利。一体化管理平台的建设，可以在很大程度上节约场馆管理成本，并对场馆管理流程进行精简，有利于更加直观地对场馆运营情况进行深入分析，进一步降低场馆运营管理过程中的成本支出。结合我国体育场馆经营管理的情况，智慧管理平台主要有以下内容。

（一）赛事活动管理

大型赛事活动往往具有周期长、准备期长及关注度高等特点，如何为大型综合赛事的各类参与者提供便捷、高效、优质的服务，如何为赛事运行管理提供必要的信息技术支撑，是一体化管理平台亟待解决的问题。

一场赛事的管理流程包括赛事合同签订前的策划、赛事前的筹备、赛事期间的实施和赛事后期的保障等，需要多部门、多员工的协同工作方可顺利完成。传统体育场馆通过工单派发、电子邮件、OA流转等方式进行工作流转交接，沟通成本高，效率较低。通过一体化管理平台，各部门及单位均可通过

电脑、手机等终端，完成自身部分工作后即可自动流转至下一个交接部门，并可提醒细节事项，减少无效沟通造成的成本损失，极大地提高工作中的沟通效率。

（二）全民健身管理

在一体化管理平台的支撑下，体育场馆提供的全民健身服务可通过各种线上渠道（App、公众号、小程序）进行预订，消费者到场后可通过自助设备进行自助开场，开场后通过场地监测设备获取现场数据，再结合灯光智能控制、物联网应用等系统联动，即可进行自动开关灯、调节空气湿度温度等，以便顾客消费时，场地达到最佳状态。同时，对体育场馆管理人员而言，通过一体化管理平台及相关系统，可以对日常的场地使用状态进行数据量化分析。

（三）体育培训管理

体育培训不仅是全民健身的重要内容，也是当前国内体育场馆主要的服务内容和收入来源。通过一体化管理平台，体育场馆的体育培训业务可构建一套严谨、可持续的流程体系。通过培训系统模块的线上应用，将前期报名、咨询、测试的流程全面引导至线上处理，在加快报名速度的同时，降低因人群聚集而存在的安全隐患。通过智能可穿戴设备的应用，精准获得学员在课程学习期间的各项数据，为教练创建、标准化的数据模型，以便因材施教。在内容管理方面，通过一体化管理平台，可以自动统计和整理学员学习行为特征，从而形成数据化的档案供工作人员办理业务，解决了传统培训业务现场管理手续繁复、提成计算困难等问题。

（四）商业租赁管理

商业租赁是体育场馆运营管理重要的内容和收入来源，通过商业租赁实现体育、文化、娱乐、商业等多种元素融合发展，改变传统体育场馆单一业态发展方式，从而实现"以体为主、多种经营"的运营理念。针对体育场馆商业租赁过程中合同、租赁、收银等业务管理，引入标准统一的管理平台，实现店铺租赁业务的有效管理。此外，通过引入客流统计、智慧停车系统的联动等各类辅助系统，辅助业务部门为租户管理及后续决策提供准确的数据支持，使馆内商业体系有序发展。

第四节　数据资源开发利用

数字化转型是现代体育场馆经营管理创新发展的关键。数字经济具有高创新性、强渗透性、广覆盖性等特点，强化体育场馆运营管理数据的开发和利用，不仅是改造传统场馆运营方式的重要支点，还是构建现代体育场馆运营服务体系的重要引擎。

一、智慧场馆数据资源的作用

现代社会高速发展与信息技术的交汇融合引发了数据量迅猛增长，大数据正对各行各业的生产、流通、分配、消费活动及经济运行机制、资源配置方式和现代治理能力产生重要影响。大数据是以容量大、类型多、存取速度快、应用价值高为主要特征的数据集合，正快速发展为对数量巨大、来源分散、格式多样的数据进行采集、存储和关联分析，并从中发现新知识、创造新价值、提升新能力的新一代信息技术和服务业态。当前，我国正大力推进数字经济、数字社会和数字政府建设，数字化发展正在加快步伐，充分发挥数据资源的价值，成为促进各行各业高质量发展的重要举措。

当前，新一代信息技术与体育场馆运营管理的深度融合，引发了体育场馆运营服务各类数据量的爆发式增长，使得数据资源成为体育场馆运营管理的创新要素。处理相关大数据，能够总结运营经验、发现消费规律、预测运营趋势、辅助管理决策。因此，体育场馆各类数据资源中蕴含着巨大价值，并对场馆运营内容创新和模式创新产生革命性的影响。

（一）大数据帮助体育场馆挖掘市场机会

数据分析能够帮助体育场馆运营单位进一步挖掘体育市场机会和发展细分市场，以创新的视角解构消费者的生活方式，剖析消费者的行为特征，并根据市场变化情况不断优化和调整资源配置，推动场馆服务产品的创新。因此，大数据分析是场馆运营发现新客户群体、确定最优合作商、创新产品、理解销售季节性等问题的最好方法。

消费者在体育场馆智慧服务平台的访问行为偏好能为每名客户勾勒出一幅"数字画像"，体育场馆经营管理者可以为具有相似特征的用户提供精确服务，满足用户需求，甚至为每个客户量身定制。对客户消费数据和行为数据的高密度分析，能够帮助场馆运营单位进一步挖掘细分市场机会，最终缩短场馆服务产品策划和创新时间，大幅提升体育场馆运营单位的商业决策水平，有利于发掘和开拓新的市场机会，将场馆资源合理应用于目标市场。

（二）大数据提高体育场馆运营决策能力

各行各业的实践证明了大数据能够有效地帮助各个行业的管理人员作出运营决策，从而实现更大的商业价值。这一现象是由大数据的特征决定的，一是由于各类消费数据和行为数据被广泛挖掘，运营决策所需要的信息完整性越来越高；二是借助智慧化技术，有效采集、处理和分析海量数据，能够高效率地提高决策技术含量，形成具有价值的决策信息；三是通过大数据决策可以催生以往难以想象的重大事项解决方案，借助科学的计量经济模型和方法，帮助决策人员获取最优方案。

长期以来，体育场馆运营更多地依赖经营管理人员的经验和直觉进行决策，在信息渠道有限、获取成本高昂的背景下，运营管理人员的专业水平和历史经验是体育场馆的重要资源。借助体育场馆智慧化平台，可以实现场馆运营数据和场馆运行指标的有效衔接，把面向场馆运营的业务数据转换成面向场馆决策的管理数据，辅助于领导层的决策，真正实现了从数据到知识的转变。例如，对场馆场地利用效率数据的采集、处理和反馈，可以帮助运营管理人员及时地作出营销管理决策。

（三）大数据创新体育场馆管理模式

创新已经成为企业的生命之源，管理创新是企业提升运行效率的重要手段。大数据信息搜集与传递是管理的核心因素之一，而大数据的价值就在于通过对数据内部信息进行关联、挖掘，从而创造新价值、发现新模式。由此可见，大数据是现代企业管理的重要工具。通过有效利用大数据，充分发挥其价值，可以更好地服务企业发展战略。

当前，数据渗透于各行各业，也包括体育场馆运营服务业。在新时代背景下，数据逐步成为体育场馆运营管理创新的核心要素和资源。体育场馆运营管理人员通过对各类数据的分析、挖掘，不仅可以帮助体育场馆降低沟通、管理成本，还可以发现内部管理流程中的瓶颈因素，找到提高管理效率、降低管理成本的关键点，从而优化体育场馆管理模式，提高服务水平。

二、智慧场馆数据收集的方式

智慧体育场馆运营可以通过对消费者身份、位置、多媒体和状态感知等多种数据进行识别分析，促使数据从汇聚阶段向"人—人""人—馆""馆—馆"协同运用迈进。

（一）人流数据采集

智慧体育场馆通过借助双目客流监测系统、WiFi探针客流监测系统、人脸识别客流监测系统等，结合智能跟踪算法分析场馆人流变化及人员行为轨迹，从而精确计算出客流人数及行走方向，监测和统计进出、路过体育场馆的人流数据和行动轨迹，以及按时间、时段、区域计算出在体育场馆范围内的客流总数据，为场馆人流管理、商业价值评估等提供分析和决策依据。

（二）消费数据采集

智慧体育场馆可借助赛事系统、全民健身系统、体育培训系统、票务系统等智慧软件或网络平台，收集和分析大数据营销、商家业绩管理、用户数据、行为数据、业务数据等，为体育场馆服务产品创新、营销策略制定提供依据，也可以为场馆的报表统计、线上签约、数据分析、节假日管理、数据大屏设置、运营建议、用户画像形成、零售通布局等提供数据服务。同时，可以借助智慧化平台实现对目标用户智能推送服务、信息引导发布、营销推广效益分析等功能。

（三）安全数据采集

在举办大型活动过程中，智慧体育场馆借助视频安防监控等设施，运用视频监控系统、动态人脸抓拍系统、微卡口识别系统、全要素采集系统、机动车采集系统等智慧化前端数据采集系统，在场馆周界区域、各场馆出入口、看台区、竞赛区、主席台、新闻发布厅、VIP休闲区、停车场等重要位置和场所设置监控摄像机，实现场馆安全监控及舆情数据收集。在此基础上，对人车密度、场所属性、时空信息、采集设备参数等数据进行计算和分析，为体育场馆大型活动的举办提供安全预警、事前预防等智慧服务。

（四）能源数据采集

体育场馆可基于设备、设施、能源监控系统及远程抄表系统，根据阶段性运营策略，运用物联网技术，对场馆运行的水、电、气、光、风等数据进行采集，并依据采集的数据对底层设备运行状态、故障原因进行分析和提出节能解决方案。此外，通过监控器材和设备，可以实现对场馆冷热源、输配系统、照明等能耗进行独立分项计量，准确记录各类负荷运行参数及耗能数据，方便运行管理，为场馆的经营提供收费依据，并为物业的日常管理提供决策依据。

三、智慧场馆数据资源利用的路径

数据资源发展日新月异，大数据的应用研发明显增强，并成为集聚创新要素最多、应用前景最广、辐射范围最宽、带动作用最强的，现代产业发展必不可少的创新资源要素。近年来，我国体育场馆运营管理对数据资源的利用逐步重视起来，把强化数据资源利用作为推进体育场馆智慧化创新发展的重要动能。总体来看，智慧体育场馆数据资源的利用主要有以下路径。

（一）为场馆精准营销提供数据支撑

体育场馆通过智慧服务平台系统获取潜在客户信息后，可依托大数据分析系统，生成用户标签，并且自动将潜在用户分配给合适的营销人员，根据潜客标签对用户进行精准营销，有效地提升了营销的成功率。此外，体育场馆大数据可针对客户的体育参与行为和消费习惯，形成用户画像，有利于进一步挖掘用户需求，为客户制订个性化消费方案或优惠方案，提高消费者的购买意愿。同时，体育场馆运营管理人员可以借助云计算、大数据和 AI 智慧分析技术，实时关注服务项目、服务价格变动对销量的影响，持续监测定价效果，发现最优定价，使得营销渠道、营销内容、营销反馈不再凭感觉、凭经验，而是有数据可依。

（二）为场馆服务升级提供数据支撑

在大数据时代，以利用数据价值为核心，促进商业服务模式创新的现象正在不断涌现。伴随消费者个性化体育健身需求的增长，大数据正在改变大多数体育场馆的服务供给内容和方式。如大数据可基于消费者需求为其制订个性化的健身方案，推动体育场馆全民健身服务供给向个性化、精细化升级；依托大数据技术可以建立体育场馆大型活动人流、车流、物流的科学规划，提升大型活动举办的效率；利用大数据技术可多维度提升体育场馆无形资产、商业广告的价值，促进体育场馆资产开发、利用，优化体育场馆的收益结构。总之，数据反映了场馆服务产品、业务带来的影响和体育消费的反馈，为场馆服务业务迭代、内容创新、流程优化提供数据支撑。

（三）为场馆运营趋势预测提供数据支撑

随着互联网、移动设备和传感器技术在体育场馆领域的广泛应用，场馆运营服务具备了收集、储存海量数据的条件。这些数据蕴含着宝贵的信息价值，可以为体育场馆运营机构和人员提供体育市场趋势、消费者行为变化、竞争对手动态等方面的预测和分析。在体育场馆运营过程中，大数据趋势预测可以为体育场馆运营提供市场需求、产品趋势、客户行为等重要信息。通过分析这些数据，体育场馆运营管理人员可以及时调整战略、改进产品等，从而优化场馆资源配置，提升场馆的竞争力和盈利能力。除此之外，大数据趋势预测还可以帮助场馆运营管理人员有效地规避、管理风险。通过监测场馆设施数据并进行大数据分析，可寻找场馆的潜在风险和不利因素，帮助场馆管理人员及时发现潜在风险并采取相应措施，降低损失和风险。

案例分析，请扫描二维码阅读。

杭州奥体中心智慧建设　　黄龙体育中心一体化管理建设

> **本章思考题**
>
> 1. 什么是智慧体育场馆？
> 2. 智慧体育场馆具有哪些基本特征？
> 3. 智慧体育场馆的构建框架包括哪些基本内容？
> 4. 智慧体育场馆数据资源利用主要有哪些路径？

第十三章 体育场馆经营管理应用场景实践

CHAPTER 13

【本章概要】

本章主要介绍了体育场馆经营管理的具体应用场景，包括体育场馆的赛事活动经营、文体活动经营、培训业务经营、附属空间租赁、物业管理等场馆运营中的重要板块。通过本章的学习，更好地理解本教材前十二章的内容。理论联系实际，有助于深入理解体育场馆具体的经营内容与管理流程。

第一节　体育场馆赛事活动经营

举办体育赛事是体育场馆最基本、最重要的功能，也是体育场馆经营最重要的内容之一。国内体育场馆多因赛事而建，承载着重要的赛事功能，通常具备较完善的竞赛设施，以及承办各类赛事的条件。赛事的引进、举办能力能够在较大程度上反映出体育场馆的经营管理水平。

一、体育赛事的定义和分类

（一）体育赛事的定义

体育赛事是一种提供竞赛产品和相关服务产品的特殊事件，是竞技体育的主要活动形式。

（二）体育赛事的分类

按照不同的分类依据，体育赛事的类别不同，如按照赛事包含的运动项目数量，可将体育赛事分为综合性赛事和单项赛事；按照赛事影响的区域范围，可将体育赛事分为世界体育赛事、洲际体育赛事、国际性比赛、全国性比赛、地区性比赛和基层单位比赛；按照比赛性质任务，可将体育赛事分为锦标赛、对抗赛、邀请赛、选拔赛、等级赛、友谊赛、表演赛、达标赛等。

体育场馆作为赛事举办的载体，根据场馆经营方扮演的不同角色，站在场馆经营管理者的角度，可将在体育场馆内举办的体育赛事分为承办与自办两种。

1. 承办类体育赛事

一般情况下，场馆经营方作为各类体育赛事的承办者，负责场地和赛事保障。主办方为赛事的组织、策划者，一般为各运动项目协会、运动项目管理中心、各省市体育局等。承办类体育赛事的特点是赛事的所有权并不属于赛事的承办方，赛事的标识、名称、赞助商等都归属赛事主办方。此外，承办类体育赛事通常具有较高的级别和较大的规模，对承办地的要求也较高。

2. 自办类体育赛事

自办类体育赛事是由场馆经营方自行组织并策划的体育赛事，赛事的所有权归属场馆经营方。由于可承办的赛事资源有限，场馆在无承办类体育赛事活动时期，应积极筹划富有当地特色、大众喜闻乐见、民众参与度高的群体性赛事活动，活跃地区运动氛围，满足群众健身需求，同时吸引广大群众参赛、观赛，扩大场馆的知名度与影响力，将自办赛事打造为场馆特色赛事IP，不断完善赛事体系。自办类体育赛事涵盖了市场调研、赛事策划、物料准备、宣传、赛程安排、赛事组织等各个环节，对场馆经营者的赛事运作能力要求较高。

二、体育赛事的引进

体育赛事是体育场馆运营管理的主要业务之一，每个体育场馆都想争取引进更多的体育赛事，但需要通过一定的引进渠道及流程，方能获得赛事的举办权。

（一）体育赛事的引进渠道

在大型体育场馆的经营中，丰富的赛事活动是场馆保持生机的关键。同时，大型赛事的举办也能帮助城市宣传，带动相关消费。对于中小型场馆来说，也需要靠赛事活动来提升场馆知名度，吸引人流。因此，场馆应积极主动争取赛事承办权。

体育场馆获得体育赛事资源的渠道主要有以下几个。

1. 国际国内体育大赛

大型综合性赛事的申办需要由举办地政府或体育行政机构提出承办申请。基层单位自行组织大型体育赛事需要向所在区域体育行政管理部门提交申办和备案材料。

2. 国家体育总局及各协会赛事

需要关注国家体育总局与各协会官网，了解历年赛事信息。一般可于每年年底了解协会次年赛历，并下载报名表，提交申报材料后，一般于次年三四月在各协会官网获取申报结果。

3. 地方体育部门及地方各协会赛事

争取获得省、市、区各级体育行政主管部门的支持，与地方各级体育协会保持友好联系，获得体育赛事的场地提供或共同进行市场推广的机会。

4. 赛事承办权交易

从国际体育组织或者体育赛事中介机构购买体育赛事的承办或市场推广等权限。

（二）体育赛事的引进流程

体育赛事的引进是为赛事活动签订合同和约定场馆的行为。通常来说，场馆经营方要先通过向赛事活动主办方提供详尽的项目建议书来主动争取业务和积极承办赛事活动，取得承办权后签订赛事协议。根据赛事协议确定的经费，场馆经营方按照确定的日期，在特定的场馆内保留特定的空间。体育赛事的引进主要包括以下四个流程。

1. 体育赛事承办权获得

成功引进一项赛事活动的机会往往需要场馆经营方主动争取。场馆经营方应主动与全国和地方赛事主办方及中介建立良好联系，以争取更多的赛事资源。场馆应制作内容丰富的宣传册，详细介绍场馆的建筑特色、区位和交通条件、以往承办过的赛事活动，以及可承办的赛事活动类型，让赛事主办方全方位、清晰地了解场馆情况。场馆在申报赛事承办权时一般需提交申请材料，包括城市概况、场馆基本情况、接待条件、交通条件等内容。

2. 时间安排

时间安排是根据场馆可以使用的时间，预定和协调所有赛事活动的过程。预定过程包括安排一系列同类赛事活动的时间和制定最好的赛事活动组合来实现场馆的有效使用。赛事活动的日期必须综合考虑活动准备、设施搭建、退场和场地转换所需的时间，要有合理的间距。负责时间安排的人员要精通场馆的操作运行，了解不同场地转换所需的时间和场地布置的各个环节；与文体活动和培训等其他业务板块负责人提前协调好场地使用时间，避免与其他活动时间冲突；在保证场馆能够承办合适数量的赛事活动的同时，不会造成员工超负荷工作、场馆过度使用、预算严重超支，以及市场过度饱和等情况。

3. 体育赛事赛前评估

场馆经营方对赛事带来的成本与收益进行评估是非常必要的环节。赛事成本较为繁杂，包括赛事保安、保洁、水电供应、交通、接待等费用，而赛事补贴、赞助及门票收入等是否能够覆盖成本并带来多少收益将成为场馆经营方决定是否承接赛事与谈判的主要依据（表13-1）。

表13-1 体育赛事的成本与收入构成

	成本构成	收入构成
体育赛事选择阶段	① 资料收集、市场调查费用 ② 赛前评估费用	①门票收入 ②赞助招商及广告权售卖收入 ③特许商品开发销售收入 ④社会捐赠收入 ⑤电视转播权售卖收入
体育赛事举办权取得阶段	① 获得举办权的费用，如申办费、审批费 ② 人员及办公费用开支	

续表

	成本构成	收入构成
方案制订阶段	① 人员及办公费用开支 ② 利息	⑥ 赛事拥有方转移的补贴及地方政府给予的补贴 ⑦ 赛事期间商品售卖收入
赛事组织筹备阶段	① 赛场改造、布置费用 ② 赛事宣传费用 ③ 税费 ④ 招商费用 ⑤ 管理人员及办公费用 ⑥ 利息	
赛事举办与控制阶段	① 赛事组织管理费用 ② 赞助商服务费用 ③ 赛事风险控制费用 ④ 参会人员接待费用 ⑤ 人员及办公费用 ⑥ 保洁费用 ⑦ 保安费用 ⑧ 利息及税费	
赛事收尾阶段	① 赛事评估与总结费用 ② 场地设施清理费用 ③ 利息	

4. 合同签订

若体育场馆经营方评估后，赛事收益良好或能够为场馆带来其他正面影响，经赛事主办方确认场地预定意向后，即可进行合同谈判。合同内容包括报价、承诺和酬金，以及参与各方的权利和义务等。谈判结束后，双方一致同意的合同应满足以下五个要求。

① 对价，即合法的价值（金额）和合同双方的义务。

② 有限的报价和承诺。

③ 合同内容必须符合法律规定。

④ 明确合同的具体期限（时间）。

⑤ 书面/口头合同。

格式化合同具有一致性，通常会反映参与各方的喜好。根据赛事活动需要可以使用备忘录来制定更符合具体情况的合同格式、修改或删除合同条款、说明双方已经同意的内容更改。

三、体育赛事的执行

体育场馆在体育赛事的执行过程中需要做好赛事组织机构管理工作、场地布置工作、安保工作、新闻媒体工作、医疗卫生服务工作等。

（一）赛事组织机构管理工作

活动总指挥负责赛事活动总体工作，协调安排各组工作，负责所有的数据管理与现场信息管理，召开工作会议。下设两名活动副总指挥，一人负责管理竞赛组织组、市场开发组、体育展示组、票务组、广告物料组、接待组；另一人负责财务组、综合管理组、媒体宣传组、场地保障组、零售组、安全保卫组、志愿者组（图13-1）。

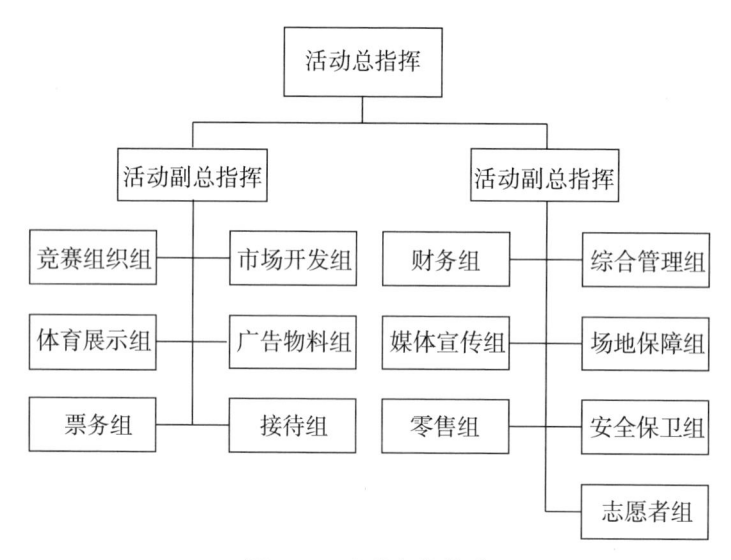

图 13-1 组织机构构成

（二）场地布置工作

1.场馆分区及权限设置

为确保符合权限的人进入竞赛区域观看或参与比赛，确保参赛者及裁判官员安全有序抵达，需对场馆进行合理分区，合理设置人行路线、车辆路线、标识指引，设置各类人群对不同区域的访问权限，如运动员、裁判员、政府官员、场馆工作人员、组委会、安保、赞助商及观众。并在划分的各区域交会点或公共区域的出入口设置检查点，核验证件类型及进入权限。

2. 标识与指引

竞赛标识内容一般为比赛名称+功能+箭头，如比赛名称（小字）+运动员入口+箭头。赛事的标识系统是为参与竞赛的各类人群服务的，因此在竞赛开始之前，可由工作人员扮演各类人群（如运动员、观众、裁判员等），检查标识的设置是否合理，发现问题并及时调整。不同区域的标识及其指引内容与形式存在差异，场馆赛事标识基本可分为四类，分别为竞赛功能性标识、竞赛外围功能性标识、观众入场指引标识和安保类标识。

（1）竞赛功能性标识

①竞赛中心区域：比赛场地、运动员录像区、转播机位、运动队观摩区、领队桌签、记录台桌签、组委会桌签、竞赛委员会桌签、技术统计台桌签、运动队技术统计桌签、医务席桌签等。

②竞赛中心周边区域：主馆、副馆、运动员出/入口、运动员竞赛入口、技术官员出/入口、媒体出/入口、观众出/入口、医务人员出/入口、运动员二层观赛区、媒体二层观赛区、运动员上二楼通道、媒体人员上二楼通道、观众上二楼通道等。

（2）竞赛外围功能性标识

①场馆周边：比赛日程、成绩公告栏、混合采访区、男/女更衣室（运动员休息室）、医务处、信息技术处、兴奋剂检测处、媒体运行处、颁奖礼仪处、饮品售卖处、卫生间等。

②酒店相关：酒店户外指引牌、酒店接待欢迎条幅、酒店大堂接待处、酒店成绩公告栏、住宿区、餐饮区、巴士区、发车时刻表等。

③巴士相关：运动队巴士乘车处、巴士接站牌、××酒店→××场馆、巴士车身标识、轿车车身标识、车辆编号、班车时刻表等。

（3）观众入场指引标识

赛事主会场指引、观众机动车停车场、观众非机动车停车场、购票区、取票区、行李寄存处、检票通道、A1/A2/A3/A4入场口标志、贵宾入口及出口指引等。

（4）安保类标识

证件图样板、车辆图样板、票样、观众入场须知、车证、人员证等。

(三)安保工作

赛事安保工作一般由承办方负责,主要目的是保障赛事现场所有人员的人身安全,保障与赛事相关的比赛场馆、驻地宾馆、餐饮场所等相关场所的安全,保障交通顺畅及预防其他安全隐患。以比赛场馆、驻地、各个入口、观众集散区域、交通线路、消防安全等为重点安保区域。承办方在安保工作方面的主要职责如下。

① 制订赛事安保工作总体方案,以及开闭幕式和场馆、驻地安保、交通、警卫、消防、突发安全事故处置等具体工作方案,并组织实施。

② 负责赛事举办期间和筹备期间的安保工作,并配合所在地公安机关维护社会治安,加强对社会面的治安管理和巡逻防控。

③ 加强交通管理,维护交通秩序,确保交通畅通。制订开闭幕式及比赛期间的交通运行线路指挥及疏导方案,对赛事使用的所有车辆进行安全检查,对所有安保人员和司机进行技能培训和安全教育。

④ 场馆、驻地及赛事活动涉及场所的消防安全监督工作。

⑤ 与制证中心协作,审核各部门上报的制证信息。

⑥ 对赛事场馆及其内部区域实施入口管理,在关键入口设置警力协助证件检查。

(四)新闻媒体工作

赛事新闻媒体人员的主要活动区域为媒体工作间、新闻发布厅、现场记者区、摄影区、电视转播机位。

赛事活动新闻通稿应包括赛事名称、赛事目的与意义、主办方、承办方、合作单位、赞助商等基本内容,语句精简、内容清晰,标题力求简要吸睛,可加入图表,增强可读性,篇幅不宜过长。

(五)医疗卫生服务工作

场馆赛事的医疗卫生服务职责主要包括为参赛人员提供医疗救护服务,保障场馆参赛人员及工作人员餐饮和住宿的卫生与安全,根据项目需要配备相应的医务人员与救护车,确保现场救治有序、高效。

四、体育赛事的营销

（一）营销时间

1. 招商营销

赛事的招商工作周期较长，因此可在开赛前 3~6 个月或更长的时间开始进行招商的营销工作。一般来讲，签订赛事协议或达成合作意向后，就可开始招商营销工作。

2. 票务营销

拿到公安批文之后，票务相关营销工作即可开展。一般来讲，公安批文在开赛前 1 个月可拿到。在拿到公安批文前，相关营销工作就需着手准备，待批文到手后，立即开展相关营销工作。

3. 开赛营销

开赛前约 30 天，需要就比赛开幕相关信息进行营销，如比赛的倒计时、看点、关联活动。

4. 赛中营销

延续开赛营销，于比赛开始后就比赛中出现的各类热点进行持续营销，持续刺激票务销售和赞助商相关权益回报。

5. 赛后营销

赛后营销有两个目的，一是为下一届体育赛事的举办营造热度，二是回馈赞助商。应根据比赛结果和过程中的热点事件，在赛后持续进行营销，以达到预热下一届比赛和回馈赞助商全年营销的目的。

（二）营销方式

1. 官方媒体渠道

主办方、场馆通过赛事官方网站、微信公众号、微博官方认证平台等进行信息发布。

2. 短视频营销

通过在抖音、快手等短视频平台发布赛事短视频，记录热点事件、赛事高光时刻。邀请热门运动员帮助宣传，吸引人们到现场观看赛事。

3. 赛事直播营销

在视频平台对赛事进行实时直播,吸引更多人观看,提高转发率,从而起到宣传场馆和赛事的作用。

4. 新闻发布会

新闻发布会一般为对外发布的重要媒体仪式,包括抽签仪式、赛事信息发布会、赛中重大事件发布会、赛后新闻发布会等。新闻发布会将会吸引大量媒体参加和报道,应借势对赞助商、赛事本身进行大力宣传。

5. 户外广告

户外广告包括路边道旗广告、公交车广告、公交车站广告、机场广告、高铁站广告等。户外广告的投放一般在当地城市渲染气氛,促进赞助商回馈和票务销售。

案例分析,请扫描二维码阅读。

2019年篮球世界杯武汉赛区赛事保障工作

第二节　体育场馆文体活动经营

体育场馆是开展大型文体活动的主要阵地,举办各类丰富的文体活动是体育场馆对外开放和服务社会的重要体现,也是体育场馆的重要收入来源之一。

一、文体活动的类别与特点

文体活动是指以文化和体育为核心内容的各种社会活动,包括但不限于文化艺术表演、音乐演奏、舞蹈表演、戏剧表演、体育竞赛和健身运动等。这些活动旨在丰富人们的精神文化生活,增强身心健康,并推动文化传承、艺术创新和体育的发展。文体活动是人们在日常生活中参与、观察或欣赏的多样化文化和体育形式的集合,对个人和社会都具有重要意义。

(一)文艺演出活动

在场馆经营中,文艺演出收入占很大的比重,特别是从文化兴体的角度来看,通过文艺演出能大幅提高体育场馆的利用率和收益率。文艺演出的类别主要包括戏剧、音乐、舞蹈、歌唱和相声等,其中歌唱演出由于歌星的号召力和影响力,往往具有很强的吸金能力。一般来说,只有体育场馆能够容纳3万人以上的大型演唱会,所以体育场馆是举办演唱会的主阵地。

（二）企事业单位文体活动

企事业单位文体活动是指各类企业和事业单位组织的，以文化和体育为主题的活动。这些活动旨在提高员工的生活质量、增进员工之间的交流与合作、促进员工的身心健康和提升团队凝聚力，同时也体现了企业的社会责任和文化品牌的形象。

根据不同的特点和目的，企事业单位在场馆进行的文体活动可分为以下两类。

1. 体育竞技类活动

喜闻乐见的大众项目是企事业单位团队建设的主要内容，如职工羽毛球赛、足球友谊赛和趣味运动会等，能够促进员工参与体育锻炼，培养健康的生活方式，强调竞技精神。

2. 团队建设类活动

通过团队游戏和户外拓展训练等形式，增强团队间的合作意识和协作能力，促进员工间的沟通与信任，加强员工间的交流与合作。

（三）会展活动

会展是展览会和会议的简称，它是一种集中展示、交流和推广各类产品、技术、服务等内容的商务活动形式。会展通常由专业性或主题性的组织机构或企业主办，吸引相关行业参展商和观众参与。会展活动通常需要较大的展示空间，因此除展馆、会展中心等专门会展的场地外，也经常利用体育场馆举办会展。

场馆内举办会展活动通常包括以下几种类型。

1. 行业展览

行业展览是特定行业或领域内的展览活动，旨在促进行业间的交流与合作，通过展示最新的产品、技术和解决方案，为参展商提供一个展示自身实力和吸引潜在客户的平台，这类展览通常面向专业观众开放。

2. 消费品展览

消费品展览包括各种消费品的展示，如家居用品、服装饰品和电子产品等。这类展览通常面向公众开放，旨在推广产品、建立品牌形象和吸引消费者并进行销售。消费品展览的特点是注重互动体验和直接销售。

3. 学术会议和展览

学术会议和展览是学术界和研究机构组织的专业性活动，旨在促进学术交流和研究成果的展示。这类活动通常包括学术报告、研讨会和专题展览等，能够吸引来自该领域的学者、研究人员和行业专家参与。

4. 文化艺术展览

文化艺术展览涵盖了绘画、雕塑、摄影和艺术品等各种艺术形式的展示。此类展览旨在推广艺术作品，传播文化价值，提供交流和欣赏艺术的平台。

5. 国际贸易展览

国际贸易展览是为促进国际贸易和商务合作而举办的活动。各国或地区的企业与组织通过展示产品、洽谈合作和互动交流，在国际市场中寻求商机和建立合作伙伴关系。

二、大型演唱会活动的经营

大型演唱会的举办往往需要大量的座位和空间，因此可容纳数万人的体育场馆是大型演唱会活动举办的主要场所。一方面，体育场馆可以使演唱会接待更多的歌迷，且体育场馆拥有先进的音响、灯光和舞台等设备，可以为演唱会提供良好的硬件支持；另一方面，体育场馆通常具有完善的安全保障措施，能够确保观众的安全，所以体育场馆是举办大型演唱会的理想场所。

（一）举办方式

1. 场地租赁

场地租赁方式指由体育场馆为演出方提供场地租赁服务并获取收益。体育场馆按天收取场地租金与能耗等其他成本，从进场搭建、演出到撤场均由演出方负责。这种方式是目前大多数体育场馆承接演唱会采取的方式，其收益较为固定，且不与主办方、制作方和经纪公司共同承担风险。

场馆经营方要基于对场馆条件与城市演出市场的判断，积极拓展商务合作资源，同国际、国内知名的演出活动方合作，引入优质的文化演出活动。场馆经营方应在场馆筹备期制定《场地租赁及价格服务体系》，针对场馆内不同场地及活动合理定价，并制定相应的价格浮动政策。

2. 演唱会项目投资

演唱会项目投资指场馆经营方对文化演出活动进行投资，以入股或合伙的方式与演出活动权益的持有方进行合作，对演唱会收益进行利润分成。场馆的运营初期，应以提供场地租赁服务为主，快速积累资源和提升团队能力。积累一定的资金或获得融资后,演唱会项目的投资是场馆实现经营创收的重要路径,可选择高价值的文化娱乐体育项目进行投资,通过股权等融资方式,投资优质 IP 项目及优质企业,实现场馆经营创收。

场馆应根据成本收入测算,谨慎选择投资的演艺活动项目。演唱会项目投资成本、收入构成如表 13-2 所示。

表 13-2 演唱会项目投资成本、收入构成

成本构成		收入构成
演出制作	① 艺人唱酬(含嘉宾)/艺人税费 ② 导演、制作团队酬劳	
演出场馆	场租	
安全保卫	① 公安 ② 消防保安 ③ 安检员	
宣传	电视、网络、户外广告、宣传品印刷	① 票房收入 ② 冠名费收入 ③ 广告赞助费收入
舞台	① 搭建工人劳务 ② 舞美制作(含灯光、音响) ③ 乐器租赁	
票务	① 票务佣金 ② 票卡印刷	
接待	① 酒店 ② 餐饮 ③ 车辆 ④ 工作人员餐费	
其他	① 相关行政费 ② 保险 ③ 杂费	

(二)演唱会场地租赁服务工作的实施

1.活动报批

体育场馆举办活动之前应向文化、公安、消防和执法(如需布置拱门、彩旗等)等部门进行报批。一般需要在活动内容、时间、地点和规模确定后,体育场馆准备相关的报批材料,包括申请表格、活动方案、安全预案及场地租赁合同等,向有关部门提交申请,并等待获得批准。具体的报批流程可能因不同的活动、地区和时间段而有所不同。

2. 搭建进场

（1）安全通道的设置检查

严格要求主办方及场地搭建中的各个单位和有关方面，按照活动报批材料的要求，落实安全通道及应急消防设备设施的设置规范。

（2）搭建单位工程检查

配合主办方、制作方和搭建单位的现场施工，检查现场的搭建是否与前期已经提交和审核的材料匹配，临时设备设施的接电及用电是否安全，吊点位置和重量等是否符合要求。

（3）相关系统的检查与移交

如演唱会涉及转播机房、记分牌软件系统等的使用，应尽早进行移交，在移交的时候提示摄制团队制式和接入方式，并在移交时完成所有软硬件的测试，保证移交设备的完好，避免最终使用过程中发生责任推诿的情况。此外，应配合主办方进行音响系统和空调系统等的测试和检查。

3. 活动日沟通

活动日当天场馆方的工作内容，主要集中在与主办方和其他与活动相关的服务供应商和利益方的现场沟通上，如与安保公司沟通现场安保队员的上岗时间和实际到岗人数；与餐饮公司沟通现场的备餐情况；与特许商品售卖团队沟通备货情况；与票务公司沟通现场检票人员的上岗时间和实际到岗人数；与物业公司沟通空调和灯光等系统的运转情况等。

4. 撤场

（1）场馆硬件和空间的检查及回收

活动结束后，场馆方应积极配合主办方和各个相关部门的工作，按照主办方的工作节奏有条不紊地回收场馆的硬件和空间。

（2）报损处理

撤场期间，场馆工作人员应逐块区域进行高密度的循环检查，若发现有损坏，应第一时间与造成损坏的单位现场确认，并告知主办方相关情况，要求主办方赔付。

（3）总结与复盘

活动结束后，场馆方要第一时间向主办方征询完成满意度的调查，以便后续场馆不断提高场地保障服务质量。同时，场馆方要征集场馆内部各个部门对活动的反馈意见，将突出问题的中肯建议反馈给主办方，与主办方讨论未来更优化的合作方式。

第三节 体育场馆培训业务经营

体育场馆培训业务经营以全民健身培训为主,即普及和提高培训对象从事全民健身活动的运动技能与知识等方面的培训活动。体育场馆培训业务的主要目标客户群体为儿童和青少年,开展篮球、足球、羽毛球、乒乓球和游泳等项目的技能培训,帮助其培养运动爱好,增强体质健康。

一、体育培训的主要经营模式

体育场馆培训业务的经营模式包括自主经营、承包租赁和合资合作经营,不同培训项目的适用模式有所不同,场馆经营方应根据自身体育培训业务的发展需要,结合三种模式的优缺点(表 13-3),针对不同运动项目选择科学、适宜的经营方式。

表 13-3 培训业务不同经营模式的比较分析

经营模式	适用范围	优点	缺点
自主经营	具有相应培训资质、培训师资充足、培训经验丰富的单位	① 易于管理 ② 责任明确 ③ 实现场馆充分利用 ④ 利益最大化	① 风险过大 ② 培训项目较为单一 ③ 市场反应迟缓 ④ 人员过多
承包租赁	场馆设施闲置或非核心培训业务及培训项目	① 收入固定 ② 易于管理 ③ 提高场馆使用率 ④ 分散经营风险	① 对方经营行为难以控制 ② 场馆过度使用,短期行为严重 ③ 收益较低
合资合作经营	师资缺乏、管理经验不足、知名度较低	① 优势互补,互利双赢 ② 引入专业机构,师资有保障,培训质量较高 ③ 分散风险 ④ 易于实现规模效益	① 责任不明确 ② 管理难度大 ③ 经济效益难以实现最大化

(一)自主经营

自主经营是由场馆依托自身的资源优势和培训资质,依法独立自主开展体育培训业务。自主经营主要适用于具有相应培训资质、培训师资充足及培训经验丰富的场馆经营方。这种经营模式能够保障培训单位收益的最大化,但也有一定的弊端,如场馆经营方在没有一定的体育培训经验与师资力量基础的情况下开展自营培训，需要较长的市场培育期，运营风险较高。因此，体育场馆在以自主经营模式开展培训业务过程中，应做好充分的市场调查，将各种潜在风险考虑在内，并考虑相关风险的防范措施。

（二）承包租赁

在体育培训业务方面，承包租赁方式的应用主要是指体育场馆经营管理者通过契约将部分体育培训活动项目的经营权或体育场地设施的使用权以承包、租赁的形式转让给个人或其他体育培训机构，并由后者负责相关体育培训业务的经营管理。承包租赁经营模式也是体育培训市场较为常见的方式，多数社会体育培训机构自身没有场馆设施，通过与某些场馆设施管理部门达成场馆设施租赁协议，租赁场馆设施开展培训业务，能将场馆的场地优势与自身的专业优势结合。采用该模式，场馆经营方只收取场地的租金，收益较为固定，风险较小，专业性较强，多适用于小众的体育项目。在体育培训业务的承包租赁经营过程中，场馆作为发包方应注意以合同的方式监管和了解承包商或承租人的履约情况及经营情况，防止对方对体育场馆及相关设施的过度使用，并避免短期行为的发生。

（三）合资合作经营

体育培训业务的合资合作经营模式主要是指双方或多方通过协商达成协议，共同出资成立培训机构或合作开展体育培训的一种经营模式。

1. 合资经营模式

由场馆经营方与社会培训机构共同出资成立体育培训机构，开展体育培训经营活动。合资经营模式在各种社会性培训机构及具有公司法人资格的培训机构中较为常见，由多方共同出资成立以从事体育培训业务为主的公司，开展体育培训业务，如各种足球、篮球、网球和武术等培训机构。

2. 合作经营模式

合作培训指场馆经营方与在当地具有一定影响力的合作方共同开展的体育培训业务，主要采用以下两种合作模式。

① 保底租金基础上的经营流水或利润按比例分成，一般分成比例中等偏下。

② 无保底租金，以场地换资源，经营流水或利润按比例分成，一般分成比例中等偏上。

合作经营模式是目前体育场馆培训业务常见的经营模式，较自主的经营模式风险较小，收益较大程度上取决于合作方的经营状况。该模式要求双方在合同中规定合作方式，明确双方权利义务，避免后期经营中的利益纷争风险和隐患。同时，场馆经营方也应在日常加强监管，制定详细的监管方案，确保招生、教学和收入进账程序的规范。

二、体育培训的组织形式

（一）培训班

培训班一般指通过班级这种教学组织形式，对学员进行知识、技能等方面培训的组织形式，具有形式灵活、组织方便、容量大、时间长短皆宜、适应面广、针对性强和市场反应迅捷等多方面的优点，已成为目前各级培训机构开展培训最主要的组织形式和招生手段。培训班这种组织形式虽具有上述优点，但也存在组织松散、学员流动性大、培训期限较短，以及不利于吸引长期培训的学员等方面的缺点。体育培训班中最常见的就是各种运动项目的培训班，如篮球培训班、游泳培训班等。各种运动项目培训班针对学员的不同技能水平，通常又分为初级班或启蒙班、提高班、高级班或专业班等。

（二）私教课

私教是近年来部分体育培训机构，根据体育培训高端市场的需求和消费者的消费特点推出的一种新型培训组织形式，即由教练员根据学员的需求或特点等，提供一对一或一对二等的体育培训服务。从事私教的教练员会根据学员的个人条件、运动技术水平和学习进度等提供个性化培训服务，并因材施教，利于学员快速掌握和提高运动技能。一般情况下，私教主要针对高端消费者，收费较高，且培训时间由学员自己安排，灵活性较大。

（三）青少年体育俱乐部

与青少年体育俱乐部合作是目前体育场馆开展青少年体育培训和体育活动的一种重要组织形式。此外，还有部分体育场馆成立青少年体育俱乐部，以俱乐部名义招聘教练，开展相关培训业务。由体育场馆成立青少年体育俱乐部或通过与青少年体育俱乐部进行合作，利用俱乐部的专业师资、成熟的教学体系和品牌知名度在场馆内开展青少年的培训业务，既包括以公益为主的民办非企业性质青少年俱乐部，又包括以盈利为目的的商业性俱乐部，主要面向青少年实行会员制，以培养青少年体育兴趣和终身体育锻炼习惯、增强青少年体质、发现和培养体育人才为宗旨，积极开展各种体育活动，并在寒暑假、节假日和双休日，组织青少年夏（冬）令营及各种体育培训、竞赛和交流活动等。

三、体育培训的营销推广方式

（一）线上宣传

线上宣传主要通过长图片或视频的形式，根据实际情况判断是否需要加入课程价格，整体画面文字不宜过多。充分利用其他组织或个人的微信公众平台，如体育部门、教育部门、电台、电视台及学校等官方途径，或者向拥有大量粉丝的公众号寻求合作，推送软文宣传。

（二）线下宣传

1. 广告投放

可针对场馆3千米范围内的小区及商场投放电梯广告，以及在场馆门口及场馆3千米范围内的学校门口的公交站牌及地铁站台投放广告。线下宣传资料主要包括海报、传单、展架、折页、背景板及课程体验券等。

2. 商圈引流

通过与大型商圈进行合作来实现引流，主要合作方式有三种：一是在商场内设置一个固定宣传点，在人流量大的时段安排人员到场进行介绍；二是在商场内组织或参与商场组织的活动，如亲子游园会、闯关游戏和六一欢乐节等，在孩子体验的同时，与家长进行沟通介绍培训课程，对意向客户通过后续的电话或微信回访，邀约其到场馆参加体验课；三是组织俱乐部的学员在商场中庭进行比赛或表演，吸引人们聚集围观，进而对俱乐部进行宣传，留下有意向的客户联系方式，达到引流的目的。

3. 与学校开展合作

青少年体育培训的顺利开展要求与教育系统和学校进行密切合作，体育场馆的培训业务主要针对青少年群体，因此学校是最精准的客户聚集地。体育场馆需积极寻找各种途径与学校开展合作，以周边3千米范围内的学校为最佳，以体育培训进校园的方式，输送师资到学校，在校内协助校方开展专项体育课、第二课堂课程、课后兴趣班、课后托管及校队训练等，将学生引流到场馆，吸引其报名参加体育培训课程。对于没有开展校内合作的学校，可不定期到学校门口进行地推派单活动，或通过为学校提供公益性体育课程及开展体育知识讲座等方式进行引流。

4.开展公益体育培训

场馆可在寒暑假期间开展公益性的体育技能培训，一般包括以下两种方式。

①当地体育局、教育局等部门以政府购买公共服务的方式，给予场馆一定的费用，作为承办单位开展公益性体育培训。

②场馆自主开展运动项目公益性培训，自行招募学员，以公益性的运动项目普及和带动全民健身为目标，可免费或适当收取少量的运动装备费，课程数量不宜过多，从而实现引流。

案例分析，请扫描二维码阅读。

湖北洪体阳光青少年体育俱乐部

第四节　体育场馆附属空间租赁

附属空间租赁收入是体育场馆重要的收入来源，在部分体育场馆经营的总收入中占到相当大的比重。体育场馆根据市场需求，适度地对附属空间进行商业开发，既能满足市场需求，又能实现场馆资源的充分利用。由于场馆的附属空间高低不一，不适合开展体育活动，所以要引入商业、餐饮及休闲等多元化配套服务项目，与场馆的体育经营活动形成互补，满足消费者在场馆的多元化消费需求。同时，场馆附属空间的充分利用也是有效避免场馆资源闲置的重要手段。

一、体育场馆空间租赁的概念

体育场馆空间租赁是指将体育场馆内部或外部的一定区域，以租赁形式提供给其他组织、团体或个人使用的行为。这种租赁可以是短期的，如几天或几周；也可以是长期的，如数月或数年。体育场馆空间租赁通常是为了满足不同租户的临时性或长期性场地需求，让更多的人或组织能够共享和利用现有的体育场馆资源。

二、体育场馆可租赁空间的类型

（一）场馆配套商业空间

大多体育场馆建成时已配有相应的商业用房，该用房在场馆规划设计时的用途就是作为配套的商业空间，通常房间格局较为规整，对外设有门面，既可以是场馆内的空间，又可以是场馆外的单体建筑，运营时直接对商业用房进行规划即可。但部分空余区域及室外区域未在原设计建设规划的范围内，需运营单位接手后进行再规划。

（二）功能用房改造用于商业租赁

体育场馆可在保留赛事所必需的功能用房基础上，进行充分的商业开发，原则上至少保留2间贵宾休息室、1间新闻发布厅、1间媒体工作间、4间运动员休息室、2间裁判员休息室及1~2间竞赛组织用房，其余房间的功能性用途均可进行调整。运动员休息室、新闻发布厅、媒体及竞赛组织用房和贵宾室等房间在日常状态下可开发使用，但在大型体育赛事或文化活动时，需按照设计功能来使用，因此也可在无赛事活动时进行商业开发。

（三）临时性建筑或设施

室外场地或场馆内中庭、集散区域等空地可搭建临时性设施或建筑，常见业态如水吧和零售区等。

三、体育场馆空间的开发与租赁管理

体育场馆的空间开发与租赁流程一般包括商业规划、招商运营、前期准备、合同签订、进场装修及后期管理（图13-2）。

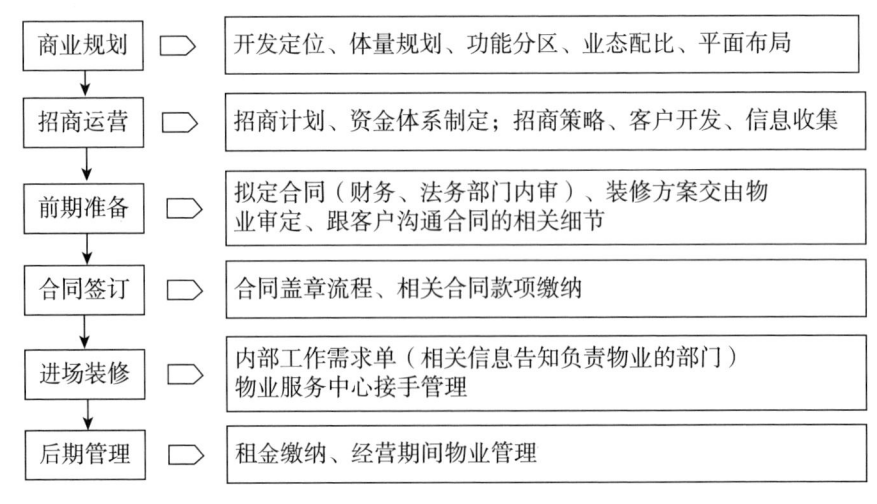

商业规划	开发定位、体量规划、功能分区、业态配比、平面布局
招商运营	招商计划、资金体系制定；招商策略、客户开发、信息收集
前期准备	拟定合同（财务、法务部门内审）、装修方案交由物业审定、跟客户沟通合同的相关细节
合同签订	合同盖章流程、相关合同款项缴纳
进场装修	内部工作需求单（相关信息告知负责物业的部门）物业服务中心接手管理
后期管理	租金缴纳、经营期间物业管理

图13-2　体育场馆空间开发与租赁流程

第十三章　体育场馆经营管理应用场景实践

（一）空间规划管理

1. 业态分布规划原则

① 主力店要设置在场馆商业区域中心位置（远离出入口处），其他商户点状式分散在主力店周边，相同业态商户应尽可能集中。

② 业态分布应与整体场馆动线规划结合，靠近动线主通道位置应尽可能放置品牌高端及品牌溢价较高的业态。

③ 配合日常开放及培训业务，结合进馆路线及各运动项目的客户需求，在靠近各运动场馆区域规划配套服务，以及与该运动项目客户有强关联需求类别的商业配套。例如，篮球运动对品牌球衣、球鞋的强关联需求（NBA旗舰店）；乒羽项目对球包、球拍等的强关联需求（尤尼克斯品牌店）。时间易消耗（美容、美发、美甲）及儿童游艺品类可考虑放置在青少年培训区域周边。

④ 餐饮区域因相对集中，应放置在动线末端位置。

2. 铺位规划原则

① 预留公共区域及人行通道后再进行划分，避免通道过窄。

② 考虑赛事活动期间封闭红线区域的影响，红线内建议采用可移动商业的形式。

③ 避免出现不规则的铺位（如三角铺）。

④ 需预留公共区域消防设施或转移后再进行规划。

⑤ 卫生间附近不宜设置铺位，可通过延长卫生间导流通道的方式解决。

（二）招商管理

1. 招商准备

（1）商业定位策略

场馆商业定位应注意两方面：一是不能脱离场馆整体的主题定位，所有的业态都要服务于场馆营造的消费场景；二是应基于对周边的细致调研确定品牌与业态，考虑项目所在地段、交通条件及周边常住人口数量、周边社区数量、周边社区均价、人流量、商业氛围、周边人群消费能力、品牌资源、周边商业竞争和所在行政区招商引资政策等。

（2）租金制定依据

应进行详细的规划设计，充分考虑现在和未来的实际消费群体、消费结构及消费习惯等因素，合理确定经营的档次和业态，结合区域内的人口、经济实际情况及项目投资成本的测算，作为租金制定的依据。

（3）差异化价格体系

商业租赁应根据房屋位置、交通组织、流通情况等因素差异化设置价格。在项目运营期的首年，可采用免租期的形式降低租金以吸引品牌落户，降低商户入驻的门槛，扩大意向入驻商户的基数。

2.对体育场馆可租赁空间进行整体规划

① 负责租赁招商部门应根据体育场馆现有可租赁的空间，完成租赁的整体开发规划。规划要考虑到现有场馆的配套功能、未来场馆发展的整体布局、租赁的可持续性，以及与体育运动相关的业态等因素，形成整体招商方案。

② 在制定整体规划方案时，凡遇到需重新定位场地和场馆内的设施功能，以及对建筑结构进行适当改造的情况时，规划制定部门应及时上报体育场馆业主方，并获得业主方对方案的认可。如业主方未认可规划方案，则需对方案进行调整，直至获得业主方同意。

③ 招商部门应依据当期周边的市场价格及未来的发展预期，制定出体育场馆商业和物业租赁的价格体系，在通过公司审核后形成最终标准，并以此为依据为未来招商提供参考。

（三）商铺及商户管理

1.签订房屋租赁合同

招商部门与意向商户洽谈租赁的相关细节后，确定达成合作并签订租赁合同，合同协议应包括但不限于以下要点。

（1）时间

物业租赁的整体时间、年限及装修免租期的期限等。租赁期限一般要符合各地关于行政事业单位国有资产出租及出借时间的相关要求。

（2）租金

租金的计算方式，租金递增幅度（针对租赁期限较长的客户），履约保证金，水、电及物业费用等。

（3）装修责任

装修前相关的设计、规划方案须提交公司相关部门进行审核（物业部门），落实装修期间的消防申报手续，以及水、电、气的改造责任等。

（4）保密条款

根据商户的承租面积、年限及业态类型，价格、义务会有所不同。为便于长期开展合作，双方须对合作细节保密，不向第三方透露。

（5）违约责任条款

客房逾期付款、提前终止合同等。

2. 商户的日常管理工作

① 商户的装修方案通过审核后，物业部门负责办理相应的进场施工手续，招商部门与物业部门要做好商户施工的现场监督工作，如施工过程中有违规行为，应及时停工整改，待问题妥善解决后方可继续施工。

② 招商部门按合同要求为入住商户提供必要的服务，并视租赁合同具体约定，定期向客户收缴租金、物业费及水电费等相关费用。

③ 招商部门建立并完善所有商户的档案资料，与接近租赁期限的商户及时沟通，办理续签合同或终止合同的手续。

④ 如商户合同即将到期，同时公司无与其续签的计划或商户到期自行终止租赁，招商部门应根据规划方案，通过对市场的了解，从多种渠道开发新的租赁商户。

第五节　体育场馆物业管理

体育场馆物业管理旨在保证场馆运行的安全与高效，为场馆内的健身、参赛和观赛等各类人群提供周全、贴心的客户服务，确保场馆环境的安全、有序和整洁。体育场馆物业管理涉及多个方面，包括日常的体育场馆房屋主体、设施设备的维修养护，场地器材、消防、安保、绿化、卫生清洁和交通等的管理，以及大型赛事活动期间的物业管理。

一、体育场馆物业管理模式

（一）服务外包

体育场馆物业管理的服务外包模式是指业主方或运营方通过选聘物业服务企业，由业主和物业服务企业按照物业服务合同约定，对场馆及配套的设施设备和相关场地进行维修、养护和管理，维护物业管理区域内环境卫生和秩序的活动。

采取服务外包模式具有以下优势。

1. 提供专业的物业服务

可充分发挥物业公司的专业优势与丰富经验，为场馆提供更为专业的设施、设备运行保障服务，保障体育场馆的正常运营，提高服务水平与效率。通过将物业管理外包，场馆经营方可专注场馆的运营与市场开发工作，增强场馆的核心竞争力和市场竞争优势。

2. 减少雇员，降低运营成本

物业公司可根据体育场馆的需求进行灵活调整，如在大型活动时，可临时抽调大量专业工作人员，来保障赛事活动的正常运行，平时则减少人员，保证场馆的基本运维，这样不仅有效地保证了大型活动的正常有序进行，提升了整体服务水平，而且极大地降低了人力资源成本。因此，体育场馆通过实施全面服务外包，能减少雇员数量，极大地降低在人员方面的支出，从而降低场馆的运营成本。

3. 较好的服务质量保证

通常场馆会与服务外包公司签订合同，对物业公司有一定的考核和要求，以保证物业服务的质量，从而在合作中确保服务外包公司与体育场馆的愿景和标准保持一致，注意数据和资产的安全性。因此，体育场馆在考虑外包物业服务时，通常会仔细评估合适的合作伙伴，并明确合同条款和期望，以确保良好的合作关系。

（二）自主管理

自主管理模式是指体育场馆自行负责场馆物业的运营和管理，而不是委托给专业的物业管理公司。在自主管理模式下，体育场馆需要建立一支专门的运营团队，包括场馆管理、设施维护、安保和保洁等方面的人员，以便对场馆进行全面的管理和维护。该模式的优势在于，体育场馆可以更加自主地掌握运营管理的主导权，更加灵活地应对各种情况和需求。

然而，自主管理模式也存在一些挑战和难点，如占用人员编制较多、经费成本较大且专业化能力不足、整体经济效益不佳等。这一模式不利于体育场馆物业管理过程的规范化、制度化建设，且由于占用了较多的工作岗位，易造成场馆人力资源的浪费，分散管理人员的精力，使之无法将优势资源集中于自身擅长的领域。

二、体育场馆物业管理服务

由于体育场馆物业管理兼具常规物业的共性及自身的特殊性，所以其物业管理的服务内容呈现出多样化的特征。不同于常规的住宅及商业物业，举办体育赛事是体育场馆最为突出的核心任务。日常情况下，体育场馆的多种功能设施处于停止状态，无须过多的操作及保养人员，一旦进入赛事活动期间，大量人员进入场馆，各种配套设置开始全负荷运转，物业服务人员的需求大幅增加。根据体育场馆日常物业管理与赛时物业管理呈现出的较大差异，可将体育场馆物业管理服务内容分为日常物业管理和大型赛事活动物业管理两个部分。

（一）日常物业管理的主要职责

如图 13-3 所示，体育场馆日常物业管理部门下设工程部、客服部、秩序维护部、场馆部和环境部，由物业服务中心经理负责整个部门的管理，包括制定场馆物业服务的整体战略和目标，进行决策和监督执行等。

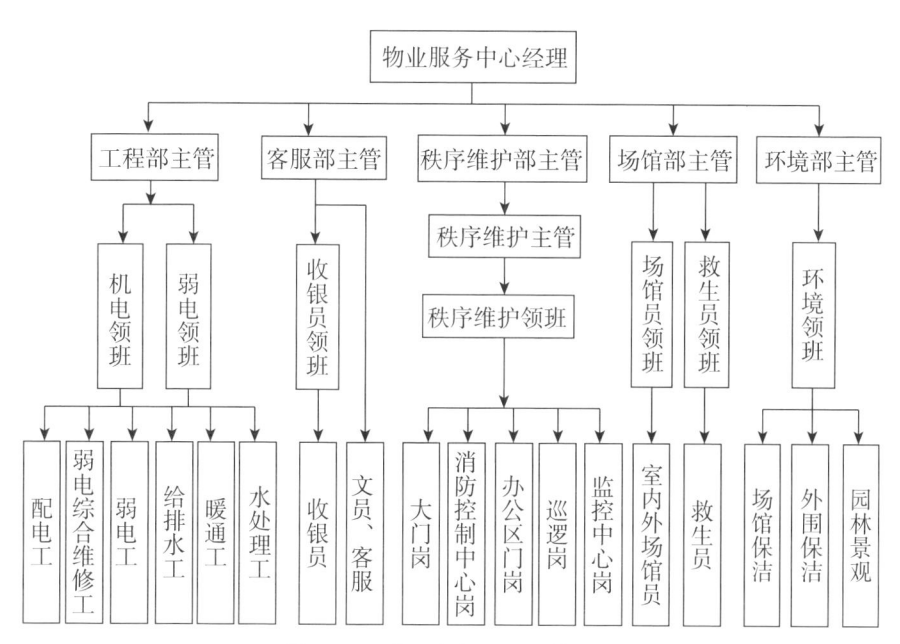

图 13-3　物业部门组织机构设置

1. 工程维护和运行保障

（1）场馆日常设施设备的维修维护

负责体育场馆内建筑物、有关场地和设施设备的维护、运行和管理，做好各类设施设备运行、巡检及维保记录，包括建筑物、道路、场地、器材、给排水系统、配电系统、空调系统、送排风系统、供热系统、消防系统、电梯系统、泳池水处理系统、除湿系统、建筑智能化系统、灯光系统、扩声系统及会议系统等。

（2）体育特种设备设施的维修保养

体育场馆涉及专业场地和设施的维护保养，如足球场专业草坪的种植和养护；冰球馆或速滑馆制冰机组的保养；游泳馆泳池的水处理系统、恒温系统的维护；网球场地坪铣刨和刷新维护等。

2. 环境卫生的维护、绿化养护

（1）场地器材管理及服务

场馆专业体育器械的管理、清洁和整理；运动地板的专业养护与清洁整理；游泳馆地面及专业体育器械的管理；体育场及训练场地面及专业体育器械的管理；室内外塑胶跑道的清洁和整理。

（2）场馆内环境卫生

整个项目区域日常的室内保洁，包括楼道、公共区域、贵宾室、办公区、办公室及馆内所有卫生间、会议室、工作室、休息室、室内公共区域和门窗等，以及室内公共区域大理石地面的定期养护。

（3）场馆外围环境卫生

体育场馆建筑物外围设施的清洁保洁，包括广场、绿化带（室外运动场）、走廊平台、雕塑、喷水池、装饰物、灯饰、广告牌、道路及停车场等；垃圾的收集和清运，做到垃圾日产日清；污水排放通畅，定期清理化粪池、垃圾箱。

3. 公共秩序维护

维持体育场馆秩序，做好体育场馆区域内的治安防范、安全监督工作，及时制止任何危及物业财产和人身安全的行为，杜绝盗窃和安全事故的发生，提供24小时值守及紧急支援服务。

4. 场馆安全管理

体育场馆在日常运营中难免会出现人员受伤等突发性事件，这就对体育场馆的安全管理工作提出了较高的要求。体育场馆物业部门应做好监控管理、消防管理、出入口及动线管理（含门禁及钥匙管理）、活动日和非活动日安全保卫点位和巡逻管理、反恐管理等。

（二）大型赛事活动物业管理的主要职责

1. 赛事活动设施设备的安装调试

根据赛事活动的需求，负责对需要投入使用的会议、扩声、显示、网络及监控等系统进行现场操作，并配合各类活动主办方对自行投入的设备设施进行安装和调试。对空调、电梯、灯光等系统进行开启、关闭和调控操作，并配合进行线缆及管道铺设、护栏安装、鲜花摆放、地毯铺设、横幅张贴和旗帜悬挂等。

2. 入场人员疏导与安检服务

大型体育赛事举办期间，体育场馆会涌入大量的观众前来观赛，观众入场过程中的人员疏导和安检服务是物业服务的主要内容之一。赛事开始前需要依据赛事规模和预计观众数量，设置足够的观众进出口和安检装置，并在观众入场时检查其随身物品，严禁将危险品等带入赛场。及时对聚集在看台通道旁、停车场及进出口的观众进行疏导，引导观众有序落座和文明观赛，避免通道堵塞及观众之间产生矛盾或冲突。

3. 运动队与运动员服务

比赛开始前，体育场馆物业管理方需要为运动队及运动员提供赛前训练服务。赛事进行过程中，需要为运动员和裁判员提供专用的休息室，供相关人员休息、医疗等。期间，物业管理方需确保休息区域的安全性与私密性，严禁无关人员擅自进出相关区域，为运动员及裁判员提供良好的休息环境。

4. 媒体转播服务

体育场馆物业管理部门在赛事举办期间，需要全力配合新闻媒体的赛事转播工作，保障大型室外转播车的出入与停放、转播设备的正常使用，以及媒体工作人员顺利进出工作区域。同时，提供稳定的电力输出与网络环境，来确保数据传播顺畅，保障赛事转播工作的顺利进行。

5. 交通引导与保障服务

体育场馆赛事举办期间会有大量的车辆驶入，既有运动队或运动员使用的大巴车和轿车，又有医疗急救使用的救护车、公安使用的警车及指挥车、新闻媒体使用的转播车、贵宾及领导使用的专车等，还有大量观众驾驶的私家车。物业管理部门应进行分区域管理，提前规划好交通管理计划、增派足够的管理人员进行交通疏导，确保到来车辆能够顺利进出和便捷停放。

6.散场组织与清场服务

体育赛事活动散场后，物业管理人员需要及时进行场馆清理、草坪修整维护、卫生间清洁、垃圾清运、各类标识回收和灯光熄灭等工作。清场过程中需要进行地毯式清场，确保无关人员全部离开。清场结束后清点场馆各类器材设备，确保没有遗漏与丢失之后关闭场馆的出入口。

梁子湖体育文化旅游节策划方案

贵州·天眼研学营地皮划艇运动主题活动方案

天山天池"滑翔伞小兵"活动方案

本章思考题

1. 体育场馆收入的主要来源渠道有哪些？
2. 如何扩大体育场馆培训业务的招生规模？
3. 结合实际谈一谈如何提高体育场馆附属空间的利用率。
4. 物业管理在体育场馆经营管理中发挥怎样的作用？

主要参考文献

[1] 体育强国建设纲要[M].北京：人民出版社，2019.
[2] 习近平.习近平新时代中国特色社会主义思想基本问题[M].北京：人民出版社，中共中央党校出版社，2020.
[3] 李艳丽.体育场馆管理[M].北京：北京体育大学出版社，2020.
[4] 谭建湘，霍建新，陈锡尧，等.体育场馆经营与管理导论[M].北京：高等教育出版社，2014.
[5] 赵钢，雷厉.体育场馆经营管理概论[M].北京：北京体育大学出版社，2007.
[6] 陈传明.管理学[M].北京：高等教育出版社，2019.
[7] 宁骚.公共政策学[M].北京：高等教育出版社，2019.
[8] 吴盼.体育市场营销学[M].北京：清华大学出版社，2018.
[9] 易国庆.体育场馆的经营与管理[M].北京：人民体育出版社，2009.
[10] 邬新邵.体育综合体[M].北京：中国建筑工业出版社，2021.
[11] 周颖，孙秀峰.项目投融资决策[M].北京：清华大学出版社，2019.
[12] 张逎英，巢莹莹.公共关系学[M].上海：同济大学出版社，2019.
[13] 张贵敏.体育市场营销学[M].2版.上海：复旦大学出版社，2015.
[14] 林波.新媒体营销与运营[M].2版.北京：中国人民大学出版社，2023.
[15] 肖凭.新媒体营销实务[M].北京：中国人民大学出版社，2018.

全部参考文献